Lune de larmes

J'avais 5 ans quand mon enfance a été assassinée

Ouarda Saïllo

Lune de larmes

J'avais 5 ans quand mon enfance a été assassinée

Traduit de l'allemand par Janine Bourlois

ÉDITIONS
FRANCE
LOISIRS

Titre original : *Tränenmond*
publié par Lübbe.

Une édition du Club France Loisirs,
avec l'autorisation des Éditions de l'Archipel.

Éditions France Loisirs,
123, boulevard de Grenelle, Paris
www.franceloisirs.com

ISBN : 978-2-298-00659-9

Préface
La trace des larmes

Quand, au début de l'année 2000, j'ai décidé de ne plus garder le silence sur le destin de ma famille, je savais que j'aurais un difficile chemin à parcourir. Je ne soupçonnais pas combien de larmes j'allais verser, combien de larmes j'aurais à sécher et à quel point ma vie en serait transformée. Si j'ai pu me lancer dans cette entreprise, c'est parce que je vivais alors en Allemagne depuis plusieurs années, et que j'avais trouvé auprès de mon mari actuel suffisamment d'assurance pour prendre le risque de me pencher sur un sombre épisode de mon passé : l'assassinat de ma mère par mon père.

Pendant des années, mon frère, mes cinq sœurs et moi avons étouffé le sujet, bien que cela ait bouleversé notre existence et rendu notre enfance effroyable. Une grande partie de ce qui s'est passé à l'époque m'apparaît aujourd'hui proprement incroyable. Comment tout le monde a-t-il pu détourner les yeux quand notre père est devenu de plus en plus dangereux et imprévisible ? Comment, après la mort de notre mère, notre propre famille a-t-elle pu nous harceler, nous maltraiter et nous humilier ainsi pendant des années ? Surtout, comment avons-nous réussi à survivre ?

Nous sommes tous encore vivants. Mouna-Rachida, l'aînée, n'a presque plus de contact avec nous ; elle habite en Belgique. La superbe et robuste Rabiaa est mariée dans les Émirats avec un Égyptien, elle a deux enfants. Jaber, mon seul frère, vit avec sa jeune épouse et son petit garçon à Agadir, où il travaille comme serveur dans un restaurant touristique. Jamila fait avec son mari la navette entre le Maroc et Paris, où il travaille ; elle a trois enfants. Ouafa est enseignante dans un village du désert, près de Tiznit. Ma petite sœur Asia poursuit des études dans une école de langues à Agadir. Je vis en Allemagne où je suis des cours pour devenir puéricultrice.

Mon voyage dans le terrible passé de ma famille a commencé à E-Dirh, dans le désert, dans la maison en pisé de ma grand-mère maternelle, où tout avait débuté. C'est là que je suis née, le 24 janvier 1974. Ma grand-mère est morte, mais la maison existe toujours. À Tiznit, j'ai rencontré mon grand-père paternel, âgé de cent ans, qui avait été autrefois un grand propriétaire terrien aisé avant de devenir mendiant parce qu'il avait tout perdu. Il est mort en 2002. Je me suis entretenue avec ma tante maternelle qui ne possède rien d'autre qu'un âne, une chèvre et une petite maison rutilante dans la localité voisine d'E-Dirh.

Et j'ai parlé avec mes sœurs. Nous allions ensemble au hammam, nous transpirions, nous nous frictionnions et nous bavardions. Puis nous installions des matelas dans l'appartement de Jamila, et nous passions toute la nuit à parler, à pleurer et à rire. Cela a duré de nombreuses nuits.

Au début, ce n'était pas facile de parler du passé. Mais une fois que nous avons commencé, tous les barrages se sont écroulés. Nous avons parlé et parlé sans pouvoir nous arrêter. Nous dormions peu, et il nous arrivait d'être encore en train de bavarder quand, à l'est d'Agadir, le soleil se levait sur le désert.

Finalement, j'ai même rendu visite à mon père dans la prison d'Essaouira. Ce fut le pas le plus difficile sur le chemin de mon passé : la confrontation avec le meurtrier de ma mère.

Ma sœur Asia et moi avons loué une petite Fiat et nous sommes parties vers le Nord par la route nationale à travers les montagnes littorales. C'est l'une des plus belles routes du monde : elle longe la mer puis se faufile dans les montagnes par une zone désertique, traverse de petites localités pour redescendre ensuite vers le port pittoresque d'Essaouira.

Mais nous étions si nerveuses toutes les deux que nous n'avions pas un regard pour la beauté du paysage ni pour les gens sur le bord de la route transportant des flacons d'huile d'argan ou accompagnant les troupeaux de chèvres qui broutaient la couronne des arganiers. Asia se sentait mal, et il fallait s'arrêter tous les cinq ou dix kilomètres pour qu'elle vomisse.

Quand nous sommes arrivées et que nous avons attendu devant le portail de la prison, mon estomac aussi a commencé à se tordre. Est-ce que je voulais vraiment rencontrer cet homme ? Est-ce que je pourrais le regarder dans les yeux ? Étais-je déjà assez forte pour cela ?

Puis les portes de la prison se sont ouvertes, et des soldats m'ont fait entrer. Mon père se tenait dans une sorte de cantine près d'une chaise en plastique branlante : un vieil homme au regard sans vie. Il a fait un pas vers moi, il m'a prise dans ses bras, et, à ce moment-là, j'ai senti que son sang aussi coulait dans mes veines. Je voulais lui dire combien j'étais furieuse, combien j'étais triste, je voulais lui pardonner, je voulais tant de choses… C'est alors qu'il m'a lâchée, et la magie de l'instant s'est envolée. Je ne pouvais plus parler. Je suis restée là à regarder le vieil homme qui avait tué ma mère. Et je ne ressentais ni pitié ni haine à son égard. J'étais seulement triste.

Nous nous sommes séparés sans avoir vraiment parlé. Trois mois plus tard, mon père était mort. Le 17 décembre 2001, à Taroudant. Je ne sais pas comment il était arrivé là. J'ignore ce qu'il voulait y faire. Cette localité n'a rien à voir avec lui ni avec nous. Son dernier souhait fut d'y être enterré. Très loin de sa famille.

Maintenant que tout le monde est mort, sauf nous, les enfants, je me sens suffisamment libre pour mettre par écrit ce qui s'est passé à cette époque lointaine qui fut celle de ma jeunesse et qui m'est pourtant plus proche que tout au monde.

Première partie

Agadir, Maroc

19 septembre 1979

La mort

Le 19 septembre 1979, à dix heures, ma mère est morte. Mon père l'a tuée sur le toit de notre maison à Agadir. Il lui a enfoncé un couteau dans le ventre, l'a traînée en haut de l'escalier, l'a ligotée sur une échelle, lui a introduit du sable dans la bouche, puis l'a arrosée d'essence et a mis le feu. Elle avait vingt-neuf ans et était enceinte de sept mois quand elle est morte.

J'avais cinq ans. Aujourd'hui, j'en ai vingt-neuf, et les larmes effacent l'encre sur la feuille de papier posée devant moi. Je pleure bruyamment comme une enfant. Je pleure comme l'enfant que j'étais à l'époque où ma mère est morte. Je veux me calmer en tentant de me souvenir de ses regards. Mais je n'y parviens pas.

Ma mère s'appelait Safia. Elle avait dix-sept ans quand ses parents l'ont mariée à mon père. Mon père, alors âgé de vingt-huit ans, s'appelait Houssein Ben Mohammed Ben Abdallah : Houssein, fils de Mohammed, lui-même fils d'Abdallah. Le jour où ma mère a été tuée, nous étions sept enfants. Mouna-Rachida, Rabiaa, Jaber et Jamila allaient déjà à l'école ; c'étaient les grands. J'étais l'aînée des petits.

Avec Asia, un an, Ouafa, trois ans, et mes parents, nous étions en train de prendre le petit déjeuner.

L'atmosphère était calme, et pourtant je sentais que quelque chose n'allait pas. Mais en cela rien d'anormal, car chez nous, il y avait souvent quelque chose qui n'allait pas. Maman avait probablement contredit papa. C'était dangereux. Papa bouillait de colère. D'un moment à l'autre, il nous dirait à nous, les enfants, d'aller jouer dans la rue. Et puis il battrait maman. Il agissait toujours ainsi. Une fois, il l'avait déjà presque battue à mort uniquement parce qu'elle nous avait appelés devant la porte de la maison. Ce n'était pas le fait qu'elle nous appelle qui était grave. Ce qui était grave, c'était qu'elle soit sortie de la maison. C'était interdit.

Papa a dit : « Sortez et allez jouer dans la rue. »

« Bien sûr, papa. »

Je me suis levée, j'ai placé Asia sur ma hanche gauche et pris Ouafa par la main. Nous venions juste d'arriver à la porte quand maman a dit : « Ouarda-ti, ma fleur, ton papa veut me tuer. S'il te plaît, va le dire aux voisins. »

Maman a dit cela posément. Il n'y avait pas de panique dans sa voix. Papa n'a pas répliqué. Il n'a pas nié et ne l'a pas non plus réprimandée parce qu'elle disait des bêtises. Il était assis avec elle à la table du petit déjeuner, comme beaucoup de couples. Cela me paraissait en quelque sorte normal.

Si normal que je n'ai pas été alarmée par les paroles de ma mère. Ce qui m'inquiétait, c'était Asia. Elle pleurait et voulait à tout prix retourner avec maman. Mais il ne le fallait pas, car cela aurait pu rendre papa furieux, ce que je redoutais. Quand papa était furieux, c'était épouvantable.

« Viens, Asia. Il y a du soleil dehors. Nous allons jouer à *haba*, à chat. »

« Non, a-t-elle dit en pleurant, je veux maman. »

« Ce n'est pas possible maintenant, Asia. Nous devons sortir. »

Fermement, j'ai pris Asia par la main, je suis allée avec les petites dans la rue et je n'ai plus pensé à ce que maman avait dit jusqu'à ce que je voie les flammes sur le toit de notre maison. Je ne me rappelle pas avoir entendu quoi que ce soit. Pas de cris. Pas d'appels à l'aide. Je me rappelle seulement le feu sur le toit de notre maison.

Et je me souviens des paroles de ma mère : « Ouarda-ti, ma fleur, ton papa veut me tuer. S'il te plaît, va le dire aux voisins. » Je suis responsable de la mort de ma mère parce que je n'ai pas pris ses paroles au sérieux. Parce que je m'occupais de mes sœurs quand maman a remis sa vie entre mes mains.

Mais qu'auraient pu faire les voisins ?

Rien. Ils auraient eu peur de papa, parce qu'ils avaient toujours eu peur de lui. Ils n'auraient rien fait pour une femme qui était humiliée, enfermée, battue par son époux. Au Maroc, personne ne tente d'intervenir en faveur des épouses maltraitées. Moi, en tout cas, je ne connais personne qui s'y opposerait.

Quand les grands sont revenus de l'école, et nous de la rue, papa avait déjà éteint le feu qui avait consumé ma mère. Il se tenait sur le pas de la porte et ne nous a pas laissés entrer dans la maison.

« Votre mère est à l'hôpital. Elle va avoir son bébé », a-t-il dit.

Nous avons couru à l'hôpital aussi vite que nous le pouvions en espérant y trouver notre mère. Mais je savais qu'elle n'y était pas. À chaque pas, je perdais un peu plus espoir. Quand les gens à l'accueil nous ont dit qu'il n'y avait pas de patiente du nom de Safia el Fakhir, l'espoir a disparu.

Nous sommes retournés à la maison. Nous ne courions pas, nous marchions très lentement. Nous sommes passés devant notre école, devant l'épicerie, devant le tailleur. Nous avions peur de ce qui nous attendait.

Quand nous sommes arrivés à la maison, papa s'était volatilisé. La police était là, et il y avait un corbillard dans notre rue. Les voisins s'étaient rassemblés autour, si bien que les policiers avaient du mal à retenir les curieux. Puis ils ont porté maman en bas de l'escalier. Son corps n'était pas entièrement recouvert, et j'ai vu ses pieds. Ils n'étaient pas carbonisés, mais tout blancs. J'étais contente que les pieds de maman soient blancs, et j'ai crié très fort : « Vous voyez, maman n'est pas complètement brûlée, vous voyez le blanc, vous le voyez ? » Ensuite, son corps a été chargé dans la voiture et emporté.

Nous, les enfants, nous nous sommes serrés les uns contre les autres, nous avons pleuré et attendu. Personne ne s'occupait de nous. Nous étions perdus. Rabiaa et Mouna furent chargées d'identifier le cadavre.

L'après-midi, papa est revenu. Il portait un grand sac par-dessus son épaule. Peut-être voulait-il emballer maman et la jeter. La police l'a aussitôt arrêté. Nous n'avions pas le droit de lui parler.

Deuxième partie

Région de Souss, Maroc

1974-1979

La fuite

Lorsque ma mère est arrivée un vendredi de janvier 1974 à E-Dirh, son village natal, sa grossesse était avancée. Elle avait seulement emmené avec elle Jaber, mon frère aîné, après s'être enfuie de la maison. Mon père l'avait une fois de plus menacée et frappée.

Accompagnée de Jaber, et aussi vite qu'elle le pouvait avec son gros ventre, elle a couru vers la station de cars sur la grande rue, derrière notre maison. Le car la conduisit dans le Sud, à Tiznik, capitale de la province, en territoire berbère.

Sur la place du marché, ma mère et Jaber ont cherché le chauffeur du bus pour E-Dirh. Celui-ci, un dénommé Bouhous, était propriétaire d'un vieux combi Volkswagen blanc, et tout le monde le surnommait « Autobus ».

« Est-ce que vous avez vu Autobus ? » a demandé ma mère aux commerçants du souk.

« Il est au café. »

Autobus était toujours au café jusqu'à ce qu'il y ait suffisamment de passagers pour rentabiliser le voyage.

« Viens, a dit Autobus à ma mère. Tu ne vas pas bien, je le vois, et tu es enceinte. Je te conduis chez toi. Qu'Allah te protège. »

À partir de Tiznit, la route traverse tout droit le désert en direction de l'Anti-Atlas. Il n'y a qu'un seul virage, Autobus devait alors repasser en première, et le bus s'enfonçait dans le lit sablonneux d'une rivière à sec. C'est encore ainsi aujourd'hui. Autobus attend au café de Tiznit que quelqu'un veuille se rendre à E-Dirh.

E-Dirh se situe derrière le lit de la rivière, à droite du pied des montagnes. Il n'y a pas de route, juste une piste poussiéreuse.

Les maisons sont construites en branches sèches et en pisé. Les murs extérieurs n'ont pas de fenêtres. Toutes les pièces donnent sur la cour intérieure. Quand il pleut, le pisé se désagrège, et des réparations sont nécessaires.

Ma grand-mère Rahma possédait la plus grande maison d'E-Dirh parce qu'elle était une *sherifa*[1], une sainte, la guérisseuse du village. Ce titre ainsi que la capacité d'aider les autres gens, elle les avait hérités de son père, le *sherif*. La maison de grand-mère était rouge comme le sable du désert, mais les deux cours intérieures étaient blanchies à la chaux. Elle se trouvait près de la mosquée, qui ressemblait à un garage gris et poussiéreux.

Autobus a arrêté son combi devant la lourde porte de bois que grand-mère avait l'habitude de fermer le soir avec une grande clé. Elle attendait déjà. Dans

---

[1] *Sherif, sherifa* : saint, sainte qui serait de la descendance directe du prophète Mahomet.

le désert, les nouvelles se répandent plus vite qu'un Volkswagen ne peut rouler.

« *Salam aleikum*[2], bienvenue dans la maison de tes parents, ma fille », a dit grand-mère, et elle a incliné la tête pour que ma mère puisse lui embrasser le front.

« *Salam aleikum*, Jaber, mon petit-fils. »

Ensuite, grand-mère a conduit sa fille dans les pièces fraîches et ombragées donnant sur la première cour intérieure. Elle n'a pas posé de questions, puisqu'elle savait tout.

Maman s'est enfoncée dans les coussins, et grand-mère a préparé le thé doux-amer de son clan qui, selon les règles anciennes, est fabriqué avec du thé noir, de la menthe et du sucre. La théière était noircie de suie par le feu de branches sèches, et, d'un geste ample, grand-mère a versé le thé en un mince filet. Le liquide vert-jaune étincelait dans les modestes verres. Une fine mousse s'était formée, comme il se doit.

« Tu auras ton enfant ici, dans le désert, a dit grand-mère, où tant de vie a vu le jour et a disparu. Ici, tu n'as rien à craindre du Mal qui a pris possession de ton mari. Qu'Allah te protège. »

---

[2] *Salam aleikum* : « La paix soit avec vous. »

L'homme du désert

Au cours des dernières années, mon père avait changé. Surtout depuis que, le soir, il roulait le chanvre amer des montagnes du Rif dans ses cigarettes. Il voyait des démons, se sentait poursuivi, devenait agressif. Ma mère menait une vie difficile avec cet homme.

Quand il l'avait épousée, elle avait onze ans de moins que lui. Mon père était un Sahraoui, un homme du désert, fier, inflexible et sans crainte. Sa famille venait de Guelmim, la ville du Sud célèbre pour ses marchés aux chameaux. Grand-père avait vendu ses chameaux et s'était établi à Agadir. Il avait possédé tellement de chameaux qu'il était devenu un homme aisé et avait pu s'offrir de nombreuses maisons et de grandes propriétés rurales.

Il a vécu jusqu'à cent ans et, à la fin de sa vie, sombra dans la misère. Après la mort de sa femme en 1960, lors du grave tremblement de terre d'Agadir, il avait quitté la ville portuaire pour aller s'installer à Tiznit comme commerçant. Il était propriétaire de marchés aux poissons et aux viandes. Là, il a perdu la totalité de ses biens en jouant aux cartes dans les cafés obscurs en bordure du souk, et en compagnie des jeunes hommes aux yeux de braise qui rendaient les vieux messieurs heureux pour quelques centaines de dirhams.

Pour son fils Houssein, grand-père cherchait à l'époque une bonne épouse, et les filles d'une *sherifa* sont mieux que les autres. Ainsi les marieurs de mon grand-père se sont rendus à E-Dirh pour préparer le mariage de mes parents.

La naissance

Le soir du troisième jour passé dans la maison de ma grand-mère, ma mère a senti sous les côtes le tiraillement qui annonce la naissance.

« *Imie*[3] ! a-t-elle dit à ma grand-mère. Je crois que mon enfant voudrait venir au monde cette nuit. »

C'était une nuit froide et claire et, au-dessus d'E-Dirh, le ciel étincelant d'étoiles s'étendait des sombres contours des montagnes à l'est jusqu'à la mer à l'ouest, que l'on pouvait seulement deviner.

Grand-mère a préparé les bougies et la lampe à pétrole dans la cuisine, puis ranimé le poêle avec les brindilles épineuses qu'elle avait ramassées dans le désert. Sur le sol, en guise de couche, elle a déployé les tapis qu'elle avait tissés en laine de chameau. Sur la table de la cuisine se trouvaient des tissus propres et les herbes médicinales que l'on emploie en cas de complications. Un petit flacon au bouchon de liège contenait quelques gouttes d'huile d'argan, très coûteuse et aux grandes vertus curatives, tirée des fruits du sidéroxylon qui ne pousse qu'ici.

[3] *Imie* : « maman » en dialecte berbère.

Beaucoup de personnes habitaient dans la maison de grand-mère : son fils *khali*[4] Ibrahim avec sa femme Fatima et leurs trois enfants, ainsi que la fille cadette de grand-mère, Kelthoum, une femme encore célibataire.

Tous les hommes et les enfants ont dû quitter la cuisine : l'accouchement est une affaire de femmes. Quand les douleurs se sont faites plus fortes, grand-mère a allongé ma mère sur les doux tapis, fait chauffer de l'eau et disposé les bougies au pied de la couche.

L'accouchement s'est déroulé sans incident. Je suis venue au monde à 1 heure dans la nuit du 24 janvier 1975. Grand-mère a allumé de l'encens dans une coupelle et prononcé au-dessus de moi les traditionnelles sourates de protection.

Elle a commencé par la première sourate, que l'on appelle *Al-Fatiha*, « L'ouverture[5] » : *« Au nom de Dieu, celui qui fait miséricorde, le Miséricordieux. Louange à Dieu, Seigneur des mondes : celui qui fait miséricorde, le Miséricordieux, le Roi du Jour du Jugement. C'est toi que nous adorons, c'est toi dont nous implorons le secours. Dirige-nous dans le chemin droit : le chemin de ceux que tu as comblés de bienfaits ; non pas le chemin de ceux qui encourent ta colère ni celui des égarés. »*

Al-Fatiha est la sourate du Coran que l'on récite le plus souvent. Elle figure au début de chaque chapitre de notre Livre saint, et tout musulman croyant la prononce plusieurs fois par jour.

---

[4] *Khali* : oncle du côté maternel.

[5] Toutes les citations du Coran sont empruntées à la traduction de Denise Masson, Gallimard, 1981.

Aujourd'hui encore, je me la récite à voix basse, dans les embouteillages. Je crois fermement en l'aide d'Allah quand je le prie avec ces saintes paroles. Dans les périodes de doute et de souci, cette sourate m'apporte quiétude et sécurité.

Ensuite, grand-mère a récité le verset du Trône, *Ayat al-Kursi* : *« Dieu ! Il n'y a de Dieu que lui : le Vivant ; celui qui subsiste par lui-même ! Ni l'assoupissement, ni le sommeil n'ont de prise sur lui ! Tout ce qui est dans les cieux et sur la terre lui appartient ! Qui intercédera auprès de lui, sans sa permission ? Il sait ce qui se trouve devant les hommes et derrière eux, alors que ceux-ci n'embrassent, de sa Science, que ce qu'il veut. Son Trône s'étend sur les cieux et sur la terre : leur maintien dans l'existence ne lui est pas une charge. Il est le Très-Haut, l'Inaccessible. »*

Grand-mère récitait les sourates par cœur, comme elle les avait apprises à l'école coranique. Elle ne savait ni lire ni écrire, parce que seuls les enfants de sexe masculin pouvaient aller à l'école.

Quand la dernière sourate a été prononcée, le soleil s'est levé derrière les montagnes à l'est et le désert a pris une couleur rouge comme le sang que maman avait perdu en me mettant au monde.

J'étais allongée sur sa poitrine, vigoureusement emmaillotée dans des linges blancs pour empêcher ma colonne vertébrale de se déformer. Grand-mère m'avait empaquetée comme une momie, car tel est l'usage dans la région des Amazighs, les « hommes libres », comme s'appelait le clan berbère de grand-mère. Elle montait la garde auprès de sa fille et sa petite-fille cadette quand les abeilles entamèrent leur ballet dans les pieds de vigne derrière la maison et se mirent à voleter dans l'aurore pour recueillir du miel.

Plus tard, les femmes et les hommes du village sont arrivés et ont apporté leurs cadeaux : du thé, du sel et du sucre, des poulets vivants et des bonnets tricotés à la main qui devaient me protéger du vent froid venant des montagnes neigeuses.

Grand-mère voulait me donner son nom, Rahma, « pleine de grâce ». Mais ma mère l'a suppliée : « Ne prononce jamais ce nom. C'est mon mari qui doit donner le nom de l'enfant, sinon il va me tuer parce que je ne lui ai pas accordé ce droit. »

Grand-mère a acquiescé et s'est tue. Elle connaissait les hommes farouches du Sud, et elle se doutait du mal qui avait transformé mon père. Je suis donc restée sans nom jusqu'à ce que mon père vienne nous chercher.

Le retour

Mon père est arrivé avec sa vieille voiture. Elle était grande, ronde et rapide. Mon père aimait tout ce qui avait à voir avec la technique, et il avait restauré la voiture avec amour. Les pare-chocs brillaient dans la lumière éclatante du soleil, et, quand il l'activait, le Klaxon bêlait comme un troupeau de moutons. Il aimait effrayer les autres conducteurs en klaxonnant quand il les doublait à grande vitesse.

Il avait emprunté la route bitumée du Sud, traversé la porte de la ville percée dans les murs roses de Tiznit, puis avait quitté la localité par la porte de l'Orient, traversé le gué de la rivière qui, en cette saison, charriait de l'eau, avant de tourner à droite sur la piste qui menait à E-Dirh.

De loin, ma mère et ma grand-mère ont aperçu les nuages de poussière soulevés par la voiture de mon père. Il roulait vite, plus vite que les autres véhicules qui traversaient le désert, et le tourbillon était aussi gros que l'un des vilains esprits qui, la nuit, arrivaient de la montagne dans le désert pour pourchasser les âmes perdues.

Grand-mère a dit : « Allez dans la deuxième cour, mes enfants. Je vais accueillir le père de ma petite-fille comme il se doit. Qu'Allah nous protège. »

Ma mère m'a prise dans ses bras et m'a serrée contre son cœur. *Khalti*[6] Kelthoum a regagné sa chambre, derrière le mur duquel bourdonnaient les abeilles. Oncle Ibrahim a envoyé sa femme et les enfants dans la petite pièce abritant la malle où grand-mère conservait ses trésors : une photo jaunie de son mari défunt, les tissus précieux dont elle s'enveloppait les jours de fête, des caftans avec lesquels elle soignait les gens du village lors des rituels, et ses bijoux berbères en argent.

Grand-mère a ouvert la lourde porte de bois qui protégeait la maison de l'ardeur du soleil et des hôtes indésirables quand mon père a arrêté sa voiture sur la plaque rocheuse à droite de l'entrée.

À la manière dont il a fait claquer la portière de la voiture, on le devinait furieux. Mais grand-mère est restée calme. Elle se tenait sur le seuil, digne, conformément à sa fonction de *sherifa*, et, de sa voix grave, dans le dialecte berbère de son clan, elle a dit : « *Salam aleikum*, mon fils, je suis heureuse que tu sois venu voir ta fille. Mais, auparavant, tu vas boire avec moi un thé que je t'ai préparé et je vais discuter avec toi de ce que dit Allah à propos de la vie commune des femmes et des hommes. »

Mon père s'est incliné devant grand-mère et lui a baisé la main. Puis il a répondu en arabe : « *Lala*[7] Rahma, honorée Rahma, pardonne-moi d'être impoli, mais j'aimerais voir ma fille tout de suite. »

---

[6] *Khalti* : tante.

[7] *Lala* : formule de politesse pour les femmes étrangères, « madame ».

Grand-mère était une vieille femme très vigoureuse et peut-être la seule que mon père respectait comme une égale.

Elle a dit : « Ceci est ma maison, tu es un hôte bienvenu, mon fils. Mais avant de voir ma petite-fille, tu vas d'abord boire un thé. Aussi vrai qu'Allah me soutient. »

Grand-mère a conduit mon père dans la première cour intérieure où le thé attendait sur le foyer. Puis elle s'est assise et lui a fait signe de prendre place à son tour.

« Mon fils, a-t-elle dit, je sais que ce n'est pas facile de nourrir une famille en ce moment, et je sais que tu as des soucis. Mais cela ne te donne pas le droit de battre ta femme, ma fille bien-aimée. Tu es responsable d'elle, comme Allah est responsable de toi, car il est dit dans le Coran : *"Parmi ses Signes : il a créé pour vous, tirées de vous, des épouses afin que vous reposiez auprès d'elles, et il a établi l'amour et la bonté entre vous."* »

Mon père s'agitait nerveusement sur son coussin. Il détestait discuter avec grand-mère.

« Comment peux-tu savoir ce qu'il y a dans le Coran ? a-t-il demandé. Tu ne sais même pas lire. »

Grand-mère est restée très calme. Elle a porté le verre de thé amer à sa bouche et bu à petites gorgées. « Mon fils, tu es intelligent et fort. Il est vrai que je ne sais pas lire. Quand j'étais petite fille, seuls les garçons avaient le droit d'aller à l'école. Mais n'oublie pas que je suis une *sherifa*. Ce que tu lis dans les livres pour l'apprendre, moi je le connais dans mon cœur. L'instruction du cœur est aussi importante que l'instruction de la tête. »

Mon père a dégluti. « Mais dans le Coran, il y a aussi ceci, *Lala* Rahma : *"Admonestez celles dont vous craignez l'infidélité ; reléguez-les dans des chambres à part et frappez-les."* *Lala* Rahma, ta fille n'est pas la personne que tu crois connaître. Ta fille est maintenant ma femme. Je la bats quand je veux. Parce que je suis son époux. »

Grand-mère a regardé mon père. Elle avait les yeux emplis de tristesse. Elle voyait le mal en lui. Et elle voyait aussi le bien. Mais elle se doutait que le mal allait l'emporter.

« Lis le Coran aussi souvent que possible, a-t-elle dit. Il doit purifier ton âme. Qu'Allah vous protège, toi et ma fille. » Et elle a discrètement croisé les doigts de la main gauche contre le mauvais œil.

Mon père a bondi et s'est écrié : « Femme, où es-tu ? Montre-moi ma fille ! » Puis il s'est précipité dans la deuxième cour et m'a trouvée, emmaillotée, au sein de ma mère. Avec rudesse, il m'a arrachée de ses bras et m'a pressée contre lui. Ses yeux sont devenus humides, son visage s'est fait très doux.

« Ma fleur, a-t-il murmuré, ma fleur du désert. Ouarda, la fleur, ce sera ton nom. »

Le jour même, il nous a mis dans sa voiture, ma mère, mon frère Jaber et moi, et nous a ramenés à Agadir.

La ville sur l'Atlantique

Dans la ville du bord de l'Atlantique, mon père était impatient de m'enregistrer auprès de l'administration. Depuis, mes papiers portent l'inscription : « Saíllo, Ouarda, née à Agadir, Maroc, le 24 janvier 1974. »

Mon père détestait la campagne, il détestait ma grand-mère, il détestait E-Dirh. C'est pourquoi il ne voulait pas que cet endroit figure comme lieu de ma naissance sur les documents.

Notre maison était située dans une impasse du quartier Nouveau Talborjt, en centre-ville. Devant la maison se dressait un olivier. Quand les fruits tombaient, les filles se précipitaient dans la rue pour les ramasser dans leurs tabliers avant que les hommes de la ville arrivent avec leurs gros camions. À la maison, les femmes entaillaient la peau des olives avec un couteau tranchant et les plongeaient dans de l'eau salée afin qu'elles perdent leur amertume.

J'étais couchée, enveloppée dans mes langes sur de gros coussins de laine de mouton, dans le lit de mes parents. Ma mère m'allaitait quand j'avais faim et elle nettoyait mes couches quand j'étais souillée.

Notre maison me paraissait très grande quand j'étais enfant. Aujourd'hui, je sais qu'elle ne l'était pas. C'était une maisonnette comme presque toutes les maisons de Nouveau Talborjt. Mon père l'avait achetée à bon prix à l'État, après que le grand tremblement de terre de 1960 eut détruit la ville.

Peinte en bleu, la porte d'entrée s'ouvrait sur un long couloir dont le sol était orné d'une mosaïque blanc et noir. Je trouvais la mosaïque très jolie, même si ce n'était qu'un motif simple. En été, nous jetions de l'eau sur les pierres fraîches et, nus, nous nous laissions glisser sur le ventre ou sur le derrière.

Sur la droite, dans le couloir, se trouvait la salle de séjour, que mon père avait transformée en atelier depuis que sa boutique, située près de la grande mosquée, avait fait faillite. Il réparait des appareils de radio, de télévision, des machines à écrire et des téléphones. À la place de son ancien commerce s'était installé un petit restaurant où l'on servait du poulet grillé. Quelquefois, quand il nous restait de l'argent et que nous avions très faim, nous allions en acheter. Mon frère Jaber mangeait un poulet entier à lui tout seul. Quand il n'y en avait pas, il pleurait et ne voulait rien manger.

Mon père le grondait : « Jaber, mon fils, tu es un carnivore comme ton grand-père. Fais attention, tu vas finir par caqueter comme une poule. »

Nous autres, les enfants, attendions toujours que Jaber se mette enfin à caqueter comme une poule. Mais cela ne s'est jamais produit.

Mon père était si efficace dans son travail que des clients venus des environs d'Agadir apportaient dorénavant leurs appareils électriques chez nous, au numéro 23 de la rue El Ghazoua. Notre ancienne salle de séjour était remplie de postes de radio, de téléviseurs et de téléphones détraqués.

Le plus beau poste de radio nous appartenait. Il était aussi grand qu'une armoire, marron et avec du tissu beige devant les haut-parleurs. L'appareil se trouvait en haut, au premier étage, et mon père l'allumait le matin. Lui seul avait le droit de le faire fonctionner. Toute la journée, on entendait de la magnifique musique arabe dans notre maison. Quelquefois, ma mère dansait sur les mélodies d'Oum Kaloum.

Oum Kaloum était originaire d'Égypte. C'était la première femme qui chantait avec l'assurance d'un homme et que l'on entendait à la radio. Pour ma mère, Oum Kaloum était une héroïne. Elle l'est encore aujourd'hui pour moi. Ma mère connaissait tous les textes par cœur et chantait les chansons de sa voix profonde. Son air préféré était *Amel Hayati* :

« Le souhait de ma vie est l'amour fidèle,
il ne finit jamais.
À toi, jolie chanson, mon cœur a appartenu,
cela non plus ne finit jamais.
Prends toute ma vie,
mais aujourd'hui, ce jour-ci,
Laisse-moi vivre.
Garde-moi à tes côtés,
garde-moi dans tes bras,
garde-moi sur ton cœur,
garde-moi !
Et laisse-moi rêver.
Garde-moi !
Je voudrais que le présent

Ne m'arrache pas aux doux rêves.
Le rêve !
La vie !
Mes yeux !
Tu m'es plus cher
que mes yeux.
Toi, mon amour d'hier
et d'aujourd'hui,
de demain et pour l'éternité...
Ton amour était assez grand pour le monde entier.
Ta proximité touchait tous les cœurs.
Quand tu es à mes côtés,
je ne peux pas fermer les yeux une seconde.
Je crains que ton charme s'évanouisse... »

Parfois, ma mère pleurait quand elle chantait cette chanson. Mon père ne pleurait jamais, même s'il la chantait aussi. Nous chantions tous en même temps. Mes sœurs chantaient toute la journée, et, quand j'ai été assez grande, je chantais aussi ces chansons d'amour, de tristesse et d'espoir. Je les chante encore aujourd'hui.

Derrière l'atelier de mon père se trouvaient un robinet et les toilettes. Un simple trou dans le sol comme dans toutes les maisons qui avaient été construites après le tremblement de terre.

Le couloir passait devant les toilettes et menait à la cour intérieure. Là, quand on penchait la tête, on voyait le ciel, le soleil, les nuages et, la nuit, les étoiles. Quand je fus plus grande, je restais de longues heures assise sur le ciment gris, le visage tourné vers le ciel, à contempler les étoiles. Quelquefois, je voyais des étoiles filantes.

Ma mère disait : « C'est l'âme de quelqu'un qui est mort, ma petite fleur. Elle descend sur sa tombe. »

J'imaginais cette lumière vive éclairer le triste cimetière qui s'étendait de l'autre côté de la grande mosquée sur le versant de la kasbah, et cela me donnait la chair de poule.

Ma mère me serrait dans ses bras, elle me berçait en disant : « Ouarda-ti, ma fleur, il est temps maintenant d'aller au lit avant de te briser le cou. » Elle me prenait alors par la main, et nous allions dans la chambre d'enfants.

À droite, la cour donnait sur la cuisine. Elle était pavée de blanc, et nous avions un grand évier avec de l'eau froide. Ma mère cuisinait sur un fourneau à quatre feux. Les bouteilles de gaz se trouvaient sous l'évier. Quand elles étaient vides, on allait en acheter une neuve au magasin du coin. Puis le commis amenait la grande bouteille de gaz bleue sur une charrette devant la porte de la maison.

La table basse et ronde était dans la cour, sous l'escalier qui conduisait à l'étage. Ma mère avait étalé des nattes et des coussins tout autour. Nous nous asseyions par terre et mangions avec les doigts.

Derrière l'escalier, il y avait une douche avec un énorme chauffe-eau à gaz blanc. Tôt le matin, ma mère allumait le chauffe-eau puisque, chaque jour, mon père refusait de se mettre au travail sans avoir pris de douche. C'était un homme très propre. Une fois douché, il enfilait un gros pull-over de coton, même si le soleil brillait. Je croyais qu'il avait froid à l'intérieur de son corps, mais je n'osais pas lui poser la question.

Nous, les enfants, nous ne prenions une douche que si nous étions sales, peut-être une ou deux fois par semaine. Ma mère nous reniflait et disait : « Les enfants, je crois qu'il est temps. Hop, sous la douche ! »

Puis elle nous frictionnait avec ses mains douces jusqu'à ce que la couche sombre de la peau se détache.

« Regarde, Ouarda-ti, disait-elle ensuite, comme tu étais sale. »

À côté de la douche se trouvait notre chambre d'enfants. Elle me paraissait petite et obscure. J'avais toujours peur dans cette chambre, surtout la nuit. Les djellabas accrochées près de la porte m'apparaissaient comme un étranger menaçant. Je n'ai jamais raconté à personne que, dans le noir, il y avait un étranger à la porte qui nous observait. C'était mon secret.

De fins matelas étalés par terre nous servaient de lit. La nuit, nous nous blottissions sous les grandes couvertures. Il n'y avait pas de jouets dans cette chambre. Si nous voulions jouer, nous allions dans la cour ou dans la rue. Le plus agréable était de jouer dans la cour, parce que nous entendions ma mère manipuler les marmites en fer-blanc dans la cuisine et chanter les chansons arabes mélancoliques de la radio.

L'étage supérieur se divisait en trois chambres. Nos parents dormaient dans l'une d'elles, c'était la plus grande pièce de notre maison. J'aimais le grand lit. Une fois, alors que nous étions tous assis sur ce lit, mon père est entré avec un carton blanc. Il était si beau que nous n'osions l'ouvrir. Ma mère a détaché le ruban et posé le paquet sur les couvertures. Nous nous sommes approchés pour voir ce qu'il renfermait.

« Père, a dit Jamila, c'est tellement beau. Est-ce que je peux soulever le couvercle ? »

Mouna n'a rien dit, elle ne disait jamais rien.

Mon père a pris un air sévère. « Cela ne vous concerne pas, c'est seulement pour moi et votre mère. » Mais ses yeux riaient.

Finalement, ma mère a ouvert le carton et, à l'intérieur, il y avait les plus belles choses que j'aie jamais vues : de la lingerie fine, tout en blanc dans un tissu délicat, une petite culotte, une chemise, un soutien-gorge, une chemise de nuit. C'était d'un blanc si éclatant que, dans mon esprit, tout cela ne pouvait être destiné qu'à une fiancée.

« Maman, ai-je demandé, tu vas bientôt te marier ? »

Jamila m'a donné un coup de coude dans les côtes : « Bêta, maman est déjà mariée. Avec papa. C'est pour moi, quand je serai grande. »

« Moi aussi, je veux être grande et me marier avec Jaber, mon frère, me suis-je écriée. Demain, je serai sûrement déjà assez grande pour pouvoir me marier. »

Cela les a tous fait rire. Ma mère a revêtu ensuite les choses magnifiques que mon père lui avait offertes, et j'étais convaincue qu'il n'existait pas au monde une femme aussi belle qu'elle.

Elle était plus grande que toutes celles qui habitaient dans notre rue. Elle avait la peau aussi blanche que du lait, des cheveux noirs comme de l'ébène et des yeux aussi grands que ceux d'une reine. Quand elle me regardait, ces yeux pouvaient pénétrer profondément dans mon petit cœur, et, quand je me mettais sur la pointe des pieds, je pouvais voir son cœur dans ses yeux. Elle avait la voix très douce, et elle chantait si bien que même les gens méchants devenaient bons en l'écoutant.

Les personnes les plus méchantes de notre rue étaient les *darbo-shi-faal*[8], de grosses femmes avec des fesses grasses et de grands foulards, qui traversaient notre quartier en hurlant : « Voyance, cartomancie, chiromancie… voulez-vous savoir ce que le futur va vous apporter ? Voulez-vous faire votre bonheur ? »

Ces femmes me faisaient très peur. Quand j'entendais leur voix, je courais à toute vitesse vers la maison, je refermais vivement la porte d'entrée bleue et demandais à ma mère : « Maman, s'il te plaît, chante-moi une chanson pour que je ne sois pas obligée d'entendre les méchantes *darbo-shi-faal.* »

Alors maman chantait sa chanson, me passait la main dans les cheveux, et ma peur s'évanouissait. Je reniflais sa robe d'été à travers laquelle on sentait l'odeur de sa peau. Elle n'avait jamais le droit de porter ces vêtements à l'extérieur de la maison, cela aurait provoqué un scandale. Dehors, elle devait s'envelopper dans les lourdes djellabas qui recouvrent tout le corps. Ma mère ne possédait que des djellabas noires, elle les trouvait élégantes. Au-dessous, elle portait parfois les sous-vêtements blancs que papa lui avait offerts. Ses lèvres pleines étaient maquillées, mais on ne pouvait que le deviner parce que, dans la rue, elle portait toujours un voile de soie.

---

[8] *Darbo-shi-faal* : mot à mot « voulez-vous connaître votre avenir ».

Mon père aimait la beauté de ma mère, mais il était très jaloux. Une fois, il était en face de chez nous, occupé à fumer du haschich chez le tailleur, quand j'ai trouvé dans la rue une tablette colorée. Ma mère a vu par la fenêtre que je la mettais dans ma bouche.

« Ouarda-ti, a-t-elle crié, enlève ça de ta bouche. C'est dangereux. »

Je ne l'ai pas écoutée et j'ai joué avec la tablette, la poussant avec ma langue entre mes lèvres serrées pour que ma mère puisse la voir.

Elle était de plus en plus inquiète. « C'est du poison ! s'est-elle exclamée. Recrache ça ! »

Elle avait parlé en berbère, dans la langue de son peuple, comme elle faisait toujours quand elle était en colère. J'avais déjà sucé toute la couleur qui recouvrait la tablette quand elle est sortie précipitamment de la maison, sans foulard ni voile. Elle m'a attrapée, m'a donné une gifle et tirée à l'intérieur. J'ai crié parce que je sentais sa colère et sa peur, puis j'ai craché aussitôt la tablette dans la saleté.

Plus tard, mon père est rentré. Il n'a rien dit, pas un seul mot. Il était dans un état second. Ç'a été seulement le soir, quand nous avons été au lit, qu'il a battu ma mère. Allongés sur nos matelas, nous avons entendu les coups, les cris contenus de ma mère, ses gémissements.

« Ne sors plus jamais comme ça dans la rue, femme ! » criait-il.

Et nous avons pleuré jusqu'à ce que nous nous endormions, serrés les uns contre les autres, les joues mouillées de larmes.

Le lendemain matin, maman avait un œil au beurre noir. « Ce n'est rien du tout, les enfants, a-t-elle dit, oubliez ça. » Mais je ne pouvais pas l'oublier. Ce beau visage, déformé par la blessure. Par ma faute. C'est une image que je vois encore aujourd'hui, aussi claire, aussi réelle que si ma mère se tenait devant moi.

Dans la chambre se trouvait le poste de télévision de mon père. Il était grand et en noir et blanc. Mais comme mon père était un technicien d'avant-garde, il accrochait une feuille magique devant l'appareil. Alors, l'écran n'était plus noir et blanc, mais bleu turquoise. Je trouvais les images colorées si attrayantes qu'il m'arrivait d'enlever secrètement la feuille pour aller à la fenêtre et, à la lumière du soleil, transformer la couleur gris beige de la rue en un joli bleu turquoise. Tout à coup, *Lala* Sahra, la voisine, avait non seulement un gros ventre, mais un gros ventre couleur turquoise. Je la regardais en riant jusqu'à ce que ma mère me retire la feuille et en essuie soigneusement les traces de doigts dans la cuisine afin que mon père ne s'aperçoive de rien. Par-dessus le téléviseur, une grande couverture en crochet protégeait la précieuse feuille de la poussière. C'est seulement quand mon père décidait qu'il fallait allumer le poste que ma mère enlevait la couverture du grand appareil, et il appuyait sur le bouton qui mettait en marche les images bleu turquoise.

Les deux autres pièces de l'étage consistaient en un petit local, dans lequel ma mère gardait ses vêtements, et une nouvelle salle de séjour. La fenêtre de celle-ci surplombait la cour de l'école primaire voisine. Mouna, Rabiaa et Jamila la fréquentaient. Aussi, Jaber et moi, nous pouvions leur lancer le goûter par la fenêtre. Dans l'école, il n'y avait pas d'eau la plupart du temps, et, les après-midi de chaleur, beaucoup d'écoliers se mettaient sous la fenêtre de la salle à manger et appelaient : « Ouarda, Jaber, vous êtes là ? »

« Oui, qu'est-ce que vous voulez ? »

« Nous avons besoin d'eau, envoyez-nous de l'eau. »

Nous allions alors dans la cuisine remplir des bouteilles en plastique que nous lancions dans la cour de l'école. Nous renversions de l'eau partout dans la maison, et notre mère nous grondait un peu, mais ce n'était pas très sérieux. C'est seulement quand notre conduite d'eau s'est tarie et que nous avions jeté nos dernières réserves de bouteilles qu'elle s'est vraiment fâchée.

« Vous ne pouvez quand même pas me faire ça ! Comment je vais faire la cuisine demain ? »

Nous avons couru dans la rue et joué avec le sable et les cailloux en attendant qu'elle se calme.

De l'étage supérieur, une échelle faite de branches tordues grossièrement clouées montait jusqu'au toit plat. La nuit, on l'enlevait pour éviter que les voleurs pénètrent chez nous. Sur le toit, il n'y avait rien d'autre que l'antenne de télévision de mon père et les cordes à linge de ma mère.

Nous autres, les enfants, n'avions pas le droit d'y aller. C'était trop dangereux, car il n'y avait pas de rambarde.

De ce toit, je ne garde aucun bon souvenir. C'est là que mon père a brûlé ma mère. Mais, quelque temps avant sa mort, il s'y était déjà passé quelque chose d'effroyable.

À cette époque, mon père avait commencé à se comporter bizarrement. Les affaires marchaient mal, et il passait toute la journée en face, chez le coiffeur, à fumer du haschich. Ma petite sœur Ouafa est alors tombée malade et a contaminé le bébé Asia. Mon père a pris les enfants et les a emmenées sur le toit.

« Le soleil, murmurait-il. Le soleil va les guérir. »

Il les a allongées sur la pierre, s'est assis à côté d'elles, puis il a regardé fixement le disque éclatant du soleil jusqu'à ce que les larmes coulent de ses yeux.

D'abord, les petites ont crié, mais leurs cris se sont faits de plus en plus faibles dans la chaleur torride. Finalement, elles se sont tues.

Ma mère a grimpé l'échelle et a appelé mon père : « S'il te plaît, Houssein, rends-moi les enfants. Elles sont en train de mourir. Il faut les emmener à l'hôpital. »

Mais il n'a pas réagi. Ma mère pleurait, et elle s'est couchée par terre devant l'échelle. Elle n'avait plus la force ni le courage de lutter pour la vie de ses filles.

Plus tard, je suis montée prudemment jeter un coup d'œil. Mon père était assis, le dos tourné, fixant toujours le soleil. Mes sœurs étaient allongées à côté de lui et ne bougeaient plus. La salive qui s'était écoulée de leur bouche avait laissé des traces blanches sur leur visage.

Je me suis étendue près de ma mère et j'ai pleuré avec elle. Ce n'est qu'au bout de deux jours que ma grande sœur Rabiaa a réussi à convaincre mon père de descendre du toit.

Il l'a regardée comme si rien ne s'était passé. « Il vaut mieux que je conduise les petites à l'hôpital, non ? »

C'est à l'hôpital Hassan II, juste en face du grand cimetière, que leur vie a pu être sauvée au dernier moment.

La maison sans toit

Quand je pense aujourd'hui à mon père, je vois le vieil homme brisé, vêtu du jogging bleu à motif rouge que je lui ai apporté à l'hôpital de la prison de Safi, au bord de l'Atlantique, dix ans avant sa mort. On le soignait pour du diabète, et ses yeux étaient aussi vides que sa voix était faible.

Safi était une prison épouvantable. Les hommes dormaient à même le sol dans des salles communes. Pour boire, il fallait puiser de l'eau dans des seaux. Les latrines étaient aussi dégoûtantes que la soupe de lentilles servie dans des gamelles en fer-blanc que les hommes ingurgitaient dans la cour. Avec leurs doigts maigres, ils pêchaient les lentilles dans le bouillon comme s'ils mouraient de faim.

J'avais acheté le jogging de mon père dans le souk avant de quitter Agadir et de partir pour l'Allemagne. En même temps, j'avais fait l'acquisition d'un grand flacon d'eau de toilette et d'un magnétophone avec une cassette d'Oum Kaloum, la chanteuse de mon enfance. J'avais pris aussi des chaussettes, des chaussons de bain et des caleçons. Et puis des cigarettes Casa bon marché, pour le troc, et du dentifrice destiné à son usage personnel.

Ce n'était pas facile pour moi d'offrir des sous-vêtements à mon père. Au Maroc, seules les épouses achètent des caleçons pour leur mari.

Dans le souk, j'ai demandé à ma sœur : « Rabiaa, est-ce que je peux acheter des sous-vêtements pour notre père ? »

« Naturellement, a dit Rabiaa, si nous ne le faisons pas, qui d'autre le fera ? »

« Mais est-ce que ça n'est pas gênant pour lui ? »

« Ce sera plus gênant s'il n'a plus de caleçons », a répondu Rabiaa, qui a un grand sens pratique.

Nous avons dû laisser à l'entrée les affaires destinées à notre père. Mais nous n'étions pas sûres que les surveillants ne les volent pas. Nous avons donc donné la liste de nos achats à notre père pour qu'il puisse vérifier si tout lui était bien remis. Il a parcouru la feuille des yeux et a fait comme s'il n'avait pas lu le mot « caleçons ».

Il a dit : « Mes filles, je vous remercie. Mais si jamais vous revenez me voir, ne m'apportez rien d'autre que des cigarettes : ici, en prison, je peux les échanger contre tout ce dont j'ai besoin. Et quelques sardines grillées. Elles apporteront l'odeur de la mer dans ma cellule. Voilà ce que je souhaite : des cigarettes et des sardines. Je n'attends rien de plus de vous, mes filles. »

Avant que nous quittions la prison de Sali, mon père m'a dit de sa voix faible : « Ouarda, ma petite fille, j'aimerais que tu acceptes quelque chose de moi. Je ne peux plus rien décider, je suis prisonnier, mais je peux te donner un conseil qui me vient du cœur : lis, mon enfant, lis tous les livres que tu reçois, lis autant que tu peux. Si je ne lisais pas, il y aurait déjà longtemps que j'aurais quitté la vie. »

Quand j'étais petite, mon père possédait une bibliothèque. Les étagères contenaient des titres français aux reliures colorées. Quand il avait le temps, mon père s'asseyait par terre dans sa chambre et lisait à la lumière de l'ampoule électrique. Ma mère ne prenait jamais un livre, c'était une fille de la campagne qui ne savait pas lire.

Je savais que je ne voulais pas être comme ma mère quand je serais grande. Je voulais tout savoir, je voulais connaître le monde et savoir lire. Et je voulais une bibliothèque avec de gros livres et des reliures en couleurs.

Je voulais être comme mon père.

Avant sa métamorphose, c'était un homme solide, sûr de lui. Dans la rue principale, en face de la station-service, son magasin d'électricité était le plus grand et le plus beau de tout le Nouveau Talborjt. Mon père avait une moto, il portait des vêtements modernes et la moustache la plus chic de notre quartier. La coupe changeait tout le temps. Tantôt les pointes de sa moustache se redressaient avec insolence, tantôt il se rasait de très près. Le soir, il allait avec des amis dans les cafés, buvait du vin rouge français et savourait la fumée épicée de sa pipe en écume de mer. Aujourd'hui encore, je pense à lui quand je sens l'odeur du tabac à pipe.

À la maison, c'était mon père qui décidait de tout. Il choisissait les vêtements que nous devions porter, il faisait les courses, il disait à ma mère comment s'occuper de nous.

« Safia, disait-il, il faut que les enfants connaissent la mer. Descends avec eux à la plage. »

Alors ma mère nous prenait par la main et descendait la rue principale ; nous passions devant l'actuelle pâtisserie Jacut et l'hôpital, puis l'unique building de la ville, qui n'avait que dix étages, et on sentait déjà la fraîcheur de l'océan dans la chaleur vibrante de l'été.

J'aimais cet immeuble. Aussi, quand j'ai été un peu plus grande, je me suis glissée à l'intérieur et j'ai pris l'ascenseur pour monter jusqu'au toit. De là, j'ai regardé la rue, en contrebas ; les gens et les voitures étaient tout petits. Je me sentais très grande et très puissante, jusqu'à ce qu'une main vigoureuse se pose sur mon épaule. C'était le gardien de l'immeuble.

« Qu'est-ce que tu fais ici ? » a-t-il voulu savoir.

Je n'ai pas répondu, mais je l'ai regardé avec de grands yeux.

L'homme ne lâchait pas mon épaule, et il m'a poussée en bas de l'escalier en me menaçant de me conduire à la police.

J'ai pleuré et protesté jusqu'à ce qu'il finisse par me laisser regagner le rez-de-chaussée. Par la suite, pendant quelques semaines, je n'ai plus osé prendre l'ascenseur pour monter sur le toit. Mais la fascination était si grande que j'ai essayé à nouveau. Cette fois, j'ai été plus prudente et je ne me suis pas fait surprendre.

La plage d'Agadir est longue et très large. Enfant, j'avais toujours peur qu'elle soit beaucoup trop grande pour mes courtes jambes et de ne jamais réussir à atteindre la mer.

J'aimais la mer. Pendant des heures, je restais assise sur le sable et je contemplais la houle jusqu'à l'horizon. Puis je fermais les yeux et je voyais plus loin encore, jusqu'aux pays lointains qui s'étendaient derrière l'océan.

Je demandais : « Maman, est-ce qu'il y a aussi des gens qui vivent de l'autre côté de la mer ? »

« Je crois bien, Ouarda-ti, répondait-elle, mais je suis une fille de la campagne. Il y a beaucoup de choses que je sais uniquement parce que ton père me les a racontées. »

Ma mère s'asseyait dans sa djellaba à l'ombre des arbres, derrière les dunes. Elle étalait une couverture en poil de chameau sur laquelle elle déposait une coupelle d'huile d'olive. Elle apportait l'une des galettes qu'elle avait cuites à la maison. Nous la brisions avec les mains et trempions les morceaux dans l'huile d'un jaune étincelante. Nous buvions de l'eau ou bien, si nous avions quémandé suffisamment longtemps, du Coca dans les grandes et lourdes bouteilles de verre qui se vendaient dans les baraques de la plage.

Ma mère n'allait jamais se baigner. Elle ne savait pas nager. Et elle n'aimait pas non plus nous voir sautiller dans les vagues.

« Revenez, les filles ! criait-elle. L'eau est dangereuse. Un mauvais esprit habite dedans. »

Nous ne la croyions pas et continuions à nous déchaîner dans l'eau. Quand nous revenions sur la plage, nous construisions des *kasbah*[9] et des maisons,

[9] *Kasbah* : château.

des villes et des rues en sable et nous jouions à *haba*, à chat.

Ma mère jouait avec nous. Elle était pour nous plus une amie qu'une mère. Rapide comme l'éclair, djellaba relevée et pieds nus, elle courait dans le sable et criait « chat » quand elle nous attrapait. Puis c'était à notre tour de la poursuivre jusqu'à ce que, à bout de souffle, nous devions nous reposer à l'ombre des arbres.

Dans les premiers temps, ma mère, élevée à E-Dirh, s'était sentie étrangère à Agadir. Les gens, la circulation, le vacarme et la saleté la mettaient mal à l'aise. Elle ne pouvait pas supporter les voisins, en particulier ceux qui habitaient à notre gauche.

C'était là que vivait M. Sahmi en compagnie de sa femme et ses enfants. M. Sahmi travaillait dans un hôtel et était quelqu'un d'important. C'est du moins ce qu'affirmait sa femme. Elle se maquillait et portait des minijupes et des sacs à main assortis à ses chaussures. Toutes les quatre semaines, elle faisait décolorer ses cheveux bruns, et, en plus, elle conduisait. La nuit, il y avait chez les voisins des fêtes avec de l'alcool et des gens qui riaient.

Ma mère nous disait : « Il n'y a que les incroyants qui font ça. Il y en a beaucoup dans les pays étrangers dont votre père m'a parlé. Mais cela ne se fait pas, c'est un péché. Cela ne plairait pas à Dieu. »

Ma mère trouvait Mme Sahmi impossible. À la maison, elle imitait ses gestes. En minaudant, elle levait le petit doigt, faisait tourner une petite tasse imaginaire et parlait d'une voix exaltée : « Monsieur, peut-être, voudriez-vous encore un verre de vin ? Ou plutôt du champagne ? »

C'était drôle dans sa langue berbère. Cela nous faisait tellement rire que nous en avions les larmes aux yeux.

Ma sœur Jamila se disputait souvent avec les enfants de la famille Sahmi. Elle rentrait à la maison en pleurant et ma mère était très fâchée.

« Mouna-Rachida, appelait-elle, viens là ! Tu es la plus grande, descends et défends ta petite sœur. C'est ton devoir. »

Mais Mouna-Rachida était si timide qu'elle ne voulait pas jouer avec les autres enfants, seulement avec ses sœurs. Obéissante, elle sortait dans la rue. Mais elle essayait de ne pas se montrer. Elle rasait le mur de la maison et quand, par hasard, elle croisait l'un des enfants Sahmi, tout ce qu'elle trouvait à dire de méchant, c'était : « Tu n'as pas été gentil avec ma sœur. Ne recommence pas. » Puis elle rentrait à la maison en courant.

Une fois, la dispute avait pris une telle ampleur que Mme Sahmi a frappé avec autorité à la porte bleue en criant : « Madame Saíllo, ouvrez, je dois vous parler. Vos enfants sont effrontés, ils ont besoin d'être éduqués comme il faut. »

Ma mère a fait comme si elle n'était pas là. « Chut, a-t-elle soufflé, taisez-vous ! »

Ma mère ne voulait pas parler avec Mme Sahmi, probablement parce qu'elle ne parlait que le berbère et ne connaissait pas l'arabe. Elle le comprenait bien, mais elle n'arrivait pas à prononcer les mots étranges.

« Je sais que vous êtes là ! a crié Mme Sahmi. Où est-ce qu'une fille berbère primitive venue de la campagne pourrait-elle être sinon ? Si vous n'ouvrez pas, j'attendrai jusqu'à ce que M. Saíllo rentre à la maison. »

« Vous entendez ça, a chuchoté ma mère, cette femme vulgaire parlerait même à un homme étranger. Elle n'a vraiment aucune pudeur. Mais je vais lui montrer de quoi les femmes berbères sont capables. »

Nous n'avons pas bronché et, avec de grands yeux, nous avons regardé ma mère remplir un seau d'eau et le hisser jusqu'au premier étage. Avec précaution, nous nous sommes glissés derrière elle. Alors, elle a soulevé le seau et l'a vidé par la fenêtre sur la tête fraîchement décolorée de Mme Sahmi.

Mme Sahmi n'est plus jamais venue devant notre porte, mais nous avons dû déménager dans une rue proche de chez nous. Les voisins étaient plus fréquentables.

Le déménagement ne s'est pas déroulé sans problème. Notre nouvelle maison nous appartenait déjà, mais elle était encore louée. Le locataire ne voulait pas partir. Mon père avait négocié avec lui, en vain.

« Safia, a-t-il dit pendant le dîner, nous avons un problème. Nous devons partir d'ici demain, la maison est vendue. Mais nous ne pouvons pas emménager dans notre nouveau logis parce les occupants ne veulent pas débarrasser les lieux. »

« Qu'est-ce que nous pouvons faire, Houssein ? a demandé ma mère, effrayée. Est-ce que nous allons devoir vivre dans la rue ? »

« Non, a dit mon père, j'ai une meilleure idée. Ce sera une surprise. Demain matin, prépare tout pour le déménagement. Nous partirons dans l'après-midi. »

Vers midi, les déménageurs sont arrivés avec le chariot à ridelles et ils ont transporté nos divans, les lits, les petites armoires et les caisses contenant nos vêtements. Puis ils ont tiré le chariot jusqu'à notre nouvelle maison. La porte était fermée à clé.

« Et maintenant ? » ont-ils demandé.

« Déchargez ! s'est écrié mon père. Nous allons installer notre salle de séjour ici dans la rue, juste devant la porte d'entrée. »

Les hommes ont soulevé avec peine nos divans de la voiture. C'était l'un de ces grands ensembles de sièges qui, dans toutes les salles de séjour marocaines, offrent de la place à une vingtaine de personnes. Les coussins étaient recouverts de précieux velours rouge. À présent, ils trônaient dans la poussière de la rue El Ghazoua.

Ma mère, craignant que les beaux tissus se salissent, les a recouverts de draps pour les protéger de la poussière et du soleil.

Mais mon père a dit avec un geste autoritaire : « Enlève ces draps ! Nous vivons ici. C'est notre salle de séjour. Je n'ai pas envie de m'asseoir sur des tissus. »

Les déménageurs ont déroulé notre tapis, ils ont déchargé les petites tables de la voiture, et ma mère a préparé la carafe d'eau.

Mon père a frappé aux portes du voisinage et s'est présenté : « *Salam aleikum*, je m'appelle Houssein Saïllo, et voici ma famille. Nous sommes vos nouveaux voisins. Nous devons attendre que les gens qui occupent notre maison déménagent. »

Un attroupement s'est formé tout autour de notre salle de séjour. Tous les habitants de la rue passaient pour voir le spectacle. Certains venaient même des confins du quartier. Les enfants se pressaient autour de nos divans. Les femmes ont apporté du thé et des pâtisseries. Ma mère et Mouna-Rachida n'étaient pas à l'aise. Mais mon père semblait apprécier la situation.

Entre-temps, les déménageurs avaient déposé tout notre foyer dans la rue. Ils ont encaissé leur paye et ont pris congé.

« Maman, a demandé Rabiaa, est-ce qu'on habite vraiment dans la rue maintenant ? »

« Je ne sais pas », a murmuré ma mère.

Mouna-Rachida pleurait. Mais la porte de la maison s'est ouverte. Le locataire se tenait devant nous, sa valise à la main.

« C'est votre maison, a-t-il dit, vous avez gagné. Qu'Allah vous protège. Demain, mes meubles seront partis. »

Le lendemain, nous avons emménagé dans la nouvelle demeure de plain-pied. Mon père voulait construire un étage pour que nous ayons assez de place. Avec l'argent que lui rapportait son atelier, il a acheté du ciment, du fer à béton, de la peinture, et il a engagé des ouvriers.

Les ouvriers ont commencé à travailler, puis ils sont venus voir mon père : « *Sidi* Saíllo, il nous faut plus d'argent. Il nous faut plus de ciment et plus d'ouvriers. »

Mon père leur a donné de l'argent. Une semaine plus tard, ils revenaient : « *Sidi* Saíllo, qu'Allah nous pardonne, mais l'argent ne suffit pas. »

Mon père leur a redonné de l'argent. Mais quand ils sont revenus une troisième fois pour en réclamer davantage, il les a jetés dehors.

« Safia, dit-il à ma mère, les *al khadama*, les ouvriers, ils nous ont roulés. Je vais construire notre maison moi-même. »

Mon père n'avait jamais bâti de maison. Il s'est mis à remuer le ciment et à monter des murs, et, bien que tout soit de travers et tordu, il voulait poser un toit sur le nouvel étage. Mais l'argent manquait.

« Safia, a-t-il dit à ma mère, je vais partir dans le désert pour Fask. Là-bas, ma famille possède des terres. Je vais les vendre et, avec l'argent, nous construirons un toit au-dessus de notre maison. »

Ma mère était effrayée.

« Fask ? a-t-elle dit. Ne va pas à Fask. Tu sais que c'est dangereux là-bas pour vous, les Saíllo. Pense à ce qui est arrivé à ton père quand il y est allé. Je t'en prie, reste ici. »

Mais mon père n'a pas changé d'avis. En février 1975, il a préparé un sac de voyage, est monté dans sa voiture et a quitté Agadir en direction du Sud, là où s'étend le désert.

À son retour, il n'était plus le même.

Le mystère de Fask

La localité de Fask est située dans le Sahara, au sud de l'Anti-Atlas. Une route de bitume mène de Guelmim à Fask qui, depuis quelque temps, est doté de l'électricité, d'une station-service et d'une épicerie qui vend du Coca-Cola tiède. Mais, en réalité, Fask reste ce qu'il a toujours été : un village poussiéreux du bout du monde.

Au cours de l'été 2002, je m'y suis rendue pour la première fois. J'avais un sentiment étrange. Fask n'était pas un bon endroit pour notre famille. De méchantes légendes s'attachaient à cette contrée isolée d'où étaient issus mes ancêtres paternels.

De nombreuses années auparavant, mon grand-père avait essayé de récupérer ses grandes propriétés rurales que des parents éloignés géraient pour lui et ne voulaient plus restituer. À l'époque, il avait échappé de peu à la mort.

Selon la légende familiale, ses parents éloignés auraient essayé de le tuer. Grand-père avait passé la nuit dans une pièce de son ancienne propriété. À côté de sa misérable couche, sur le sol en terre de la maison, il avait préparé les comprimés contre ses maux d'estomac. Quand il souffrait la nuit, il avait l'habitude de chercher le médicament à tâtons et d'avaler les pilules avec une gorgée d'eau de la cruche.

Cette nuit-là, il a senti quelque chose d'inhabituel en touchant les comprimés. Une sorte de poudre ou de la poussière. Il a allumé la lampe de poche qu'il emportait toujours avec lui quand il quittait sa maison de Tiznit. Les comprimés étaient recouverts d'une pellicule noire. Grand-père a appelé le chien de la maison et les lui fit avaler. Deux heures plus tard, l'animal se tordait dans des spasmes mortels.

Mon grand-père a quitté Fask et n'est plus jamais revenu dans ses propriétés.

En 2002, Asia, ma sœur, Michael, mon mari, les enfants et moi, nous avons parcouru la longue route toute droite à travers le désert. À mi-chemin, une vieille Peugeot stationnait sur le côté. Quatre femmes complètement voilées étaient assises à l'intérieur. À côté de la voiture se tenait un homme avec un jerrycan. Nous nous sommes arrêtés.

« On peut vous aider ? » ai-je demandé.

« Qu'Allah soit remercié, a-t-il dit, pourriez-vous m'emmener jusqu'à la prochaine station-service ? Je n'ai plus d'essence. »

L'homme est monté dans notre voiture avec son jerrycan, et nous l'avons conduit jusqu'à la station-service de Fask.

J'ai demandé au propriétaire : « Qu'Allah vous protège, *sidi*[10], pourriez-vous s'il vous plaît me dire où habite la famille Saíllo ? »

---

[10] *Sidi, si* : monsieur.

Le garagiste a répondu : « Cela fait déjà longtemps que la famille Saíllo ne vit plus ici. Aucun d'eux. Ils sont tous partis à Tiznit ou à Agadir. »

« Il n'y a plus aucun membre de la famille ? »

« Si, il y en a un qui vit encore là, *sidi* Mohammed, il habite au bout du village dans une grande propriété. »

Le propriétaire de la station-service a fait signe d'approcher à l'un des garçons qui traînaient dans la poussière, devant le garage : « Monte avec ces gens dans la voiture et montre-leur le chemin pour aller chez *sidi* Mohammed. »

« Qu'Allah soit clément avec tes parents », ai-je dit. C'est la formule traditionnelle de remerciement dans le désert. Puis nous sommes partis avec le garçon sur la piste poussiéreuse jusqu'au bout du village.

Un long mur d'un rouge brun séparait la propriété du sable jaune du désert. Il y avait trois portails de bois. Derrière le mur, je voyais la cime des palmiers. *Sidi* Mohammed semblait être un homme aisé.

J'ai frappé à la porte gauche. Les coups ont résonné sourdement dans le désert. Mais il a fallu longtemps pour qu'elle s'entrouvre.

« Qu'est-ce que vous voulez ? » a demandé une voix de fille.

« Nous aimerions parler à *sidi* Mohammed. »

« Vous devez frapper à la porte d'à côté », a fait la fille.

Là, un petit garçon nous a ouvert. « Attendez là, a-t-il dit, je vais chercher le *sidi*. »

Sidi Mohammed nous a fait attendre un bon moment dans la chaleur, puis il est venu à la porte :

un petit homme brun dans une djellaba poussiéreuse, un tissu posé sur la tête comme il est d'usage quand on doit accueillir des hôtes à l'improviste.

Mon estomac s'est serré : était-ce l'homme qui avait essayé de tuer mon grand-père ? était-ce lui le responsable de la transformation de mon père ? Était-il impliqué dans la mort de ma mère ? Dans le destin de ma famille ?

À voix basse, j'ai murmuré la sourate du Coran qui me protège de la jalousie depuis mon enfance. C'est la sourate 113 qui porte le nom *Al-falaq*, « L'aurore » : *« Je cherche la protection du Seigneur de l'aube contre le mal qu'il a créé ; contre le mal de l'obscurité lorsqu'elle s'étend ; contre le mal de celles qui soufflent sur les nœuds ; contre le mal de l'envieux, lorsqu'il porte envie. »*

Sidi Mohammed nous a fait traverser deux cours intérieures jusqu'à une pièce haute. Visiblement, la propriété comportait plusieurs bâtiments. *Sidi* Mohammed devait avoir plusieurs femmes. Il vivait avec l'épouse principale dans la maison du milieu. Les autres épouses habitaient celle de droite et celle de gauche. Nous les avons rencontrées plus tard.

Le sol de la pièce dans laquelle nous nous sommes installés était en terre battue recouverte de tapis, quelques tentures étaient accrochées au mur. *Sidi* Mohammed a préparé du thé et broyé du sucre avec une pierre. Il a envoyé le garçon dans la cuisine. Celui-ci est revenu avec du pain frais, de l'huile d'olive et des œufs durs. Les œufs sont un signe de très grande hospitalité. Je déteste les œufs durs.

« Qu'est-ce qui vous amène ? » a demandé *sidi* Mohammed.

« Je suis Ouarda, la fille de Houssein Saíllo. Mon père est venu ici il y a plus de vingt ans. »

« Oui, a-t-il dit, je m'en souviens. Ton père était un homme fier et inflexible. Il ne s'est pas fait d'amis quand il est venu. Il était assis là, dans cette pièce, à l'endroit où tu es maintenant. »

Je ne m'étais pas attendue à ça. Mon attitude a changé, mon corps se mit en alerte, mes muscles se sont tendus, mes nerfs se sont mis à vibrer. J'ai senti tout à coup la terre dure sous les minces tapis, l'amertume du thé me brûlait la langue, l'odeur forte des œufs me montait au nez. C'était là l'endroit où mon père s'était transformé, de là qu'il était revenu avec des hallucinations, et, trois ans après sa visite à Fask, ma mère était morte. C'était là que tout avait commencé.

« De quoi avez-vous parlé, *Ammi* Mohammed ? » ai-je demandé. *Ammi* est la formule respectueuse pour un oncle. Il m'a été difficile d'opter pour cette forme personnelle. Je ne connaissais pas cet homme. Mais il était nécessaire de lui montrer que j'avais une bonne éducation.

« Pourquoi veux-tu le savoir ? » a-t-il répliqué.

« Parce que je suis sa fille », ai-je dit.

Sidi Mohammed a siroté son thé. Il a rompu le pain et l'a trempé dans l'huile. Il a mâché lentement les bouchées.

Puis, dans la pénombre de la pièce sans fenêtre, il a déclaré : « Ton père n'était pas quelqu'un de bon, mon enfant, il a menacé de faire appel à des avocats. Il voulait nous reprendre la terre que nous avions achetée à son père. »

« Vous ne l'avez pas achetée, ai-je dit, vous l'avez gérée pour mon grand-père quand il est parti pour la ville. »

« C'est juste, mon enfant, a dit *sidi* Mohammed, mais l'administration de propriétés aussi vastes est une affaire difficile et coûte de l'argent. Personne dans ta famille ne s'en est occupé jusqu'à ce que ton père veuille tout récupérer. Nous nous sommes disputés, puis il est parti et n'est plus jamais revenu. Entre-temps, des étrangers ont occupé vos terres. Je n'ai gardé que ce qui me revient. »

Puis il est sorti avec nous dans le désert. Avec des gestes larges, il montrait les palmiers dans la brume de l'horizon.

« Toute cette terre est à toi, Ouarda, il faut que tu la reprennes aux gens qui te l'ont volée. C'est à toi qu'appartient le désert, et c'est à toi qu'appartient l'eau qui vient des montagnes. »

« Je ne veux pas de la terre, *ammi*, ai-je répliqué. Je veux savoir ce qui est arrivé à mon père. »

« Je ne peux pas te le dire, mon enfant, a répondu *sidi* Mohammed. Tout ce que je peux te dire, c'est que nous sommes allés chercher les anciens du village quand ton père nous a menacés. Dans le désert, nous ne connaissons pas d'avocats. C'est aussi ce que le vieil homme a déclaré à ton père. Il a dit qu'il fallait que nous nous expliquions. Mais ton père voulait aller au tribunal. Il s'est querellé avec le vieil homme. »

« Et ensuite ? » ai-je demandé, tout en connaissant sa réponse.

« Et ensuite, a dit *sidi* Mohammed. Ensuite le vieil homme a maudit ton père. »

« Qu'a-t-il dit ? »

« Il a dit : "Qu'Allah te maudisse parce que tu ne respectes pas les règles des Sahraouis et que tu veux faire intervenir des inconnus de tribunaux étrangers. Parce que tu parles d'avocats, que tu menaces un vieil homme. Que ton chemin pour Agadir ne soit pas protégé par Allah." »

Sidi Mohammed a marqué une pause.

Il ne me regardait pas. « Ton père est monté en voiture et il est parti. Par la suite, je ne l'ai plus jamais vu. »

Sidi Mohammed se tenait au bord de la route en disant ces mots. Derrière lui, le désert s'étendait à perte de vue. Le soleil était brûlant. Mais pour moi, il venait de s'assombrir. Dans mes oreilles, une seule phrase résonnait : « Qu'Allah te maudisse. » Et toujours : « Qu'Allah te maudisse. Qu'Allah te maudisse. Qu'Allah te maudisse. »

Je me suis détournée de *sidi* Mohammed, et le soleil a séché mes larmes avant qu'elles puissent couler de mes yeux.

La métamorphose

Quand notre père est revenu à Agadir, il a garé sa voiture devant notre maison encore en chantier sans dire un mot. Il portait la *gandoura*, l'habit bleu des hommes du désert, et, sur la tête, un tissu noir qui ne laissait voir que ses yeux.

J'ai eu peur de cet homme, jamais encore je n'avais vu notre père ainsi.

« Maman, a demandé Rabiaa, qu'est-ce qu'il est arrivé à papa ? »

« Je ne sais pas, a murmuré notre mère, j'espère que ce n'est pas la malédiction du désert qui étreint son âme. Vous savez que la localité de Fask est néfaste pour la famille des Saïllo. Nous allons prier Allah pour qu'il protège votre père. »

Puis elle nous a pris dans ses bras, et son parfum suave nous a rassurés tout comme la voix douce avec laquelle elle a récité la sourate 114, *An-Nas*, « Les hommes » : *« Au nom de Dieu : celui qui fait miséricorde, le Miséricordieux. Je cherche la protection du Seigneur des hommes, Roi des hommes, Dieu des hommes, contre le mal du tentateur qui se dérobe furtivement ; contre celui qui souffle le mal dans les cœurs des hommes, qu'il soit au nombre des Djinns ou des hommes !* »

Les djinns sont des esprits qu'Allah a fait naître du feu et auxquels on ne doit jamais faire confiance. Aujourd'hui encore, je dis *bism'illah*, « au nom d'Allah, le Miséricordieux », quand je verse de l'eau chaude dans l'évier : il pourrait y avoir des djinns fâchés que je les brûle. Mais quand, de sa voix douce, notre mère prononçait les sourates du Coran, même la peur des djinns s'envolait.

Notre père s'était couché. Ce fut son dernier sommeil paisible avant longtemps. Quand il s'est réveillé le lendemain matin, c'était un autre homme. Il n'a plus parlé avec nous, mais seulement avec lui-même. Au lieu de s'allonger la nuit à côté de notre mère dans le lit conjugal, il restait assis sur le toit dans le noir à contempler les étoiles. En même temps, il fumait les drogues douceâtres des montagnes du Rif, et l'odeur étourdissante descendait jusque dans nos chambres.

Cela nous rendait nerveux, nous, les enfants. « Vous croyez que notre père est possédé par les djinns ? » ont chuchoté mes sœurs.

« Non, c'est sûrement le diable, a dit mon frère. Peut-être qu'il y en a un qui l'a mordu dans le désert. »

« Les diables ne mordent pas, ont fait mes sœurs. Si quelqu'un mord, ce sont les démons. »

Plus tard, notre père a résolu l'énigme de sa métamorphose. « J'ai quelque chose d'important à vous dire. Safia, mon épouse, et vous, mes enfants, écoutez bien : quand j'étais à Fask, il m'est arrivé quelque chose de singulier. J'ai été éclairé par le Prophète lui-même. Maintenant, je suis son ombre, l'ombre du Prophète. Ma vie va changer. Et votre vie aussi. »

Puis il est retombé dans le silence. Il ne prenait plus de commandes de réparations. Quand des clients venaient rechercher leurs appareils, il ne leur demandait pas d'argent.

« Les enfants ! s'écriait-il. C'est l'heure de la prière ! »

Nous, les filles, comme notre mère, devions nous envelopper la tête de tissus, et, avec mon frère Jaber, mon père se tournait vers La Mecque. Nous restions en arrière, comme il se doit pour les femmes musulmanes. Notre père et Jaber commençaient leur prière par un *allah'u akbar*, « Allah est grand », bien perceptible. Ivres de sommeil, nous prononcions la phrase dans un murmure, parce que les femmes ne doivent pas hausser la voix quand elles prient. Pour finir, nous tournions la tête vers la droite et nous embrassions symboliquement les bons anges, puis nous la tournions vers la gauche pour embrasser les mauvais anges. Ainsi l'exigeaient les règles de mon père.

Je lui ai demandé : « Pourquoi embrassons-nous aussi les mauvais anges ? »

Il a répondu : « Parce qu'ils sont là et qu'ils méritent tout autant notre respect. »

À la fin de l'année, notre père a perdu sa boutique. Cela ne l'a pas inquiété. Nous, oui. Il nous arrivait souvent de ne pas manger à notre faim plusieurs jours durant. Notre père n'appréciait plus les nourritures terrestres.

Parfois, notre mère n'avait pas le droit de nous donner quoi que ce soit à manger. Elle nous nourrissait alors en cachette, quand notre père n'était pas à la maison.

Nous nous asseyions par terre dans la cuisine. Notre mère servait dans un récipient en bois des grains de blé qu'elle avait fait cuire dans de l'eau, avec un peu de sel et de l'huile d'olive. C'était un plat bon marché qu'elle obtenait à crédit à la petite boutique du coin, tandis que notre père dépensait, déjà à l'époque, tout l'argent pour des cigarettes de haschich.

Quand elle allait chercher le blé et l'huile, Rabiaa emportait notre carnet de comptes.

« *Sidi* Hussein, disait-elle au propriétaire du magasin. C'est ma mère qui m'envoie. Nous avons faim. S'il vous plaît, donnez-nous quelque chose à manger. »

M. Hussein mesurait alors un boisseau de blé et une dose d'huile, puis inscrivait soigneusement le tout au crayon dans le carnet. « Qu'Allah vous protège », disait-il. Rabiaa revenait alors en courant à la maison pour que notre père ne la voie pas.

En fin de mois, notre mère réussissait à trouver quelques dirhams pour payer M. Hussein. Quelquefois, oncle Ibrahim, le frère de notre mère, donnait de l'argent à l'épicier. Il devait le faire discrètement pour que notre père n'en sache rien.

Quand il avait été payé, *sidi* Hussein rayait la liste des achats dans le carnet et traçait une nouvelle colonne pour les dettes du mois suivant.

Un soir, au crépuscule, nous étions en train de manger avec les doigts quand notre mère a entendu notre père mettre la clé dans la serrure.

« Nous devons arrêter », a-t-elle chuchoté, et sa voix tremblait autant que ses mains. Elle nous a vite essuyé les doigts et a caché le plat sous l'évier. Je crois qu'elle craignait de blesser l'orgueil de notre père et de provoquer sa colère parce qu'il ne pouvait plus subvenir aux besoins de sa famille.

À ce moment-là, notre père était déjà malade. Son état s'aggravait de jour en jour. Nous ne pouvions jamais nous fier à lui. Il ne travaillait plus du tout, il ne gagnait rien, il s'adonnait à l'ivresse des drogues venues des montagnes du Nord jusqu'à oublier la misère qui nous avait gagnés.

Pendant un temps, il se levait tous les matins à quatre heures, prenait une brouette et la poussait à travers la ville, de boulanger en boulanger, d'hôtel en hôtel.

« Je suis Houssein, le réparateur de télévisions, et mes sept enfants vont mourir de faim si vous ne nous donnez rien à manger, disait-il. Qu'Allah vous accorde longue vie si vous empêchez mes enfants de mourir après une vie bien trop brève. »

Avant le lever du soleil, il revenait avec des croissants de la veille que les touristes ne voulaient plus manger, du lait qui n'avait pas encore tout à fait tourné, du beurre, de la crème et des gâteaux, du chocolat, du pain et, curieusement, des couverts en argent.

C'étaient des couteaux comme je n'en avais encore jamais vu. Plus tard, quand j'ai commencé à travailler dans les restaurants, j'ai appris qu'il s'agissait de couteaux à poisson. Nous les utilisions pour tartiner le beurre offert sur le pain quémandé. Nous n'osions pas demander d'où venaient ces couteaux et à quoi ils servaient en réalité.

Plus tard, il nous a interdit de parler le berbère, la langue de notre mère, et, quand un mot nous échappait, les coups pleuvaient.

« Votre père est ensorcelé par la magie noire, nous a chuchoté notre mère. Parlez arabe, sinon il va vous tuer. Il faut que je consulte ma mère, la *sherifa*. Elle connaît peut-être un moyen de le désenvoûter. »

Mais notre mère n'a plus eu la possibilité d'aller voir grand-mère. Notre père l'a enfermée dans la maison et lui a interdit de quitter la bâtisse. Il a posé des grilles aux fenêtres donnant sur la rue pour l'empêcher de s'enfuir. Notre maison était devenue une prison.

Puis, comme nous n'avons plus du tout eu d'argent, notre père a travaillé pour un marchand de radios. Avec son salaire, il a acheté un bélier pour la fête du sacrifice de l'Aïd. La plus grande fête de l'islam, qui dure au moins quatre jours. Chaque père de famille qui peut se le permettre doit tuer et égorger un mouton mâle. Un tiers de la viande est grillé pour la famille. Deux tiers doivent être donnés à des familles pauvres qui ne peuvent pas s'offrir d'animal de sacrifice.

Quand notre père s'est engagé dans notre rue avec le mouton bêlant au bout d'une corde, cela nous a fait rire. Une bête si grasse, quel festin ! Peut-être notre père était-il redevenu normal ?

Il a attaché le gros mouton dans notre cour intérieure au-dessous de l'escalier. Cette nuit-là, nous n'avons pas été obligés de prier. Mais nous n'avons quand même pas réussi à trouver le sommeil. Jaber s'est glissé deux fois dans la cour, et nous a annoncé en chuchotant : « Le mouton a encore un peu grandi, alors qu'il a même fait caca. »

Bien sûr, il fallait que nous, les filles, allions vérifier. Sans faire de bruit, nous avons regardé dans la cour : effectivement, le mouton avait l'air énorme, et l'ombre qu'il projetait sur le mur à la lumière de la lune était presque effrayante.

Le lendemain matin, malheureusement, la bête était redevenue petite. Notre père devait la nourrir. Il a rempli un plat de blé et ne s'est pas laissé troubler par la mise en garde de notre mère : « Houssein, les moutons ne digèrent pas bien le blé. La bête va avoir des ballonnements. »

« Tais-toi, femme ! a-t-il répliqué. Qu'est-ce que tu connais aux moutons ? Je suis un homme du désert, je sais ce dont ces bêtes ont besoin. Fais-moi confiance. »

Notre mère ne lui faisait pas confiance, mais elle a gardé le silence.

Le mouton a vidé tout le plat. Le lendemain matin, il était couché sur le flanc avec un très gros ventre. Un liquide d'un jaune verdâtre coulait de sa gueule. Ma mère n'a rien dit. Mon père a couru chez *si* Hussein, l'épicier, et a acheté une grande bouteille de Schweppes. Il n'y avait encore jamais eu chez nous une aussi jolie bouteille jaune.

« C'est pour quoi faire ? » ai-je demandé à notre père.

« C'est pour notre mouton. On appelle ça du Schweppes. C'est un remède puissant contre les ballonnements. Tu verras, le mouton va guérir, et puis nous allons l'abattre et le manger. »

Le mouton est resté calmement allongé sur le flanc quand notre père lui a fait ingurgiter toute la bouteille de Schweppes. Nous avons observé.

Notre père se tenait près du mouton. Jaber se tenait près de notre père. Notre mère se tenait près de Jaber, et nous, les filles, nous nous serrions contre elle. Les pattes de l'animal se sont mises à tressauter.

« Père, ai-je demandé. Est-ce que le remède fait déjà effet ? »

« Tu le vois bien, mon enfant, a-t-il dit. Nous autres hommes du désert savons bien ce que nous faisons. »

Cinq minutes plus tard, le mouton a vomi le Schweppes et a eu une forte diarrhée. Quinze minutes après, il était mort. Notre mère a nettoyé les saletés de la cour. Notre père a jeté le cadavre sur le terrain en friche derrière l'hôpital et est revenu avec un minuscule agneau. Il était à peine plus grand que la tête de notre mouton mort, et, une fois abattu, il n'y avait pas assez de viande pour toute la famille. Nous avons tout gardé sans rien donner aux pauvres.

Par la suite, notre père n'est plus jamais allé travailler.

L'ombre du Prophète

Depuis que mon père se pensait illuminé et croyait être l'ombre du Prophète, il n'y avait plus rien de sûr dans notre vie. Tantôt il était de bonne humeur, et nous mangions de succulents croissants français qu'il avait récupérés dans ses tournées de mendicité. Tantôt il était dans un état tel que chaque mot, fût-il chuchoté, devenait un risque.

La construction de notre maison n'avait jamais été achevée, il n'existait toujours que le gros œuvre. Nous n'avions plus d'argent pour le toit, la peinture, les fenêtres. Mon père était occupé par d'autres choses : en tant qu'ombre du Prophète, il se prenait aussi pour le mandataire du soleil d'Allah. Désormais, il restait sur le toit la nuit et aussi pendant la journée. Comme un fakir, il croisait les jambes, les mains posées sur ses genoux, et tournait son visage vers le ciel. Les yeux ouverts, il regardait fixement le disque éclatant au-dessus d'Agadir. Sa peau se desséchait en une croûte dure, mais de ses yeux coulait un flot de larmes. Des jours entiers, il est resté assis là à contempler le soleil éblouissant.

« Qu'est-ce que tu fais, père ? » avons-nous demandé. Il n'a pas répondu. Il était préoccupé. Quand la nuit est tombée, il a murmuré : « Allah est grand, il a créé le jour et la nuit. Je porte une responsabilité importante. Je suis le jour. Car c'est seulement dans la lumière du soleil que l'homme peut voir l'ombre du Prophète. »

Le lendemain matin, mon père s'est procuré de la peinture noire brillante. Il avait rangé le vêtement bleu des habitants du désert et ne portait plus que du noir : de fins pantalons noirs, un caftan noir, des chaussures noires, un tissu noir autour de la tête. Sa barbe était noire, ses yeux étaient noirs, et, dans mon souvenir, je crois avoir senti que le cœur qui battait dans sa poitrine était lui aussi noir et lugubre.

Sidi Hussein avait inscrit dans son cahier le montant de la dette pour la peinture et un gros pinceau. Mon père a emporté les achats dans la pièce dont la fenêtre donnait sur l'école, celle par laquelle le soleil entrait le matin. À peine le premier rayon a-t-il touché le mur blanc qu'il a commencé à peindre un cercle noir brillant qui a avalé la lumière du soleil. Tandis que l'astre se déplaçait dans le firmament, mon père circulait dans la pièce en laissant sur le mur des traces noires dégoulinantes.

« Père, qu'est-ce que ça veut dire ? » a demandé Jamila, ma sœur, qui se mêlait de tout et qui était la seule d'entre nous à oser lui poser de telles questions.

« Tu ne le vois pas, idiote ? l'a rabrouée mon père. J'oblige le soleil à se déplacer dans le ciel. Si je cesse d'avaler sa lumière avec le pinceau, il va s'arrêter. Et alors notre côté de la terre va brûler, et, de l'autre côté, la glaciation va commencer. C'est ce que tu veux ? »

« Non, a-t-elle dit. Bien sûr que non, je ne veux pas ça, parce qu'alors maman, Mouna, Rabiaa, Jaber, Ouarda, Ouafa et Asia brûleraient. »

« Tu vois, a fait mon père, c'est pour cela que mon travail est si important pour nous les humains. Va donc voir les autres et dis-leur que je voudrais manger quand il fera nuit. D'ici là, je serai très occupé. »

Jamila est venue nous retrouver. Elle avait pris un air très sérieux.

« Tu lui as demandé ? » a voulu savoir Jaber.

Jamila a acquiescé d'un air souverain.

« Et qu'est-ce qu'il a dit ? »

Jamila s'est tue. Puis, sur un ton grave, elle a annoncé : « Papa sauve le monde entier. »

« Comment ça ? »

« Il met de la peinture noire sur le mur », a dit Jamila.

« C'est *avec ça* qu'on peut sauver le monde ? » s'est étonné Jaber.

« Naturellement, espèce d'idiot, a fait Jamila. C'est même le seul moyen de sauver le monde. Si père ne peint pas de la couleur noire sur le mur, le soleil va s'arrêter et nous allons brûler. Ensuite, de l'autre côté de la terre, tout deviendra de la glace. »

« De la glace ? a-t-il dit. La glace est presque aussi délicieuse que le poulet. » Jaber continuait à aimer le poulet par-dessus tout.

« Ce n'est pas de cette glace que père et moi nous parlons, a déclaré doctement Jamila. Nous parlons de la mauvaise glace. Elle est toute bleu et vert, comme quand il pleut en décembre, mais trois fois plus froide. »

Nous étions très impressionnés.

Le cœur et les pensées de notre père se sont faits de plus en plus noirs. Toutes les autres couleurs ont brusquement été interdites. En particulier le jaune.

Il a commencé à découper tout ce qui était jaune dans les magazines. Puis il s'en est pris aux penderies, il a décroché des cintres tous les vêtements jaunes, les a jetés dans la cour et les a brûlés.

Nous étions occupés à jouer dans la rue quand nous avons vu monter les nuages de fumée.

« Regarde », a dit Jamila. Elle portait sa plus belle robe jaune. Une merveille que tous les enfants de la rue lui enviaient. Quand le soleil brillait, elle resplendissait comme une fleur. C'était une robe coûteuse, une robe du temps où mon père travaillait encore et gagnait de l'argent.

« Il y a un incendie ! » s'est écriée Rabiaa.

« C'est chez nous dans la cour », a constaté Jaber.

Je n'ai rien dit, j'étais encore trop petite.

« Allons voir ce qui se passe », a fait Rabiaa.

Nous nous sommes furtivement introduits dans la maison, par la porte bleue, et nous avons longé le couloir frais et dallé jusque dans la cour. Sur les murs, on voyait les traces de la peinture noire de notre père. Au milieu de la cour brûlait un feu. Dans les flammes grésillaient des chemises jaunes. Des livres jaunes faisaient des cloques, des lambeaux de papier jaune s'élevaient et voltigeaient le long du mur avant de retomber.

Ma mère était assise dans la cuisine et récitait des versets du Coran.

« Il est devenu fou, a-t-elle murmuré. Il va tous nous tuer, qu'Allah nous protège. »

Jamila, en s'approchant pour mieux voir, a éveillé l'attention de mon père. Ses yeux noirs l'ont fixée. Elle a reculé dans l'ombre du couloir. Mais il était déjà trop tard.

« Ma pauvre fille, s'est exclamé mon père. Tu portes la robe du diable, je vais te libérer. Qu'Allah soit clément avec toi. »

Jamila était stupéfaite, elle ne savait pas à quel point sa robe était maléfique. Mon père a profité de l'effet de surprise. Il a empoigné Jamila, lui a arraché la robe et l'a jetée dans les flammes.

À partir de ce moment, Jamila n'a plus cru que notre père allait sauver le monde.

« Il a brûlé ma robe préférée », a-t-elle murmuré, scandalisée, quand, la nuit, nous avons été pelotonnés entre nos matelas et nos fines couvertures. Mon père avait vendu les lits depuis longtemps.

« Mais c'est comme ça qu'il sauve le monde », a dit Jaber.

« Et patati et patata, a répliqué Jamila. Tu ne dois pas croire tout ce qu'on te raconte. »

« Mais tu l'as dit toi-même », a grommelé Jaber.

« Justement », a fait Jamila. Et cela mit fin à la conversation. Nous avons encore pleuré parce que la jolie robe de Jamila avait brûlé et que notre père n'allait pas sauver le monde. Puis je me suis endormie à côté de Rabiaa. J'ai serré fermement mon petit corps contre le sien et respiré au rythme des battements de son cœur. Cela m'a calmée.

Rabiaa était ma sœur préférée. Elle était si intelligente qu'elle était entrée à l'école dès l'âge de cinq ans. Je l'admirais parce qu'elle savait tout et qu'elle avait des livres importants. Son favori était un manuel scolaire à la couverture jaune magnifique. Après l'affaire de la robe de Jamila, Rabiaa s'est montrée prudente. Elle portait le livre jaune en permanence sur elle, et, s'il arrivait qu'elle doive le laisser, elle le cachait dans la maison.

« Tu ne dois rien dire », a-t-elle soufflé quand je l'ai surprise une fois en train d'enfouir le livre sous des coussins, dans la chambre d'enfants.

« Pourquoi ? » ai-je demandé.

« Parce qu'il est jaune », a fait Rabiaa.

« Ah. »

Un jour, Rabiaa revenait de chez *sidi* Hussein, où elle avait acheté un peu de pain, et vérifiait que son livre était bien dans sa cachette.

Elle a glissé sa main sous les coussins et son visage s'est figé d'horreur.

« Le livre, a-t-elle dit en gémissant. Il a disparu ! »

Elle a pris alors une expression décidée et furieuse. Je n'aimais pas quand ma sœur avait l'air fâchée. Elle avait dix ans, j'en avais quatre. Rabiaa était ma protectrice. Je voulais qu'elle soit joyeuse et qu'elle me fasse rire.

Mais, à présent, Rabiaa était tout à fait différente. Furibonde, elle s'est précipitée hors de la chambre pour chercher notre père.

Il était sur le toit. Dans la cour, le feu couvait avec des choses jaunes que mon père avait encore trouvées quelque part dans la maison.

« Père, a dit Rabiaa. Père, où est mon livre ? » Sa voix était aussi coupante que la lame du couteau avec lequel ma mère découpait la viande et que nous n'avions pas le droit de toucher parce qu'il était trop dangereux.

« Je ne sais pas, ma fille. »

« Père, tu as brûlé mon livre », a fait Rabiaa, d'une voix presque hystérique. Je m'étais blottie dans l'ombre de l'escalier pour les observer.

Il n'a rien répondu.

« Tu as brûlé mon livre préféré. » Rabiaa criait à présent. Elle s'est mise à frapper notre père avec les poings. « Tu as brûlé mon livre. Mon livre jaune. Mon livre de classe. Tu es fou, père, c'est ce que disent aussi les gens dans la rue. »

Rabiaa pleurait. J'étais très triste quand je la voyais ainsi. Alors, mon père a levé la main et lui a donné une gifle. Elle a claqué si fort que j'ai serré les dents de frayeur.

Clac ! Ç'a été comme un choc. C'était la première fois que notre père frappait l'un de ses enfants. Nous savions qu'il battait notre mère quand il nous croyait endormis. C'étaient des coups silencieux, en cachette. Mais, cette fois, c'était Rabiaa qu'il frappait. Son enfant. Ma sœur. C'était nouveau.

Rabiaa s'est arrêtée de pleurer. Je crois qu'elle a même cessé de respirer. Elle était pâle et muette.

Mon père a dit : « Je n'ai pas brûlé ton livre. Il est sur le Frigidaire. Je l'ai trouvé dans la chambre d'enfants. Dis à ta mère de te donner le livre jaune. Et maintenant, laisse-moi en paix, ma fille. »

Je ne sais toujours pas pourquoi le livre de Rabiaa a été le seul objet jaune de la maison à échapper à l'opération de destruction de mon père. Je voulais lui poser la question. Mais quand j'ai été en mesure de le faire, il était trop tard. Mon père était mort.

La séparation

Mon père devenait de plus en plus étrange. Une fois, en pêchant, il avait perdu ses deux chaussures. Il a regagné la maison en courant. Mais quand il est arrivé devant chez nous, il ne s'est pas arrêté, il a continué à courir comme s'il était poursuivi.

Comme nous étions en train de jouer devant la porte, nous l'avions vu revenir. Nous étions contents : père est de retour ! Nous avons été d'autant plus déçus que nous l'avons vu passer devant nous sans nous reconnaître ni même ralentir.

Rabiaa a couru derrière lui et a tiré sur sa chemise : « Papa, où est-ce que tu vas ? »

Mon père s'est arrêté et, déconcerté, a regardé autour de lui.

« Papa, tu n'as pas de chaussures », a dit Rabiaa.

Mon père a contemplé ses pieds nus écorchés.

« Tu sais, ma fille, a-t-il dit en caressant affectueusement les cheveux de Rabiaa. J'ai perdu les chaussures à la pêche. Mais ça ne fait rien. Marcher pieds nus est de toute façon beaucoup plus sain que de porter des chaussures. »

« Mais papa, a fait Rabiaa. Tu viens de passer devant nous. »

« Je sais, mais je me disais qu'il faudrait que je fasse un peu de sport. Courir est bon pour la santé. C'est pour ça que je suis passé si vite. »

Rabiaa a entraîné mon père dans la maison et, plus tard, je l'ai trouvé assis dans notre cour. Un petit tas de détresse aux épaules tombantes. Des larmes coulaient sur ses joues, et ses sanglots étaient si désespérés que je n'ai pas osé aller vers lui et me blottir à ses côtés.

Il était seul avec son désarroi. Seul avec sa folie. Personne ne pouvait l'aider. Personne ne voulait nous aider.

Mon père a commencé à parler tout seul dans la rue. « Je suis l'ombre du Prophète, je fais bouger le soleil, ne m'arrêtez pas ! »

Pieds nus, il avançait sur le bitume brûlant sans sentir la douleur. Quand nos voisins l'approchaient, il crachait sur eux. Les enfants se moquaient de lui.

« M. Saíllo est devenu fou », chantaient-ils, et ils lui tiraient la langue. Mon père les poursuivait en leur jetant des pierres.

Un jour, la police est venue. Les agents ont frappé à la porte. « *Sidi* Saíllo, les gens se plaignent de vous. »

Mais mon père a réussi à les rassurer. « Je me sens tout à fait bien. »

Les policiers n'ont pas vu l'intérêt de poursuivre l'affaire.

Ensuite, mon père a commencé à s'armer. Un énorme *jenoui*[11] tranchant ne le quittait plus. Il s'en servait pour couper l'herbe qu'il fumait. La nuit, il restait dans sa chambre et lançait le couteau pour

---

[11] *Jenoui* : en marocain, « couteau tranchant ».

le ficher dans le mur. Ma mère devait aller le chercher et le lui rapporter.

Quand nous, les enfants, étions blottis l'un contre l'autre sur nos matelas, nous entendions le bruit sourd et agressif de la lame s'enfoncer dans le mur. Parfois, nous entendions sa voix, aussi dure et froide que l'acier du *jenoui*.

« Safia, a dit mon père. Je sais très bien ce qui se passe ici. Crois-tu que je ne vois pas l'homme avec qui tu me trompes ? Il grimpe sur le toit et pense que je ne le remarque pas dans l'obscurité parce qu'il est noir. Mais je vais l'attraper et je vais le tuer. »

« Houssein, a supplié ma mère. Sois raisonnable. Je ne te trompe pas. Je n'ai même pas le droit de quitter la maison. Il n'y a pas d'homme noir. Tu es malade. Il faut que tu ailles chez le médecin. »

Mon père a pris son *jenoui* et le lui a posé sur le cou.

« Femme, a-t-il dit. Je ne suis pas malade. Je suis l'ombre du Prophète. J'ai une mission à accomplir. Celui qui veut m'en empêcher mourra. »

La lame a appuyé sur la gorge de ma mère. Ce n'était pas une coupure profonde, mais elle saignait, et sa robe blanche était tachée de rouge. Le lendemain, elle portait un foulard, mais nous avons découvert la blessure.

« Maman, avons-nous demandé en pleurant. Qu'est-ce qui t'est arrivé ? »

« Ce n'est rien, mes enfants bien-aimés, rien du tout, sauf que votre père veut nous tuer tous. »

Nos voisins et la police savaient ce qu'il se passait chez nous. Mais personne n'intervenait. Au Maroc, les gens pensent que les maris peuvent décider du sort de leur femme et de leurs enfants. Il arrive que des épouses doivent mourir. Allah n'avait-il pas décidé que les hommes seraient supérieurs aux femmes ? Le Prophète n'était-il pas un homme ? Si Dieu avait voulu que les femmes aient une importance, il se serait révélé à une femme. C'est aussi ce que pensaient les gens de notre rue.

Un jour, alors que j'avais quatre ans, mon père est rentré avec une lettre officielle. « Safia, a-t-il dit, c'est le divorce. Nous ne sommes plus mari et femme. Je reste ici avec les enfants, toi, je te renvoie dans le village de tes parents. »

Au Maroc, les hommes ont le droit de divorcer à trois reprises. Il en est encore ainsi aujourd'hui. Ils se rendent chez le *cadi*, le juge, et celui-ci établit l'acte de divorce. Ensuite, ils renvoient leur femme chez ses parents. Et, s'ils le souhaitent, ils vont rechercher leur épouse. Au bout du troisième divorce entériné par le *cadi*, il n'y a plus de retour possible. Les enfants restent avec leur père. Seuls les bébés encore allaités peuvent rester avec leur mère.

La mienne a pris sa plus jeune fille dans les bras, ma sœur Asia. Celle-ci n'avait que quelques mois et était emmaillotée dans des tissus blancs. Puis, vêtue d'une djellaba noire et d'un voile, elle est montée dans le car pour le Sud. Sur les épaules, elle portait un drap blanc dans lequel elle avait emballé ses affaires.

Les marches du car étaient très hautes. Ma mère se tenait sur la marche supérieure et moi sur la poussière de la route. Ma main droite s'agrippait à la main gauche de Ouafa.

« Maman, où est-ce que tu vas ? » ai-je crié.

« Je pars à la campagne », a murmuré ma mère.

« S'il te plaît, emmène-nous ! »

« Ce n'est pas possible. Rentrez à la maison, mes enfants. Je vous en prie, rentrez à la maison. »

« Tu ne dois pas t'en aller ! »

« Il le faut, a-t-elle dit. Ne pleurez pas. Je vous rapporterai des sucreries quand je reviendrai. Mais allez-y, maintenant. Ouarda-ti, tiens ta sœur Ouafa par la main. Ne la lâche plus. Ramène-la à la maison. »

« Je ne lâcherai plus Ouafa, maman, ai-je promis. Si tu veux, je la tiendrai tout le temps et je la protégerai. Je te le promets au nom du Prophète. »

Elle a fait signe par la vitre du car. Je me retrouvais avec Ouafa sur la route, derrière notre maison. Je n'ai pas vu le véhicule tourner au coin de la rue parce que j'avais les yeux embués de larmes.

J'ai pleuré jusqu'à ce que la nuit arrive et que mes larmes se tarissent. Je tenais toujours Ouafa par la main quand nous sommes rentrées chez nous. La maison était vide sans notre mère. Et je savais que j'étais désormais responsable de ma petite sœur. Pour toujours.

À partir de ce moment, je n'ai plus lâché Ouafa. J'ai tenu sa petite main dans la mienne. Pendant des jours. Personne ne pouvait nous séparer. Nos doigts se crispaient. Tout mon bras me faisait mal. Mais je ne lâchais plus Ouafa, qui n'avait que deux ans. Je l'avais promis à notre mère.

Mes larmes se joignaient à celles de Ouafa. Nous nous endormions, nos maigres corps serrés l'un contre l'autre.

Cela me faisait de la peine de voir son visage crasseux sillonné de traces de larmes.

Mon père ne s'occupait plus de nous. Il était rarement à la maison. Quelquefois, il passait la nuit dans la rue. De temps en temps, il parcourait à pied les quatre-vingts kilomètres jusqu'à Tiznit, où son père habitait. Il revenait ensuite bourré de drogues, les yeux rouges, épuisé, sale et puant.

Nous étions seuls. Six enfants, âgés de deux à douze ans.

« Pourquoi est-ce que maman ne revient pas chez nous ? ai-je demandé. Elle ne nous aime plus ? »

« Bien sûr qu'elle nous aime, a dit Rabiaa, la plus intelligente d'entre nous. Mais elle a dû partir parce que papa voulait le divorce. »

« C'est quoi, le divorce ? » ai-je demandé.

« Le divorce, c'est quand un mari ne veut plus de sa femme. »

« Papa ne veut plus de maman ? »

« Non. Il est devenu fou, tu le sais bien. »

Je n'ai rien dit. J'ai pleuré. Ma mère, disparue, hors d'atteinte ; mon père, devenu fou, inaccessible. Je me sentais perdue dans un monde de malheur.

La maison était devenue un véritable chantier. Dans la cour persistait une odeur de brûlé parce que personne ne débarrassait le bûcher que mon père avait dressé. L'eau et l'électricité étaient coupées. La porte de la maison ne fermait plus. Nous étions sales, nos vêtements sentaient mauvais, nos cheveux étaient blancs des lentes qui nous tourmentaient. La nuit, nous dormions sur des cartons dénichés par Rabiaa. Mon père avait vendu tous les meubles. Y compris les matelas, les tapis et les couvertures.

La prédicatrice

Je me rappelle très bien l'apparence que j'avais : une petite fille sale aux genoux écorchés, vêtue d'une robe tachée et déchirée. Je ne possédais pas de chaussures et, sous mes pieds, une corne épaisse se fendillait de crevasses profondes. J'avais le nez qui coulait et d'énormes yeux trouant un visage amaigri. Ma peau avait bruni à cause des heures que je passais au soleil dans la rue afin de trouver quelque chose de comestible pour ma fratrie. Nous mangions les déchets des autres.

De temps en temps, des voisins grimpaient sur notre toit quand notre père était sorti et lançaient du pain dans notre cage d'escalier. En cachette, nous le rompions en morceaux, que nous avalions hâtivement.

Le plus agréable, c'était quand nous pouvions rendre visite à notre voisine, Fatima Marrakchia, Fatima de Marrakech, la mère de Hayat, ma meilleure amie. J'aimais bien la Marrakchia, bien qu'elle fasse des choses étranges.

Au rez-de-chaussée de sa maison, elle avait aménagé une pièce dans laquelle elle travaillait. *Lala* Fatima était voyante. Sur une petite table, des cartes étaient étalées à côté d'un récipient rempli d'eau dans lequel elle versait goutte à goutte du plomb fondu. Grâce aux cartes et au plomb solidifié, elle pouvait lire l'avenir.

Quand l'une des femmes du voisinage avait un problème, elle glissait dans sa poche quelques dirhams et un flacon d'huile d'olive, puis elle allait voir la Marrakchia. Celle-ci, dans sa pièce, enroulait une jambe autour de son cou pour montrer à quel point elle était souple.

Trouvant ça bizarre, je lui disais : « *Lala* Fatima, baisse ta jambe, s'il te plaît. »

La Marrakchia baissait alors sa jambe. Puis elle posait sur la table ses doigts écartés entre lesquels elle plantait un couteau avec une rapidité foudroyante. Cela me semblait très dangereux mais, par respect, je ne disais rien, espérant seulement qu'elle allait bientôt mettre fin à l'opération.

Quand une consultante lui avait donné un peu d'argent pour qu'elle invoque les forces surnaturelles, elle lui mettait dans la main un morceau de plomb qu'elle devait se passer sur le corps en se contorsionnant : une fois autour de la tête, puis sur les épaules, le buste, autour des hanches et des cuisses, et jusqu'aux pieds. En même temps, elle récitait à voix basse des versets du Coran : *« Notre Seigneur ! Ne nous punis pas pour des fautes commises par oubli ou par erreur. Notre Seigneur ! Ne nous charge pas d'un fardeau semblable à celui dont tu chargeas ceux qui ont vécu avant nous. Notre Seigneur ! Ne nous charge pas de ce que nous ne pouvons porter. Efface nos fautes ! Pardonne-nous ! Fais-nous miséricorde ! »*

La Marrakchia déposait ensuite le plomb dans un plat avec une quantité de bouts de chandelle qu'elle allumait et laissait brûler jusqu'à ce que le métal et la cire soient mélangés.

Entre-temps, ses clientes s'étaient mis une couverture sur la tête, et la Marrakchia déposait dessus le récipient d'eau froide. Je trouvais ça très amusant : ces grosses femmes avec la tête recouverte d'un tissu et d'un bol d'eau. Une fois, j'avais gloussé si bruyamment en lorgnant par la fente de la porte que la Marrakchia s'était fâchée et m'avait chassée en me maudissant.

Tandis que ses clientes maintenaient le bol en équilibre sur leur tête, la Marrakchia s'exclamait : *bism'illah*, « au nom d'Allah, le miséricordieux », et versait la bouillie de plomb et de cire dans l'eau.

Se produisait alors un grésillement suivi d'un gargouillis, et les femmes répondaient avec ferveur : *al hamdu li-ilahi*, « qu'Allah soit loué ». Ensuite, seulement, elles pouvaient s'extraire de leur couverture.

La Marrakchia prenait un premier morceau de plomb dans la main. Elle avait un regard farouche, une voix furieuse. Elle découvrait presque toujours catastrophes, chagrin, chaos.

« Au nom du Prophète, s'écriait-elle. Cela ne dit rien de bon. Malheur ! Maladie ! Infirmité ! »

Ou bien : « Regarde ça, ma chère : deux hommes se disputent ton cœur. Ça va mal se terminer. Je vois du sang. Beaucoup de sang. »

Ou encore, lugubre, elle ajoutait : « Dans notre rue, il va se produire un grand malheur. Je vois un couteau, des flammes, de la fumée. »

C'est ce qu'elle a dit une fois à ma mère. Mais celle-ci ne croyait pas à la voyance. En tant que *sherifa*, descendante directe du Prophète, elle se devait d'être au-dessus d'un tel charlatanisme.

Une fois que la Marrakchia avait annoncé ces catastrophes, elle proposait le moyen de les éviter : des herbes contre le mal d'amour, de l'alun contre les mauvais esprits, des sourates du Coran contre tout. Les femmes qui venaient chez elle la quittaient avec une bonne impression. Dans notre rue, elle faisait office de travailleur social, de psychologue et de médecin.

La pièce du rez-de-chaussée de la Marrakchia me paraissait un peu angoissante. Je me risquais seulement à jeter un coup d'œil par la porte entrebâillée. Aux enfants, elle ne prédisait jamais l'avenir. Elle nous donnait à manger. Elle versait de l'huile d'olive goutte à goutte sur un vieux morceau de pain. En ces mauvais jours, c'était pour nous un festin.

C'est à cette période qu'il m'est arrivé quelque chose de très désagréable. Les muscles de ma mâchoire ne m'obéissaient plus. Quand je mordais dans le pain, mes dents se mettaient à grincer, ce qui faisait sursauter les autres.

« S'il vous plaît, murmurais-je. Ne faites pas de bruit. »

Cela ne servait à rien. Mes dents frottaient les unes contre les autres en un horrible grincement dès que je mordais dans le pain de Fatima. Tout le monde me regardait, mais personne ne faisait de remarque. Plus tard, le grincement a cessé de lui-même.

À la maison, malgré ses dix ans, Rabiaa avait endossé le rôle de mère. Elle disait : « N'ayez pas peur, je sais faire tout ce que maman savait faire. Je l'ai tellement aidée que je suis presque aussi forte qu'elle. »

Je ne la croyais pas, mais ses paroles me rassuraient.

Rabiaa prenait son nouveau rôle très au sérieux. Elle se levait dès six heures du matin, se préparait, faisait cuire du pain pour nous quand nous avions de la farine, puis elle allait à l'école. À la récréation de dix heures, elle revenait en courant, réveillait Mouna et Jamila, leur donnait un peu de pain et les envoyait à leur tour à l'école.

Le pain de Rabiaa était à vrai dire très différent de celui de notre mère. La croûte était dure comme de la pierre, mais l'intérieur était pâteux. Nous le mangions quand même avec délectation. Pour une raison simple : il n'y avait rien d'autre.

Nous, les filles, ne laissions rien voir. Mes dents grinçaient si fort dans le pain dur de Rabiaa que cela s'entendait sûrement jusqu'au carrefour. Mais je disais : « Mmm, Rabiaa, ton pain est tellement délicieux. »

Toutes les autres la félicitaient aussi. Seul Jaber ronchonnait : « Toujours du pain. Je veux avoir du poulet comme avant. Et en plus, le pain est tout collant dedans. »

Alors, Rabiaa se mettait à pleurer ; nous la caressions et l'embrassions. Le fait d'être si proches nous donnait la force de supporter la journée, comme la nuit.

Une autre particularité désagréable dont nous nous sommes tous accommodés montre à quel point nous étions sous pression : nous étions incontinents. La nuit, quand nous étions blottis sur les cartons, nous avions d'abord très chaud à cause de l'urine, puis cela devenait froid et humide. Le lendemain matin, nous mettions les cartons imbibés dans la cour, et le soleil séchait l'urine de notre désespoir.

La malédiction du couteau

Au début de l'année 1979, mon père a décidé d'aller chercher ma mère et Asia. Comme il avait déjà vendu l'auto depuis longtemps, il s'est mis en route pour E-Dirh à pied. Il portait à nouveau le vêtement bleu des hommes du Sahara, sous lequel il pouvait cacher son grand couteau qui ne le quittait plus.

Même à la maison, il avait toujours son *jenoui* sur lui. Il le lançait contre le mur, complètement tailladé, l'aiguisait avec une pierre et passait prudemment le pouce sur la lame pour vérifier le tranchant.

Je n'aimais pas ce couteau dont mon père s'était servi pour blesser ma mère. Je n'arrivais pas à oublier sa robe blanche souillée de sang quand il lui avait entaillé le cou avant de la chasser de chez nous.

Mon père a atteint Tiznit, la ville du Sud, au bout de trois jours. De là, il a suivi la grand-route jusqu'à l'oued asséché d'Oudou. Puis il a tourné à droite dans le désert, est passé devant les fontaines de la piste, et est arrivé à E-Dirh dans la chaleur torride de midi.

Il a frappé à la porte de la maison de ma grand-mère, où ma mère et sa fille avaient trouvé refuge.

« Ouvrez ! a crié mon père. Je suis Houssein Saíllo. Je voudrais voir ma fille Asia. »

Ma grand-mère, ma mère et son frère Ibrahim, qui, depuis la mort de grand-père, était l'homme de la maison, se sont concertés.

« Je n'ai pas envie de lui donner Asia, a dit ma mère. Il est fou. »

« Mais c'est le père de ton enfant, a fait *khali* Ibrahim. Il a le droit de voir sa fille. »

Mon père tambourinait contre la porte. Grand-mère a essayé de l'apercevoir par la fenêtre située au-dessus de la porte. Mais il se tenait trop près du mur.

« Ma fille, a finalement dit grand-mère. Je crois qu'Ibrahim a raison. Il faut que tu lui donnes Asia. Il ne lui fera rien. Ton mari aime ses enfants. Sinon, il y a longtemps qu'il s'en serait pris à ceux qui sont à Agadir avec lui. »

Oncle Ibrahim a pris Asia par la main et, de la cour intéricure, l'a conduite à travers la fraîcheur du couloir jusqu'à la porte d'entrée.

« Houssein, a déclaré *khali* Ibrahim. Tu ne dois pas entrer dans notre maison, Safia a peur de toi, tu as apporté le chagrin dans notre famille. Mais nous te confions Asia. Pour trois heures. Tu dois la ramener à l'heure, sinon tu ne verras plus jamais ta fille cadette. »

Asia n'avait pas encore deux ans. Une petite fille aux yeux bruns, aux cheveux et à la peau clairs. Elle connaissait à peine l'homme en vêtement bleu qui était son père.

Craintivement, elle a pris sa main. Il lui a caressé tendrement la tête. Puis il est grimpé sur la montagne derrière le village jusqu'à la crête d'où l'on pouvait contempler la vallée voisine. Là, il s'est assis avec elle sur une grosse pierre.

« Comment va ta maman ? » demandait-il sans arrêt. Asia s'en souvient encore. En même temps, il aiguisait le *jenoui* sur la pierre où ils étaient installés.

Asia a demandé : « Papa, qu'est-ce que c'est comme couteau ? »

Elle ne sait plus ce qu'il a répondu. Elle se rappelle seulement que, tout le temps qu'il a passé avec elle sur la pierre, notre père avait le *jenoui* dans la main.

Trois heures plus tard, il a raccompagné Asia chez ma grand-mère.

Le lendemain, il a guetté oncle Ibrahim devant l'école de Tiznit où celui-ci enseignait.

« Je voudrais ramener ma femme à la maison », a dit mon père.

« Je crois que ce n'est pas possible. Elle ne veut plus revenir avec toi », a fait *khali* Ibrahim.

« Mais c'est ma femme, et tu es son frère. Donne-lui-en l'ordre ! » a exigé mon père.

« Je ne peux pas lui en donner l'ordre, a répondu *khali* Ibrahim, parce que j'y suis moi-même opposé. Tu n'es pas un bon époux pour ma sœur. Tu es dangereux. Peut-être es-tu fou. Tu as essayé de la tuer. J'ai vu la cicatrice sur son cou. S'il te plaît, quitte cet endroit. Qu'Allah te protège. »

Il a fallu à mon père quelques secondes pour digérer cette nouvelle. Il a respiré profondément, ses yeux se sont rétrécis, son visage s'est transformé. C'était à présent une figure grimaçante de rage, de désarroi et de folie.

Oncle Ibrahim a fait un pas en arrière. Car le *jenoui* venait subitement d'apparaître dans la main de mon père. La longue lame effilée étincelait dans la lumière du soleil.

Il a sifflé : « Tu vas me donner ma femme. Sinon, tu mourras. »

Oncle Ibrahim a d'abord été figé de frayeur. Mais quand mon père s'est avancé, il s'est mis à courir. Il courait pour sauver sa vie. Il s'est élancé à travers la cour de l'école, puis il a longé la rue, a passé le carrefour jusqu'à la rue suivante. Mon père le poursuivait avec son *jenoui*.

Il jurait et le menaçait : « Je vais te tuer, je vais vous tuer tous. Je vais anéantir ta famille. »

Dans la rue, les gens s'écartaient. Vêtu de sa djellaba de professeur, oncle Ibrahim traversa en courant la moitié de la localité, mon père à ses trousses dans son habit bleu flottant.

Aujourd'hui encore, sur la place du marché, les vieux évoquent cette poursuite. À Tiznit, le nom de Saíllo n'a pas bonne réputation.

Finalement, mon père a abandonné. Oncle Ibrahim, plus rapide, s'était caché dans les étroites ruelles, derrière le souk.

Mon père a repris son calme, car il a quitté Tiznit sans être retourné à E-Dirh. Il est rentré à Agadir sans ma mère et sans Asia.

Il n'est pas resté longtemps chez nous. Il a emmené Jaber, âgé de six ans à l'époque, hors de la maison. Il ne nous a pas dit où il comptait aller. Il ne nous a pas dit *bislama*, « au revoir ». Il a disparu simplement avec son fils. Et nous sommes demeurées seules à Agadir.

Les voisins nous aidaient à survivre. Ils nous donnaient du pain et de l'eau, quelquefois un flacon d'huile d'olive ou du lait pour les petites. Comme notre père était parti, ils osaient venir devant notre porte. Mais, autant que je m'en souvienne, ils craignaient tous de pénétrer dans la maison où nous vivions dans un dénuement de plus en plus grand.

Six semaines plus tard, notre père et Jaber étaient de retour. Nous les reconnaissions à peine. Notre père, qui portait un pyjama d'hôpital, était complètement amaigri. Jaber était si frêle qu'on voyait ses côtes.

Notre père était inaccessible. Jaber nous a raconté ce qu'il s'était passé.

À pied ou embarqués par des camions, ils s'étaient mis en route pour l'Algérie. Notre père avait décidé de rejoindre le Front Polisario, le front de libération du Sahara occidental. Jaber savait tout sur le Polisario, notre père n'avait pas cessé de lui en parler pendant le long voyage.

Le Front Polisario a été créé en 1975 par les Sahraouis, les hommes fiers du désert, comme mon père. Ils se sont d'abord battus contre la domination coloniale espagnole, puis contre le Maroc et la Mauritanie pour l'indépendance de leur peuple. Près de dix mille hommes s'étaient joints à leurs troupes. Et mon père voulait en faire partie.

Avec Jaber, ils ont atteint la frontière algérienne où le Front Polisario avait établi son quartier général. Mais ce couple étrange n'est pas passé inaperçu auprès de la police des frontières. Mon père a été interrogé et aussitôt conduit dans un hôpital pour les personnes souffrant de troubles psychiques. Jaber a été placé dans une famille d'accueil.

À la clinique, on a administré à mon père des médicaments qui devaient le calmer. Mais, manifestement, les médecins n'avaient pas veillé à ce qu'il les prenne. Toujours est-il que, quelques semaines plus tard, il est parvenu à s'enfuir de l'institution. Au milieu de la nuit, il a pénétré dans l'appartement de la famille d'accueil, a entraîné Jaber et est revenu avec lui à Agadir.

Pour mon père, l'aventure du Front Polisario avait pris fin. Mais cela l'a aidé à admettre qu'il était malade. Pourtant, cela n'a rien changé pour nous. Ç'a même été pire. Quand il est revenu, il nous a trouvées sales et abattues, blotties dans un coin de la chambre du rez-de-chaussée.

Le lendemain, les joues creuses, il s'est tenu devant nous et a annoncé, les yeux brillants de fièvre : « Les enfants, je vais vendre le Frigidaire. »

Ça nous était égal. Le Frigidaire ne fonctionnait plus depuis longtemps parce que nous n'avions plus d'électricité. Et même si elle n'avait pas été coupée, nous n'aurions rien eu à mettre dedans.

« Et quand il sera vendu, a dit mon père, avec l'argent, nous irons tous ensemble à E-Dirh. Nous allons ramener votre mère à Agadir. Je vous le promets, aussi vrai qu'Allah m'aide. »

Cette nuit-là, quand nous nous sommes blottis sur nos cartons, nous avons pleuré. Mais, pour la première fois depuis longtemps, ce n'étaient pas des larmes de désespoir, d'angoisse et de tristesse, mais des larmes de soulagement. Nous pleurions parce que notre père avait promis d'aller chercher notre mère. Nous pleurions parce que nous reprenions espoir. L'espoir d'une vie normale.

Le lendemain, notre père est monté avec nous dans le car. Il s'est assis sur un siège avec Jaber. J'ai pris Ouafa sur mes genoux et me suis serrée contre Rabiaa. Mouna et Jamila étaient de l'autre côté de l'allée. À Tiznit, nous avons changé pour prendre le petit bus de M. « Autobus », qui nous a conduits à E-Dirh.

La route rocheuse qui montait de la vallée jusqu'à la maison de ma grand-mère nous parut infinie. Mon père marchait devant, nous le suivions par ordre de taille. Notre procession s'arrêta devant la porte de grand-mère.

« Asseyez-vous, a dit mon père. Ne dites rien. Je m'occupe de tout. »

Nous nous sommes assis dans la poussière. Notre père me paraissait très grand et très fort quand il s'est dirigé vers la porte, a levé le poing et donné trois coups retentissants contre le bois. Mon cœur battait presque aussi bruyamment que ses coups. Derrière cette porte, il y avait ma mère. Notre père allait la faire venir. Nous lui tomberions dans les bras, elle nous embrasserait et nous parlerait doucement, puis elle rassemblerait ses affaires, prendrait Asia et monterait dans le bus avec nous. Pour Agadir. Pour rentrer à la maison. Une famille tout à fait ordinaire. Une famille heureuse.

Mais la porte ne s'est pas ouverte. Nous avons attendu cinq minutes qui m'ont semblé une heure. Nous avons attendu dix minutes, ç'a été comme une demi-journée pour moi. Nous avons attendu un quart d'heure, et cela me parut infiniment long. Je ne voulais pas pleurer, mais les larmes ne m'ont pas obéi. Elles dessinaient des traces sur mes joues sales.

Je sanglotais. Et bien que je réussisse à dominer mes sanglots, les larmes ont continué à couler. Mon frère et mes sœurs pleuraient aussi. Jaber, Ouafa, Jamila, Rabiaa et Mouna étaient assis près de moi ; nous étions six misérables. Seul mon père se tenait debout. Nous ne pouvions pas voir son visage, tourné vers la porte de la maison de grand-mère.

C'est pourquoi nous avons été surpris quand il s'est mis à pleurer. C'était une longue et terrible plainte. On avait du mal à comprendre ce qu'il criait. Mais je suppose qu'il appelait le nom de ma mère : « Safia ! Safiaaaaa ! » C'était le bruit le plus effrayant que j'aie jamais entendu. Plus terrifiant que celui du *jenoui* qu'il lançait contre le mur. Plus horrible que le son mat des coups quand il battait ma mère en cachette, la nuit.

Les pleurs de mon père emplissaient toute la vallée et le désert, probablement atteignaient-ils même la crête de la montagne au-dessus d'E-Dirh. J'avais l'impression qu'ils envahissaient le monde entier. C'était l'écho de la douleur, de la tristesse, de l'accablement. Mon cœur a été saisi de froid, mes larmes se sont taries, et le fin duvet s'est hérissé sur mes bras.

Tout le village a accouru. Silencieux, les gens se tenaient derrière nous et observaient ce qu'il se passait.

À présent, mon père se cognait la tête contre la porte. Régulièrement, inexorablement. Et il balbutiait : « Safia, mon épouse aimée. Reviens à moi et à nos enfants innocents. J'ai besoin de toi, tu es mon dieu, pardonne-moi. »

Tout à coup, la porte s'est ouverte. Oncle Ibrahim se tenait dans l'embrasure. Nous n'avons pas attendu de voir ce qui allait suivre. Nous avons couru entre les jambes de mon père puis de l'oncle et traversé le couloir sombre et frais jusqu'à la cour. Notre mère était là, le visage également couvert de larmes, assise près d'Asia. Nous nous sommes précipités sur elle, nous l'avons embrassée, caressée, nous avons respiré son parfum suave, senti sa peau douce, et pleuré dans ses bras.

Je me souviens que j'ai trouvé ma petite sœur Asia très belle, si grosse, si propre. C'était sans doute parce que, contrairement à elle, nous étions tous amaigris et sales.

Rabiaa, judicieuse, a parlé la première. Elle a observé ma mère. Puis elle a dit : « Maman, tu es encore enceinte ? Ce n'est pas possible. S'il te plaît, maman, dis-moi que ce n'est pas vrai. »

Ma mère n'a rien répondu. Elle était enceinte – enceinte de l'enfant qui allait bientôt mourir avec elle avant d'être né.

À l'extérieur, mon père et *khali* Ibrahim étaient en train de discuter. L'oncle a exigé de mon père qu'il aille avec lui chez le *cadi* s'il voulait reprendre sa femme. Mon père a accepté.

Les adultes se sont mis en route avec les anciens du village pour se rendre au tribunal de Tiznit. Nous, les enfants, sommes restés avec *khalti* Kelthoum. L'oncle était convaincu qu'aucun *cadi* au monde n'obligerait une femme à retourner près de cet homme désespéré et confus. Il escomptait fermement qu'il prononcerait le troisième et ultime divorce.

Mais oncle Ibrahim avait sous-estimé notre père. Devant le *cadi*, celui-ci s'est montré sensé et responsable. Grâce à la vente de notre Frigidaire, il disposait même de l'argent pour rémunérer convenablement le juge. Le *cadi* a décidé que mon père était un bon époux, qu'il avait surmonté ses troubles mentaux. Il était désormais prêt à ramener sa femme et à diriger une famille comme il le fallait.

« *Sherifa*, a dit le *cadi* à ma mère. Je déclare que tu dois retourner avec ton époux auprès de tes enfants. C'est un mari bon et intelligent. Il a commis des erreurs et en a tiré les leçons. S'il devait y avoir à nouveau un quelconque motif de plainte, viens me voir, je te protégerai et, s'il le faut, je prononcerai le divorce définitif. »

Les anciens du village se mirent aussi du côté de mon père. À E-Dirh, ma mère a rassemblé ses quelques affaires, fait ses adieux à sa famille, pris Asia par la main et est montée avec nous dans le car d'Agadir.

Elle ne devait plus jamais revoir son village natal.

Le dernier été

Ma mère est revenue dans une maison qui n'était plus un foyer. Une ruine, crasseuse, à l'abandon, sans meubles. Avec notre voisine Fatima Marrakchia, elle a péniblement réussi à rendre notre demeure un tant soit peu habitable. Deux jours durant, les deux femmes ont nettoyé le sol, les murs, les dalles. Elles ont frotté les vitres, débarrassé les ordures et lessivé tous les vêtements sur la planche à laver au-dessus du baquet en fer blanc dans la cour. Sur le toit, on a étendu des fils pour faire sécher le linge. Toute la maison embaumait le savon de Marseille, l'eau de Javel et la propreté.

D'une manière ou d'une autre, nos parents sont parvenus à dénicher un lit et quelques meubles. Avec l'argent qui restait, mon père est allé acheter un Frigidaire. Il est revenu avec des montagnes de fruits, de légumes, et même un gros morceau d'agneau. Il y en avait tellement qu'il lui a fallu prendre un taxi pour transporter le tout.

Le soir, ma mère a préparé un repas qui a répandu dans la maison une odeur que nous n'avions pas sentie depuis longtemps. Nous traînions dans la cuisine. Nous voulions être près d'elle et de toute la nourriture qui nous avait tant fait défaut.

« Est-ce qu'il y a aussi du poulet ? » a demandé Jaber plein d'espoir.

« Sois déjà content d'avoir quelque chose », a répondu Rabiaa.

Et Jaber aussi a été satisfait du tajine d'agneau que notre mère avait cuisiné. C'est l'un des plats traditionnels du Maroc : une sorte de ragoût préparé dans un récipient en terre. En accompagnement, on sert une galette de pain levé. Nous avons mangé avec les doigts jusqu'à ce que nous soyons complètement rassasiés.

Notre vie a commencé à redevenir normale. Rabiaa, Jaber, Jamila et Mouna allaient à l'école. Ouafa et moi fréquentions l'école coranique.

Elle était située dans la rue parallèle, près d'un four public dans lequel les gens qui n'avaient pas de fourneau faisaient cuire leur pain. Le directeur de l'école coranique était un homme au nez imposant et aux grandes oreilles. Je ne sais plus quel était son vrai nom, mais, en langue berbère, nous l'appelions *talib bi'msgan,* « professeur aux grandes oreilles ».

Le *talib* avait aménagé une salle de classe au rez-de-chaussée de sa maison. Il apprenait aux enfants de la maternelle quelques lettres de l'alphabet, mais nous devions surtout apprendre des sourates du Coran.

Je détestais le *talib* et son enseignement, parce qu'il était très sévère. Il prenait place sur un coussin au fond de la pièce. Sa tête était couverte d'un petit chapeau coloré, il portait une djellaba brun clair. Il tenait dans la main une canne de bambou de plusieurs mètres avec laquelle il frappait les élèves qui ne lui paraissaient pas suffisamment attentifs.

Devant le *talib*, de nombreux enfants étaient assis sur des nattes de jonc. Je crois qu'il y en avait au moins une quarantaine. Nous étions serrés les uns à côté des autres, épaule contre épaule.

C'était très inconfortable. À la fin du cours, le motif des nattes restait imprimé sur nos jambes.

Ouafa chuchotait : « Ouarda, je n'en peux plus d'être assise. »

Discrètement, j'essayais de glisser ma petite main sous ses pieds pour que le jonc ne s'incruste pas si douloureusement dans sa peau fine.

Vlan ! Le *talib* s'en était aperçu, sa canne de bambou claqua sur ma tête. Aussitôt, je me suis remise à murmurer la sourate 107, *Al-Ma'un*, « Le nécessaire » : *« Au nom de Dieu : celui qui fait miséricorde, le Miséricordieux. Vois-tu celui qui traite de mensonge le Jugement ? C'est lui qui repousse l'orphelin et qui n'encourage personne à nourrir le pauvre. Malheur à ceux qui prient tout en étant négligents dans leurs prières : ils sont remplis d'ostentation et ils se refusent à procurer aux hommes le nécessaire. »*

J'ai récité ces versets parce que je n'aimais pas le *talib*. Est-ce que, le vendredi précédent, peu avant la prière du midi, *salat al-djum'a*[12], il n'avait pas reçu un grand plat de couscous ? Est-ce que nous n'avions pas tous pensé que nous allions nous régaler ? Et ne nous avait-il pas terriblement humiliés, nous, les pauvres ?

[12] Prière de midi du vendredi saint.

« Donnez ça aux enfants, *sidi talib* ! avait déclaré la voisine. Le Coran dit que ce sont eux qui méritent notre charité parce qu'ils la reçoivent le cœur pur. »

Le *talib* l'a remerciée, et il a posé devant lui le grand plat en bois qui contenait une montagne de couscous fumant. L'eau nous est venue à la bouche quand l'odeur s'est répandue dans la pièce.

« Miam, a dit Ouafa, c'est *sadakah* aujourd'hui. »

Sadakah est le don charitable du vendredi que les musulmans aisés distribuaient à leurs coreligionnaires pauvres. Le vendredi était le jour où nous étions toujours rassasiées, même dans les pires périodes. Nous passions dans les rues et regardions si quelqu'un avait déposé de la nourriture sur le seuil.

« Avancez ! s'est écrié le *talib*. L'un après l'autre. »

Nous nous sommes présentés devant lui les mains ouvertes. Il prenait une cuillère de couscous, enlevait soigneusement toute la viande qu'il voulait garder pour lui et plaquait la semoule sèche dans la paume de la main de ses élèves. Les enfants qui se trouvaient devant moi regagnaient en courant la natte avec leur part de couscous. Je me demandais pourquoi beaucoup d'entre eux se mettaient à pleurer.

Puis mon tour est arrivé. J'ai ouvert ma petite main. Le *talib* aux longues oreilles a pris sa cuillère. Il a formé une boulette avec le couscous fumant et odorant puis il l'a fait tomber dans ma main.

La chaleur m'a aussitôt transpercé la peau. C'était si brûlant que mes yeux se sont remplis de larmes. Je me demandais s'il fallait que je passe la boulette d'une main dans l'autre pour apaiser la douleur. Mais j'ai surpris le regard sardonique du *talib* et j'ai décidé de ne pas lui faire ce plaisir. J'ai serré les dents et emporté le mets brûlant dans ma main jusqu'à ma place. Ensuite, j'ai fourré la boulette dans ma bouche. Elle m'a brûlé les lèvres, la langue, les muqueuses. Je l'ai avalée et j'ai senti la douleur traverser ma gorge avant de descendre profondément dans mon corps et de décroître dans mes entrailles.

J'ai jeté un regard au *talib*. J'avais du mal à le voir, parce que les larmes me voilaient les yeux. Mais j'espérais qu'il puisse s'apercevoir à quel point je le détestais à cet instant.

Quand je suis rentrée à la maison, je n'ai rien raconté à ma mère des bassesses du *talib*. Elle n'était pas comme d'habitude. Elle ne riait pas, ses yeux étaient gonflés de larmes, elle ne chantait pas. J'ai d'abord pensé que c'était parce que nous n'avions plus de radio. Mais, dans mon cœur, je savais qu'il y avait une autre raison : ma mère était malheureuse. Elle n'aimait plus mon père. Le mariage était devenu un poids pour elle. Dans ses yeux, je voyais la mort, qui ne devait pas encore la saisir.

La fin

Au cours de l'été 2003, ma sœur Asia et moi avons réussi à accéder aux minutes du procès de mon père. Elles portaient le numéro de dossier 725/1399. 725 est le numéro courant de la procédure et 1399 représente l'année du calendrier islamique, correspondant à l'année 1979 du calendrier chrétien.

Les fonctionnaires du tribunal n'ont pas voulu tout de suite nous remettre les documents.

« C'était une affaire épouvantable, a dit l'un d'eux. Ce n'est pas pour les femmes. »

« Les dossiers sont dans la cave, a dit un autre. Ça nous prendrait bien trop de temps pour le retrouver. Rentrez chez vous ! »

J'étais sur le point d'en rester là, car je redoutais d'être confrontée à la tragédie de ma vie dans le langage impersonnel de l'administration. Est-ce que j'avais vraiment envie de connaître tous les détails ? Est-ce que je voulais avoir devant les yeux le rapport du légiste noir sur blanc ? Voulais-je subir tout cela encore une fois ?

Mais Asia n'a pas abandonné.

« J'ai le droit de savoir exactement ce qu'il s'est passé à cette époque, a-t-elle dit. Je suis la fille d'un assassin et d'une victime. Et si ça demande beaucoup de travail de retrouver ces dossiers, ma sœur Ouarda vous indemnisera pour le temps que ça prendra. »

Finalement, l'un des fonctionnaires a disparu dans la cave. Le lendemain, les documents étaient devant nous. Vingt pages, minutieusement couvertes de milliers de petits caractères arabes. Un bref compte-rendu en français du médecin légiste. Des croquis maladroits de la scène du crime et du cadavre de ma mère. Pas de photos.

« Vous ne pouvez pas avoir les photos, a dit l'un des fonctionnaires. Elles sont trop horribles. Je me suis senti mal en les regardant. Et pourtant, j'ai déjà vu beaucoup de choses. »

Le protocole de la police rapporte que la scène du crime et le corps de ma mère étaient dans un tel état que les policiers durent d'abord prier Allah et lui demander des forces avant de se mettre au travail.

Le légiste n'avait pas pu déterminer l'âge de ma mère. Le feu allumé par mon père lui avait complètement brûlé le visage, son crâne avait éclaté, mettant au jour son cerveau.

Pendant les interrogatoires, mon père avait déclaré qu'il avait tué ma mère parce qu'elle ne l'avait jamais aimé. Elle aurait refusé de se donner à lui. S'il ne l'avait pas soumise à sa volonté par la force, il n'y aurait pas eu d'enfants issus de ce mariage.

Aujourd'hui encore, l'idée que je ne suis pas une enfant de l'amour mais le résultat d'un viol me rend furieuse et triste. Qu'avait fait notre mère pour être traitée ainsi ? Pourquoi les hommes pouvaient-ils s'accorder le droit d'être violents avec les femmes, d'humilier leur corps et leur âme ? Qu'est-ce qui fonctionne si mal dans une société pour qu'elle admette cela ?

Le dossier judiciaire était le compte-rendu d'une relation effroyable dans laquelle, à un moment, toute affection avait disparu. Il décrit le mariage d'une jeune femme de la campagne, âgée de dix-sept ans, avec un bon vivant expérimenté de la ville. Il montre comment deux mondes et deux conceptions de la vie incompatibles se sont heurtés l'un à l'autre, comment ma mère essayait de préserver sa dignité tandis que mon père tentait de briser sa volonté.

Il décrit le système inhumain du mariage arrangé par les parents, où les souhaits des femmes ne jouent aucun rôle. Il dépeint une réalité sociale où ma mère perdit d'abord son âme, puis son corps.

C'était un compte-rendu cruel, qui rouvrait les plaies de mon cœur. Je l'ai lu, complètement décontenancée, mais je ne pouvais plus pleurer. Je l'ai lu une deuxième fois, et les souffrances de mon âme m'ont coupé le souffle. J'ai pris Asia dans mes bras, et elle m'a embrassée. Cela m'a apaisée. Mais la douleur ne voulait pas disparaître. C'est une douleur qui m'accompagnera à jamais.

Asia a déclaré : « Je pensais qu'il ne pouvait rien y avoir de pire pour moi que la mort de notre mère. Mais, en réalité, ce dossier est encore pire que tout ce que j'ai vécu jusqu'à présent. »

Après une semaine de silence, elle a dit : « Maman est morte avec fierté. Elle n'a pas perdu son honneur, même dans la mort. »

Quand je pense aujourd'hui que personne n'a voulu aider notre mère, que personne n'a voulu empêcher sa mort annoncée, que tout le monde savait qu'elle avait le cœur brisé, cela me rend folle de colère et de désespoir. Ce n'est pas de la colère contre mon père. Lui aussi est mort. C'est de la colère contre un système social dans lequel les femmes sont des êtres humains de seconde classe livrés à l'arbitraire des hommes. Sans aucune issue.

Jusqu'à la mort.

Troisième partie

Agadir, Maroc

1979-1993

Le jour d'après

Après le meurtre, mon père a disparu. Plus tard, interrogé par la police criminelle, il a déclaré qu'il avait nettoyé le sang du couteau. Puis il s'était rendu dans le souk et avait erré sans but entre les étals du marché. Ensuite, il s'était purifié dans l'océan du sang de sa femme, notre mère, et de la faute qui lui pesait sur le cœur. Pendant des heures, il était resté dans l'eau fraîche et salée et s'était frictionné le corps avec du sable.

Nous, les enfants, ne sommes allés nulle part. Zahra Emel, notre voisine, nous a emmenés chez elle.

« Ne sortez plus dans la rue, a-t-elle dit, restez là. Ici, vous êtes en sécurité. »

Elle continuait à avoir peur de notre père. Je tenais la main de Ouafa, comme je l'avais promis à notre mère, et je ne remarquais même pas que les jointures de ses doigts devenaient toutes blanches et que les extrémités bleuissaient.

« Ouarda ! suppliait Ouafa. Lâche-moi ! Tu me fais mal. »

Je desserrais un peu les doigts.

« Je ne peux pas te lâcher, disais-je. Maman voudrait que je te protège toujours. »

Lala Zahra était une grosse femme paisible. C'est chez elle que Fatima Marrakchia était accourue quand elle avait vu les flammes sur le toit de notre maison. La famille Emel était la seule de la rue à posséder un téléphone. *Lala* Zahra avait aussitôt appelé son mari Mohammed. De son travail, il avait prévenu la police.

Pour moi, c'était une situation horrible. Ma mère ne m'avait-elle pas demandé d'alerter les voisins ? N'étais-je pas coupable de sa mort ? Et, à présent, je me trouvais chez les voisins à qui je n'avais rien dit. N'allaient-ils pas se retourner contre moi ? Me montrer du doigt ? Me bannir ?

J'ai serré la main de Ouafa et décidé que les dernières paroles de ma mère seraient un secret que j'allais enterrer à jamais dans mon cœur.

Pendant plus de vingt ans, je me suis pliée à ce serment. La culpabilité pesait, mais mes lèvres ne voulaient pas trahir le secret.

Au fil du temps, j'étais de plus en plus en colère contre ma mère et la souffrance que je ressentais. Pourquoi m'avait-elle infligé cette responsabilité ? Comment pouvait-elle être assez égoïste pour la faire porter à un enfant ? Il y a eu des jours, des semaines et des mois dans ma vie durant lesquels je l'ai détestée. Elle m'avait rendue coupable. Elle avait détruit mon âme. Elle avait mon enfance sur la conscience.

Finalement, j'ai oublié ma colère et ma culpabilité jusqu'à ce que, en 1998, à Munich, je me retrouve par hasard dans un cours de thérapie familiale. J'avais voulu rendre service à une amie qui étudiait la psychologie. Mais c'est *elle* qui m'a rendu service. Un service très douloureux.

Avec le concours d'étudiants, la thérapeute a mis ma famille en scène : mon père en prison, ma mère, morte sur le sol de la salle de séminaire, mes sœurs, blotties près de moi.

La situation m'a fait peur. Je me sentais abusée : ces étrangers qui, dans un pays étranger, dans une langue étrangère, exposaient toute ma vie ! J'ai quitté la pièce en pleurant. Mon horrible passé venait de ressurgir. Il me submergeait. Il menaçait de m'étouffer. Il était trop lourd pour moi.

Je suis rentrée chez moi avec mon fils Samuel.

Deux semaines plus tard, j'ai décidé de confronter le groupe de thérapeutes à ce qu'ils m'avaient fait subir.

« Vous vous êtes servis de moi. Mon destin n'était pour vous rien d'autre qu'un enseignement pratique. Et puis vous m'avez laissée partir sans me proposer d'aide. C'est du mépris pour les personnes. »

Les étudiants ont essayé de me rassurer. Mais je ne voulais plus parler avec eux. Ils avaient réveillé mon passé contre ma volonté, et je me retrouvais seule face à mes souvenirs. Ma culpabilité était toujours un secret, mais elle était redevenue consciente. Chaque jour, à chaque heure, à chaque minute.

Ce n'est que deux ans plus tard, quand j'ai parlé de notre histoire avec mes sœurs, que je leur ai avoué.

Mes sœurs ont gardé le silence. Puis Jamila a dit : « Ouarda, ce n'est pas ta faute si maman est morte.

Ton secret est aussi le nôtre, aussi vrai qu'Allah m'aide. »

Je ne comprenais pas.

« Le jour de sa mort, maman nous a réveillées pour l'école plus tôt que d'habitude, a expliqué Rabiaa. Elle nous a dit tout bas : "Mes filles, s'il vous plaît, allez à la police. Dites aux hommes que votre père va me tuer." »

« Et alors ? ai-je demandé. Vous êtes allées à la police ? »

« Naturellement, a fait Jamila. Avant l'école, nous sommes allées au troisième district et nous avons raconté aux policiers ce que maman nous avait dit. »

« Mais ils n'ont rien fait », ai-je dis.

« Non, a répliqué Jamila. Ils nous ont renvoyées. Nous étions trois petites filles, personne ne nous a prises au sérieux. Ils ont dit : "Allez à l'école, il ne se passera rien. Il va battre votre mère, comme il le fait d'habitude." »

Depuis cette conversation, j'ai le cœur plus léger. Je ne suis pas seule à porter la responsabilité de la mort de ma mère. Je ne suis pas seule à l'avoir abandonnée. Tout le monde a baissé les bras : la famille, les voisins, les autorités. Tout le monde savait que mon père tuerait ma mère. Mais personne n'est intervenu.

Dans la maison de *lala* Zahra, nous étions entassés dans l'unique pièce trouée d'une fenêtre sur la rue. *Lala* Zahra l'avait fermée, mais nous appuyions le nez contre la vitre pour voir ce qui se passait.

Des policiers allaient et venaient. Le corbillard qui transportait ma mère a démarré. Tous les voisins, rassemblés par petits groupes, discutaient avec animation.

Il n'y avait que nous qui étions enfermés. Je trouvais injuste d'être obligée de rester à l'intérieur de la maison de *lala* Zahra. Je me suis échappée de la pièce et glissée dans le couloir jusqu'à la porte. Sur la pointe des pieds, j'atteignais déjà le verrou quand *lala* Zahra m'a rattrapée : « Où est-ce que tu veux aller ? »

« Dehors, dans la rue, avec les gens. »

« Pas question ! » a-t-elle dit, et elle m'a ramenée fermement dans la pièce où se trouvaient mes sœurs et mon frère.

Pendant des heures, il ne s'est rien passé. Puis nous avons entendu des cris dans la rue : « Le voilà ! L'assassin est revenu ! »

Rabiaa, qui avait décroché la meilleure place à la fenêtre, a murmuré : « Papa est là. »

Nous nous sommes précipités à la fenêtre. Notre père remontait la rue, un grand sac sur le dos. Les voisins s'écartaient en chuchotant : « Il veut mettre sa femme dedans et l'emporter. Qu'Allah ait pitié d'elle. »

Notre père se dirigeait vers notre maison comme si de rien n'était. Derrière la fenêtre de *lala* Zahra, nous ne disions pas un mot, je crois que nous ne respirions même pas, tant la tension était grande. Nous observions notre père qui approchait de notre porte. À présent, il y avait beaucoup de bruit dans la rue. Les voisins criaient. Quelques femmes pleuraient. Les hommes regardaient la scène avec un air important.

Quand notre père a voulu pénétrer dans la maison, les policiers sont arrivés. Il s'est laissé appréhender sans résistance. Ils l'ont poussé dans une petite voiture de police, je crois que c'était une Renault 4, et ils l'ont emmené.

Nous avons passé la première nuit qui a suivi la mort de notre mère et l'arrestation de notre père dans la famille Emel. Ils nous avaient préparé une couche sur le sol de leur salle de séjour. Nous nous sommes allongés et serrés les uns contre les autres. Je ne me souviens quasiment plus de cette nuit-là. Je suppose que, épuisés, nous nous sommes rapidement endormis. Nous n'avions pas encore pris conscience de notre destin : nous étions orphelins, des enfants sans parents, sans protection. Seuls. Seuls pour l'éternité.

Le lendemain matin, je me suis réveillée de bonne heure. Me sont alors revenus les premiers souvenirs de la journée qui avait transformé ma vie. Je nous revoyais revenir de l'hôpital où nous étions allés en vain chercher notre mère. Devant notre maison stationnait une ambulance autour de laquelle les voisins s'étaient rassemblés. Des policiers faisaient cercle, des pompiers entraient et sortaient en courant de notre maison. Je me faufilais entre les jambes des badauds en tenant Ouafa par la main. Je voulais rentrer chez nous. J'arrivais dans notre couloir. Les murs étaient éclaboussés de sang. J'avais du mal à respirer en longeant le couloir en direction de la cour. Je voulais assimiler tout ce que mes sens pouvaient enregistrer. En même temps, cela me faisait peur. J'avais presque atteint l'escalier quand Mouna et Rabiaa sont arrivées en sens inverse. Des policiers les avaient conduites sur le toit pour identifier notre mère. Leur visage n'était pas comme d'habitude, mais presque transparent, mouillé de larmes. Je les ai à peine reconnues. Elles sont passées près de moi en flottant comme des fantômes. Elles ne m'ont pas vue. Et je n'ai pas osé leur adresser la parole.

Je m'apprêtais à poser le pied sur la première marche de l'escalier pour grimper sur le toit, où l'horreur m'attendait. Je le savais au plus profond de moi, dans mon estomac, dans mes entrailles. Tout en moi se crispait et me faisait mal quand j'ai levé le pied pour gravir la deuxième marche. C'est alors que des mains robustes m'ont saisie, des mains de policier qui m'ont traînée rudement hors de notre maison. Le couloir, la porte, la rue. Notre foyer n'était plus notre foyer.

J'ai pleuré un peu jusqu'à ce que *lala* Zahra vienne nous chercher pour le petit déjeuner. Il y avait de la baguette fraîche achetée chez le boulanger. Et du beurre. Du beurre !

Cela faisait déjà longtemps qu'il n'y avait plus eu de beurre chez nous. J'aimais le beurre. J'ai mangé de la baguette beurrée, et mes larmes ont séché.

Jamais encore je n'avais eu quelque chose d'aussi délicieux pour le petit déjeuner.

L'autre frère

Les jours suivants, nous sommes restés dans la famille Emel. La police avait cloué des rubans de plastique en forme de croix sur la porte de notre maison. Nous habitions désormais à côté. Sans parents, sans toit, sans patrie.

Les grands allaient à l'école. *Lala* Zahra avait décidé que c'était bien pour eux. Nous, les petits, restions dans la rue, qui ressemblait à notre destin.

Jusqu'à ce qu'oncle Hassan vienne nous chercher. Nous l'appelions *ammi*. *Ammi* désigne le frère du père, contrairement à *khali*, qui est le frère de la mère. *Ammi* Hassan était bien le frère de mon père, mais il n'y avait rien de commun entre eux. Tandis que mon père, avant de se métamorphoser, était un bon vivant intelligent, cultivé et politisé, un intellectuel, un bel esprit, Hassan était un homme simple, qui savait à peine lire et écrire. Il aimait l'alcool et les femmes, ce qui lui avait souvent valu de se retrouver dans des situations difficiles desquelles mon grand-père et mon père avaient dû le sortir. Une fois, il avait mis enceintes sa femme *et* sa maîtresse. Quand les garçons sont nés, il les a tous deux nommés Rachid.

Naturellement, cela s'est su et a provoqué de fortes tensions entre lui et Zaina, son épouse.

Mon père et *ammi* Hassan étaient les seuls enfants de mon grand-père. Ils n'ont pas eu une enfance heureuse. Grand-père avait quitté grand-mère quand ils étaient encore très petits. Il avait emménagé dans la maison voisine et oublié ses fils. Parfois, ils étaient assis près de grand-mère sur le toit, le ventre vide, et regardaient du côté de la cour de leur père, un homme très aisé qui invitait souvent ses amis à ripailler. On servait là tout ce qui manquait à mon père et à Hassan : du couscous, du tajine, des fruits, des légumes, du lait et des desserts sucrés achetés dans les pâtisseries.

Parfois, la nuit, mon père et mon oncle parvenaient à descendre discrètement dans la cour pour manger les restes. Ils se fourraient dans la bouche tout ce qu'ils pouvaient attraper. Puis ils disparaissaient avant que grand-père les surprenne et les roue de coups.

Une fois, oncle Hassan a été surpris en train de peindre la façade d'une maison avec d'autres enfants. La police les a arrêtés et enfermés dans une cellule. Le lendemain, tous les enfants ont été récupérés par leur père. Sauf oncle Hassan. Pendant des jours, grand-mère a supplié grand-père d'aller sortir son fils de détention. Mais grand-père avait apparemment mieux à faire.

Même le commissaire a trouvé la situation inquiétante. Le soir, il emmenait oncle Hassan chez lui et ne le remettait en cellule que le lendemain. Quand, au bout de six mois, la police a compris que grand-père ne viendrait jamais chercher son fils, on a fini par le libérer. Hassan avait environ dix ans. Chaque fois qu'il racontait cette histoire à ma sœur Asia, il pleurait.

Nous trouvions l'oncle Hassan très gentil. Mais ce n'était pas un homme fort. Alors que notre père était le chef chez lui, oncle Hassan était à la botte de sa femme. Il avait fait sa connaissance dans la rue. Je crois qu'elle travaillait dans une usine de sardines, où les ouvrières ont aussi une chambre. Au Maroc, les usines de sardines et leurs ouvrières n'ont pas bonne réputation. Après le travail, beaucoup de femmes font le trottoir. Comme elles n'arrivent pas à effacer l'odeur de poisson sur leurs vêtements, et que même leur peau en est imprégnée, ce sont des prostituées bon marché.

Quand oncle Hassan est venu nous chercher, tante Zaina avait déjà sept enfants. Son premier fils, Mustafa, n'était pas d'*ammi* Hassan, il était un peu blond. Ali, Fatima, Habiba, Aziz, Mohammed et Rachid étaient les enfants de notre oncle. Ils avaient les cheveux bruns.

Hassan travaillait comme mécanicien automobile à Massa, à près de trente kilomètres au sud d'Agadir. Massa n'est pas loin de l'Atlantique, sur l'oued Massa, qui, tout en étant l'un des plus grands fleuves du Sud marocain, n'a presque pas d'eau en été.

Pendant longtemps, oncle Hassan avait transporté des fruits et des légumes pour le roi. C'était une époque où les choses allaient encore bien pour lui. Mais, au moment où mon père a tué notre mère, il avait perdu ce travail. Désormais, il occupait avec sa nombreuse famille une unique pièce tout en longueur. Ils disposaient d'une cour, mais pas d'eau courante ni de toilettes. Au lieu de cela, il y avait au milieu de la cour un trou angoissant au-dessus duquel on pouvait se soulager.

Environ une semaine après la mort de ma mère, *ammi* Hassan est arrivé à Agadir et a arrêté sa R4 bringuebalante devant la maison de *lala* Zahra.

« Je veux emmener mes neveux », a-t-il dit.

Lala Zahra a eu l'air sceptique. Elle ne pensait pas beaucoup de bien du frère de mon père. Dans le voisinage, tout le monde savait que mon père ne pouvait pas le supporter. Chaque fois que Hassan venait chez nous, il créait des ennuis. À plusieurs reprises, ils s'étaient même battus devant chez nous. La plupart du temps, c'était parce que mon père reprochait à son frère de fréquenter les bordels et de ne pas être un bon époux.

Lala Zahra a de nouveau téléphoné à son mari, qui a averti la police.

« Est-ce que cet homme a le droit d'emmener les enfants ? » a-t-elle demandé.

Les autorités ont convoqué oncle Hassan ; il les a persuadées qu'il valait mieux que nous partions avec lui plutôt que d'être à la charge de l'État dans un orphelinat. Les personnes présentes ont rapporté plus tard que l'oncle avait promis de nous traiter comme la chair de sa chair.

Il nous a fait monter dans sa voiture et nous nous sommes mis en route pour Massa. Pour nous, cela représentait un changement terrible : loin de la ville, loin de nos amis, loin des gens que nous connaissions. Nous vivions désormais en province dans des conditions pitoyables : dans une seule pièce, sans électricité, sans eau, sans toilettes.

C'était déjà pénible. Mais nos cousins et cousines étaient encore plus désagréables. En dehors du fait qu'ils portaient des noms ingrats et démodés comme Mohammed, Mustafa et Fatima, ils parlaient un dialecte berbère quasi incompréhensible, entremêlé de mots grossiers que nous ne pouvions jamais employer chez nous : *zamel,* « branleur » ; *oueld al khahba,* « fils de pute » ; *inal din umouk,* « je maudis la foi de ta mère ».

Ces enfants nous faisaient l'effet de bêtes sauvages. Ils jetaient des objets sur leurs frères et sœurs, se crachaient au visage, juraient, ne se lavaient presque jamais et faisaient leurs besoins partout. La cour était couverte de matières fécales.

« Tu as vu ça ? » ai-je murmuré à Rabiaa quand nous sommes arrivés à Massa.

« Quoi ? » a-t-elle demandé.

« Des crottes ! ai-je dit. Plein la cour. »

« Chut ! a fait Rabiaa. Ne parle pas de ça, je vais avoir mal au cœur. »

« Est-ce que nous devons aussi faire caca dans la cour, maintenant ? » ai-je demandé avec inquiétude.

« *La,* a répondu Rabiaa. Non, nous ferons dans le grand trou au milieu. Nous ne sommes pas des chiens. »

« Mais si je dois aller aux cabinets pendant la nuit ? ai-je insisté nerveusement. Je vais sûrement marcher dans un tas. »

Rabiaa était un peu agacée par la conversation.

« Je ne sais pas encore comment nous allons faire. Mais ne t'inquiète pas, j'aurai bien une idée. »

Cela n'a pas plu à *khalti* Zaina de nous voir parler à voix basse. « Qu'est-ce que vous êtes en train de chuchoter ? » a-t-elle glapi.

« Rien », a dit Rabiaa. Et elle a reçu une gifle.

Nous avons compris que tante Zaina ne serait pas notre amie.

La tante venait des montagnes. Quand elle avait eu ses premières règles, à douze ans, on l'avait aussitôt mariée à un homme qui avait l'âge de son père. Ce dernier était très dur. Un jour, Zaina avait été punie pour avoir offert un oignon à une voisine. Son père lui avait ligoté les pieds avec une corde qu'il a attachée à un âne. Puis il a fait avancer l'âne qui a traîné Zaina à travers la cour.

« Pour que tu apprennes à ne pas distribuer le fruit de mon travail », a-t-il dit.

Son premier mari aussi était dur avec elle. Il avait trois femmes en tout. Zaina était la plus jeune, encore une enfant à vrai dire. Elle aimait bien sauter à la corde dans la rue avec les autres enfants de son époux. Mais quand celui-ci la surprenait, les coups pleuvaient. La nuit, le mari maltraitait sa jeune épouse. Elle n'était pas sa bien-aimée, mais sa propriété. Un jour, Zaina le quitta, mais sa jeune âme était déjà amère et blessée.

Elle s'est enfuie de son village pour gagner Taroudant, la belle ville au pied des montagnes de l'Atlas, puis Agadir. Je trouvais cela très courageux : une jeune fille qui abandonne son village pour aller dans une ville inconnue et dangereuse. Je l'imaginais en train de faire ses paquets dans le noir pendant que son méchant mari traînait avec d'autres hommes dans les rues poussiéreuses. Naturellement, elle n'avait pas osé faire de l'auto-stop pour se rendre à Taroudant, car celui qui se serait arrêté aurait pu être un ami de son époux. Non, elle avait progressé à pied pendant la nuit, en direction de la vallée. Elle avait peut-être croisé des bêtes sauvages qui l'avaient poursuivie, voire des hommes dangereux. Mais tante Zaina a réussi : elle a atteint la ville, puis la mer.

À Agadir, elle a eu son premier enfant illégitime. Puis elle a fait la connaissance d'oncle Hassan.

Elle est devenue sa femme.

Je n'avais pas beaucoup de sentiments pour ces gens. Je ne les aimais pas – comment l'aurais-je pu : ils nous ont fait tellement de mal. Je ne les détestais pas non plus, mais j'essayais de comprendre pourquoi ils ne pouvaient pas être de bonnes personnes.

Je les ai beaucoup méprisés pour ce qu'ils nous ont fait subir. Mais j'étais heureuse quand, même rarement, ils nous donnaient une sensation de sécurité.

Quelquefois, tante Zaina m'emmenait avec elle au hammam. Il fallait que je porte l'eau pour nous deux, et, quand la vapeur s'élevait, tante Zaina me frictionnait si vivement avec la serviette que je saignais. Elle ne me traitait pas comme sa fille, mais comme une *petite bonne*, une de ces filles de la campagne qui travaillent comme esclaves pour des familles aisées de la ville.

Je me souviens de la douceur des mains de ma mère quand elle lavait mon petit corps couvert de poussière. C'étaient des caresses, des câlineries. Tante Zaina me torturait, elle me blessait, elle me montrait qu'elle ne m'aimait pas.

Paradoxalement, cela a fait naître entre nous une sorte de proximité. C'était comme si j'avais à nouveau une mère. Une méchante mère, une mère sans amour pour moi. Mais elle vivait, elle n'était pas morte. Cela valait mieux que rien du tout.

Toute petite déjà, je m'étais promis d'aborder les choses de façon positive. Je ne voulais pas être aigrie. Je ne voulais pas devenir comme la tante, l'oncle et leurs enfants.

L'ancienne maison

Au cours de l'été 2003, je rendis visite à mon frère Jaber dans son nouveau logis. Ce n'était pas évident pour moi, car Jaber avait emménagé dans notre ancienne maison. Il habitait le rez-de-chaussée avec sa jolie épouse Khadija et leur fils d'un an, Jasim.

À vrai dire, je ne voulais plus jamais pénétrer dans la maison où nous avions vécu tant d'horreur. Mais j'avais décidé de suivre mes racines encore plus loin que je ne l'avais fait jusqu'alors, même si cela devait raviver la douleur morale. J'avais achevé à Munich ma formation de puéricultrice, et je me sentais suffisamment forte pour affronter mon passé.

La chaleur régnait dans la rue quand nous nous sommes arrêtés avec notre voiture de location devant la maison que je connaissais si bien. Des enfants jouaient dans la poussière comme je l'avais fait autrefois, des femmes étaient assises devant chez elles et bavardaient avec leurs voisines. On ne voyait pas d'hommes.

Jaber occupait trois petites pièces sombres. Les toilettes se trouvaient sous l'escalier, elles étaient si exiguës et basses que je me demandai comment un adulte pouvait y faire ses besoins. Il y avait une minuscule cuisine et une douche. Les pièces étaient d'une propreté impeccable et bien rangées. Mon frère avait épousé une bonne ménagère.

Khadija a beaucoup de temps pour mettre la maison en ordre quand mon frère Jaber n'est pas là. Il travaille dans un restaurant pour touristes au bord de la mer. De nombreuses heures par jour. Pour un salaire à peine suffisant à nourrir une famille. Pendant ce temps, ma belle-sœur reste à la maison.

« Pourquoi tu ne vas pas à la plage avec ton fils Jasim ? » lui ai-je demandé.

« Cela ne plairait pas à ton frère », a répondu Khadija.

« Mais les enfants ont besoin de soleil, de lumière et du grand air de la mer », ai-je rétorqué.

« Parle-en avec ton frère, a dit Khadija. C'est lui le maître dans la maison. »

J'étais assise dans la salle à manger sombre, Jaber en face de moi. Un petit homme de belle apparence. Je me demandais si mon père avait cette allure quand il était jeune. Est-ce que rien n'a changé depuis ? Ma belle-sœur est-elle tout aussi livrée à cet homme que ma mère l'était à mon père ? Le rôle de la femme au Maroc ne s'est-il toujours pas amélioré ?

Jaber ne voulait pas en parler. Il m'a écoutée d'un air absent quand je lui ai raconté comment nous vivions et élevions nos enfants en Europe.

« Jasim va à la plage avec moi le week-end, a-t-il dit, c'est suffisant. »

« Mais... », ai-je objecté.

Jaber a fait un geste impérieux de la main droite, cela aussi m'a rappelé mon père. « Je n'ai pas envie d'entendre ça. »

La conversation était close.

Les pièces me semblaient étrangères, bien que j'y aie passé plus de la moitié de ma vie. Jaber avait aménagé des cloisons pour avoir un logement séparé. Le reste de la maison était occupé par oncle Hassan et tante Zaina. Ils avaient emménagé là après que mon père eut tué ma mère. Dès que la police a eu levé le séquestre de la maison, oncle Hassan a emmené sa femme, ses sept enfants et nous sept dans sa R4 rouillée. Sur le toit de la voiture, il avait entassé tous ses biens. Et puis nous avons quitté Massa.

Le trajet en voiture pour Agadir s'est révélé inconfortable, la voiture étant surchargée. Trois enfants s'étaient serrés avec les adultes sur le siège avant, si bien qu'oncle Hassan avait du mal à manœuvrer le levier de vitesses. Nous autres étions assis à l'arrière. Le toit se courbait sous le poids d'une table, de plusieurs chaises et de cartons de vêtements et d'ustensiles de cuisine, aussi les enfants qui étaient sur les genoux des autres se cognaient la tête contre le plafond à chaque nid-de-poule. La voiture roulait si lentement que même les gros camions nous doublaient en klaxonnant.

Comme j'avais un cousin assis sur moi, je ne voyais rien. Je ne pouvais à peine respirer. Malgré tout, j'étais contente que nous ayons pu quitter cette affreuse pièce de Massa et cette cour encore plus affreuse et puante, avec toutes ces crottes.

J'aurais enduré un tour du monde pour ne plus devoir vivre à Massa. Mais, au bout de deux heures à peine, oncle Hassan a stoppé sa guimbarde déglinguée devant la maison de mes parents.

Ce n'est qu'en descendant de la voiture que j'ai reconnu les lieux. Mon cœur s'est mis à palpiter de terreur et, en même temps, de la douce sensation d'être de retour chez nous. L'espace d'un instant, je me suis prise à espérer que la porte s'ouvre et que notre mère nous serre contre sa poitrine. Peut-être tout cela n'avait-il été qu'un mauvais rêve ? Peut-être allions-nous reprendre une vie normale ? Une vie sans peur. Sans frayeur. Sans mort.

Mais la porte ne s'est pas ouverte. Notre mère n'était pas là. Notre père non plus. L'espoir a disparu comme un mirage. La réalité est revenue. Oncle Hassan a sorti une clé de la poche de son pantalon et ouvert la porte. Jusqu'à présent, cela avait été notre porte. Désormais, c'était la sienne.

« Bienvenue à la maison, a-t-il dit. Qu'Allah nous protège. »

Puis il en a franchi le seuil. Lui et tante Zaina étaient maintenant le maître et la maîtresse de la maison.

Nos cousins et cousines ont suivi leurs parents à l'intérieur. Mon cœur battait si fort que j'entendais à peine la voix des gens de la rue qui nous saluaient. *Lala* Zara était venue ainsi que Fatima Marrakchia et tous les autres voisins.

« Est-ce que je dois entrer ? » ai-je demandé à Rabiaa. Ouafa tenait fermement ma main droite.

« Je crois bien, a chuchoté Rabiaa. Nous n'avons pas d'autre choix. »

« Mais j'ai peur », ai-je fait.

Rabiaa m'a pris la main gauche. « Tu n'as pas besoin d'avoir peur, nous sommes ensemble. Rien ne nous séparera. »

Alors, nous sommes entrés dans la maison, obéissant à notre destin.

« Est-ce que papa est là aussi ? » ai-je demandé à oncle Hassan.

Oncle Hassan a hésité brièvement. Puis il a dit avec dureté : « Non, ton papa est en prison. Il ne va pas en sortir de sitôt. Nous irons lui rendre visite. »

Ammi Hassan et *khalti* Zaina se sont installés dans la chambre de mes parents. Je trouvais cela inconvenant, mais personne ne me demandait mon avis. Les enfants de mon oncle se sont répartis dans les autres pièces. Pour nous, il ne restait que le sol du rez-de-chaussée. Tante Zaina nous a donné de vieilles peaux de mouton puantes et une couverture de couleur orange qui était déjà tellement usée et trouée qu'elle nous tenait à peine chaud.

Dans notre propre maison, nous étions devenus des moins que rien, des étrangers tolérés. J'ai compris que nous n'avions aucun droit.

Pour dormir, nous nous blottissions les unes contre les autres, comme nous en avions l'habitude. Mouna et Rabiaa, les grandes, à l'extérieur ; nous, les petites, au milieu. Asia, âgée de deux ans, couchait entre Ouafa et moi. Seul Jaber n'avait pas le droit de rester avec nous. Parce qu'il était un garçon, il devait dormir avec les cousins.

Chaque nuit, Asia se mettait à pleurer. Quand nous nous réveillions, elle ne prononçait qu'une seule phrase : *Ana ji'aana*, « j'ai faim ». *Ana ji'aana*,

ana ji'aana. Elle répétait sans cesse ces mots d'une voix pleurnicharde et chevrotante de vieille femme. C'était la phrase la plus atroce que j'aie jamais entendue : *Ana ji'aana,* « j'ai faim ».

Aujourd'hui encore, il m'arrive de me réveiller en pleine nuit parce que je crois entendre la voix d'Asia. Un anneau de glace m'enserre le cœur, et je me pelotonne contre mon mari jusqu'à ce que la glace fonde et que mon cœur retrouve le rythme paisible qui m'offre le sommeil.

Rabiaa se glissait dans l'obscurité de la cuisine et mélangeait du pain rassis avec de l'eau. Nous le donnions à manger à Asia jusqu'à ce qu'elle se rendorme.

Il n'y avait rien d'autre que du pain rassis, car oncle Hassan était sans travail. Au bout de quelques semaines, Asia, la plus petite, était complètement amaigrie et avait le ventre gonflé d'une enfant souffrant de malnutrition.

Nous l'avons emmenée au dispensaire de notre quartier. Les assistants ont examiné ma sœur et nous ont donné de la farine, de l'huile et du lait en poudre. Pendant de nombreux mois, nous avons vécu des dons charitables de ce dispensaire.

Le prisonnier

La maison d'arrêt dans laquelle mon père avait passé un an jusqu'à sa condamnation à trente ans de réclusion se trouvait à Inezgane, à quelques kilomètres au sud d'Agadir, sur la route d'Aït-Melloul.

Inezgane est célèbre pour le grand souk dont les stands s'étalent sur plusieurs milliers de mètres carrés à l'ouest de la rue principale. Les gens y viennent de loin avec des camions bondés pour vendre des fruits et des légumes et acheter des vêtements bon marché. Aujourd'hui encore, mes sœurs et moi nous rendons à Inezgane quand nous voulons acheter des djellabas à bon prix pour nous et des maillots de football contrefaits pour nos fils. Dans le souk, on pratique trois échelles de prix : pour les Berbères, pour les Arabes et pour les touristes. Pour un même article, les Arabes paient deux fois plus que les Berbères, et les touristes paient cent pour cent de plus que les Arabes.

Je déteste que les marchands essaient de me soutirer des prix arabes, parce qu'ils me prennent pour une fille du Nord.

Je dis alors en tashl'hit, la langue de ma tribu[13] : « Excusez-moi, je suis votre sœur. Vous n'allez quand même pas me faire l'affront de me demander le même prix qu'aux Arabes. »

Les hommes et les femmes du souk se mettent à rire parce qu'après les nombreuses années passées à l'étranger mon accent leur paraît comique. Ils disent : « Sœur, tu as l'air d'une étrangère, mais tu parles comme l'une des nôtres. Avoue que tu ne vis pas dans le Souss. »

Alors je leur dis : « Si, je viens de Casablanca. »

Mes sœurs tiennent à ce que je ne révèle jamais que je vis en Europe. Cela ne fait qu'éveiller la cupidité des commerçants.

« Bon, bon, disent-ils. Nous te faisons le meilleur prix parce que tu es notre sœur. Nous n'y gagnerons rien. Nos familles vont avoir faim. Mais tu es belle et honnête. Cela, nous l'admirons. »

Puis c'est ma sœur Asia qui discute, elle qui marchande mieux que n'importe qui dans la famille. Et tout finit par être encore moitié moins cher. Quelquefois, Asia négocie si bien que les commerçants me font pitié.

« Tu ne veux pas me laisser un seul dirham pour ma famille ? » s'exclament-ils.

Et je réponds en tashl'hit : « Excusez-moi, frères. Mais je n'ai pas d'argent, c'est ma sœur qui a tout. *Ai'auwin rabbi, agma,* que Dieu te soutienne, mon frère ».

« Amen, font alors les marchands. *A'oultma,* que tes souhaits soient réalisés, sœur ».

---

[13] Il s'agit des Amazighs, mot à mot « hommes libres », tribu berbère de la région de Souss.

Quand, en octobre 1979, oncle Hassan a décidé de rendre visite à son frère à la maison d'arrêt et de nous emmener, nous ne nous sommes pas arrêtés dans le souk.

Nous nous sommes tous entassés dans la R4, accompagnés de trois de nos cousins. Leur présence me gênait, parce qu'ils soulignaient toujours : « Nous ne faisons pas partie de la famille de l'assassin. Nous sommes seulement les enfants de son frère. Ce sont eux les enfants de l'assassin. Nos parents s'occupent d'eux, les pauvres. »

Ils nous pointaient du doigt, et nous ne savions pas comment nous comporter : rentrer sous terre de honte ou redresser fièrement la tête. J'avais décidé de ne pas me laisser humilier par eux. Je gardais la tête haute, mais chacune de leurs remarques me blessait comme un coup de couteau dans le cœur. Souvent, je devais essuyer mes larmes en cachette quand nos cousins parlaient de ce qui nous était arrivé.

Les cousins et cousines ressemblaient à la colle forte des cordonniers que les enfants des rues inhalent dans de petits sacs en plastique : gluants et toxiques. Nous n'arrivions plus à nous en débarrasser.

À présent, ils jacassaient dans la voiture rouillée de l'oncle. Pour eux, c'était une excursion exaltante, pour moi, un supplice. D'un côté, je voulais revoir l'homme qui était mon père. De l'autre, cet homme avait assassiné ma mère. Je ne disais pas un mot, je ne voyais pas ce qui se passait à l'extérieur de la Renault. J'étais absorbée par mon âme, qui menaçait de se briser dans le conflit qui faisait rage en moi.

La petite main de Ouafa dans ma main droite et la grande main de Rabiaa dans la gauche m'ont donné la force de supporter ce qui m'attendait.

Le lourd portail de la prison s'est ouvert, et on nous a conduits dans une pièce. Puis ils ont fait entrer notre père. Il boitait. Il est resté debout de l'autre côté de la pièce, encadré par deux gardiens. Nous n'avons pas bougé de notre coin. Seuls quelques mètres nous séparaient.

Tout un univers.

Malgré la chaleur, mon père portait un gros pull-over de laine. Il avait les mains bandées. Je m'imaginais qu'il avait reconnu sa faute et essayé d'éteindre les flammes sur le corps de ma mère avec ses mains nues. Il l'avait *quand même* aimée ! Il ne voulait pas me l'enlever ! Il voulait lui sauver la vie ! Aujourd'hui, je ne sais toujours pas si les pansements recouvraient des brûlures. J'ignore si c'étaient des blessures qu'il s'était faites en tuant ma mère ou en voulant étouffer les flammes. Je préfère supposer qu'il a quand même tenté de lui laisser la vie au dernier moment.

Notre père n'a rien dit. Je n'ai rien dit. Exceptionnellement, même les cousins se sont tus. Nous nous regardions fixement.

Les cousins se sont mis en mouvement les premiers. Ils sont allés vers notre père et il les a pris dans ses bras. J'étais scandalisée. C'est *mon* père, ai-je pensé. C'est *moi* qu'il doit prendre dans ses bras, moi, mon frère et mes sœurs. Je ne voulais pas partager ce moment avec d'autres parents. Pour moi, c'était un instant sacré. L'instant de la décision : est-ce que mon père et moi sommes encore de la même famille ou sommes-nous à jamais séparés ?

Est-ce que j'ai encore un père ou est-ce que je l'ai perdu, lui aussi ?

Finalement, j'ai fait un pas vers lui. Je le voyais à peine parce que j'avais les yeux embués de larmes. Je les ai essuyés. Mon père aussi pleurait. Il a ouvert les bras et m'a serrée contre sa poitrine. J'ai senti les pansements rêches de ses mains sur ma peau. Il a dit : « Pardon, ma petite fille. Je regrette ce que j'ai fait. Que le Tout-Puissant vous protège. »

J'ai dit : « Papa. » Seulement : « Papa. »

Je l'aimais et je le haïssais à ce moment.

Puis il m'a lâchée parce qu'il voulait saluer les autres, et je me suis reculée.

Pour toujours.

La faim

En septembre 1980, les juges ont prononcé le verdict : mon père était condamné à trente ans de détention. Nous n'avons pas été informés du procès ni de son issue. Les voisins ainsi que la famille de ma mère ont témoigné devant le tribunal de district. Mais nous, les enfants, avons été tenus à l'écart.

Je n'arrive pas à me souvenir du jour du jugement. Je sais seulement que j'ai rapidement calculé l'âge que j'aurais quand notre père sortirait de prison : trente-six ans.

Cela me paraissait très vieux. Je connaissais des femmes de notre rue qui avaient cet âge-là. Elles avaient un mari, des enfants et un gros derrière. J'imaginais que j'aurais moi aussi un mari, des enfants et un gros derrière. J'aurais sans doute beaucoup d'enfants et quasiment plus de temps pour mon vieux père après sa libération. En plus, je travaillerais naturellement dans un bureau, et j'aurais donc encore moins de temps. Je me voyais dans notre rue, avec des cheveux courts et un pantalon jaune. J'ignore pourquoi le pantalon devait être jaune. Mais à cette époque, quand je m'imaginais adulte, je portais ce pantalon jaune.

Un jour, un vieil homme arriverait dans notre rue, et je ne le reconnaîtrais pas jusqu'à ce qu'il frappe à notre porte. Bien entendu, j'habiterais encore dans notre ancienne maison, mais sans l'oncle et la méchante tante, ni leurs stupides enfants. Chez moi, dans mon foyer, il y aurait une ambiance chaleureuse et détendue.

Mes enfants poseraient la question : « Maman, qui est ce vieil homme ? »

Et je répondrais : « C'est votre grand-père. »

Ils demanderaient : « Où était grand-père pendant tout ce temps ? »

Et j'inventerais une histoire quelconque où tout pourrait arriver, sauf la prison.

C'était ainsi que je me le représentais. Je ne me doutais pas que jamais plus je ne reverrais mon père en liberté.

Après le jugement, mon père a été transféré d'Agadir à Kenitra, au nord de Rabat, la ville royale. Il y est resté six ans, en détention psychiatrique. De temps en temps, il nous écrivait. À la fin des lettres, il nous saluait tous et ajoutait : « Et tous mes vœux à votre chère mère ! » Il semblait avoir oublié que notre mère ne vivait plus. Qu'il l'avait tuée.

Pour moi, c'était la preuve qu'il était définitivement devenu fou. Cette idée me rassurait : mon père n'avait pas tué ma mère en pleine conscience, par haine ou pour de bas motifs. Il était mentalement perturbé et ne savait pas ce qu'il faisait. Mon père n'était pas un assassin. Il était malade, très malade.

Quand il a été transféré en détention ordinaire, mes sœurs aînées Rabiaa et Mouna lui ont rendu visite. Nous, les petits, n'avons pas eu le droit de les accompagner.

Quand Rabiaa a été de retour, je lui ai demandé : « Comment était papa ? »

« Il va bien, a-t-elle dit. Il avait l'air en bonne santé et élégant. Je ne l'ai même pas reconnu, parce qu'il portait un costume. »

« Un costume ? ai-je fait. En prison ? »

« Oui, un costume marron. J'ai d'abord cru que c'était le directeur, les gardiens le traitaient avec tant de respect. Monsieur par-ci, monsieur par-là, pouvons-nous faire quelque chose pour vous, monsieur ? »

Je me suis étonnée. « Et qu'est-ce que notre père a dit ? »

« Il a dit qu'il avait beaucoup à faire. Il doit réparer toutes les machines à écrire, les téléviseurs et les téléphones de la prison, et il reçoit même de l'argent pour ça. Il a dit qu'il allait bien, qu'il s'occupait de la bibliothèque. Nous ne devions pas nous faire de souci pour lui. »

« Est-ce qu'il était encore fou ? »

« Non, je crois qu'il est rétabli. Il m'a donné l'impression d'être tout à fait normal ! »

Je voulais demander si Rabiaa et Mouna avaient parlé de notre mère avec lui. Mais je n'ai pas osé poser cette question. Entre nous, un accord tacite nous empêchait de prononcer le mot « mère ». Nous essayions même de le chasser de nos pensées et de notre cœur.

Seule notre nouvelle famille ne se tenait pas à cette règle. C'était surtout tante Zaina qui critiquait sans cesse notre mère.

« Dis voir, Jamila, est-ce que ta maman était vraiment une *sherifa*, une sainte ? »

Jamila ne répondait pas.

« Tu crois vraiment qu'une *sherifa* porte des jupes comme celle-là ? » disait-elle d'un ton sarcastique.

Elle nous montrait une photo de notre mère en jupe courte. Notre père l'avait prise à la maison. Elle était encore une toute jeune fille. Elle était jolie et avait l'air très ingénue. Cette photo nous mettait mal à l'aise, car, en dehors de la famille restreinte, personne ne devait voir une *sherifa* dans cette tenue.

« Regardez bien cette photo, espèces de mômes gâtées ! s'écriait tante Zaina. C'est la photo d'une salope. Votre mère était une salope. C'est pour ça que votre père l'a assassinée. Elle ne méritait rien de mieux. »

Quand tante Zaina disait ce genre de choses, je me mettais à pleurer. Dans mon imaginaire, maman était un ange. La tante démolissait cette idée. Tante Zaina était méchante.

Rabiaa, la plus raisonnable d'entre nous, disait : « Tante, il faut laisser les morts reposer en paix. S'il te plaît, ne parle pas ainsi de notre mère. »

Mais tante Zaina continuait à donner ses coups d'épingle. « C'était une putain, tout le monde le sait. »

Ma sœur Jamila n'était pas aussi réfléchie que Rabiaa. Elle était insolente et soupe au lait. Elle a trépigné et crié : « Arrête, tu es ignoble ! Ma mère était une *sherifa*, et ma grand-mère est une *sherifa*, et tu n'as pas le droit de dire du mal d'elles. Toi, tu n'es pas une sainte. Bien au contraire. »

Notre cousin Ali n'attendait que ça. C'était le plus pernicieux et le plus tyrannique de tous. Jamila n'avait pas terminé sa phrase qu'il lui a donné de toutes ses forces un coup de pied dans le ventre.

Même quand elle a été par terre, il a continué à la rouer de coups.

Tante Zaina a eu un rire mauvais. « Voilà ce que tu mérites, vilaine fille. Quand on contredit sa tante, on est puni. »

S'hour, l'amie de tante Zaina, qui habitait dans les bidonvilles en bordure d'Agadir, était encore pire. S'hour était l'une de ces *dharbo-shi-faal* qui me faisaient peur parce qu'elles proposaient leurs services impies de leurs voix aiguës : « Voyance, prédiction, rituels magiques ».

Je prenais S'hour pour une sorcière. Quand je pense à elle aujourd'hui, je sens toujours un frisson me parcourir le dos. C'était une personne perverse et mauvaise, et je crois que tante Zaina pratiquait avec elle des rituels magiques pour rendre son mari docile. Quand S'hour venait à la maison, elle faisait brûler sur du charbon de bois des remèdes puants qui nous incommodaient. J'avais mal à la tête et envie de vomir.

De temps en temps, c'étaient aussi des lambeaux de tissu qui étaient jetés dans le feu. Plus tard, j'appris que tante Zaina s'en était servie pour récupérer la semence de mon oncle et qu'elle les faisait brûler pour le lier à jamais à elle.

S'hour nous brimait dès qu'elle le pouvait. Elle parlait mal de nos parents et exigeait de nous que nous lui baisions la main et que nous la servions comme une reine.

Elle semait la zizanie dans la maison en disant des choses du genre : « Zaina, mon amie, tu devrais être prudente avec cette Jamila. Elle va bientôt être femme et séduira ton mari si tu ne fais rien. »

Jamila avait tout juste treize ans à l'époque. Elle aidait mon oncle à réparer les voitures dans la rue, devant la maison. Elle a même fini par porter une salopette bleue comme lui. Tante Zaina n'aimait pas que Jamila travaille avec oncle Hassan.

« Tu attends seulement l'occasion d'écarter les jambes pour mon mari, petite traînée », aboyait-elle.

Jamila pleurait. « Comment peux-tu dire une chose pareille, tante. Ton mari est comme un père pour moi. C'est mon papa. »

Jamila ne disait pas toute la vérité. Elle gardait pour elle un terrible secret que je n'ai appris que de nombreuses années plus tard.

Une fois, j'ai observé une scène curieuse dans notre salle de bains. Après une visite de S'hour, ma tante avait demandé à Jamila d'une voix mielleuse : « Tu veux que je te frictionne le dos ? »

C'était insolite, car la tante ne s'occupait jamais de nous. Nous avions pris l'habitude de nous laver mutuellement. Pour cela, nous mettions un seau rempli d'eau sur le toit et attendions que le soleil l'ait réchauffé. Puis nous le portions dans la salle de bains pour nous nettoyer.

Tante Zaina a pris le gant rugueux avec lequel nous enlevions la peau sèche de notre corps. Par la minuscule fenêtre de la salle de bains, j'ai vu la tante frictionner le dos de Jamila. En cachette, elle recueillait les petits morceaux de peau qui se détachaient. Je ne la quittais pas des yeux. Quand le bain de Jamila a été fini, la tante a disparu avec les restes de peau sur le toit et les a étalés dans un coin sur une serviette pour les faire sécher.

Quelques jours plus tard, S'hour est réapparue. Tante Zaina est allée chercher les petits morceaux de peau de ma sœur et, pendant que les deux femmes murmuraient des invocations d'une voix sourde, elles ont fait brûler leur butin.

Au Maroc, tout le monde sait ce que cela signifie : c'est un envoûtement pour assujettir une personne.

Ammi Hassan n'était pas un mauvais homme. Quand tante Zaina n'était pas à la maison, il nous traitait avec affection. Il cherchait même les lentes de poux dans nos cheveux. Mais dès que la tante apparaissait, il se transformait. Il devenait brutal et rejetant. Un mot de trop suffisait pour que ça commence à barder.

Depuis que notre père était condamné, l'oncle Hassan jouait le rôle de chef de famille. Il était engagé comme fidéicommissionnaire du terrain qui, malgré la misère dans laquelle nous avions vécu, appartenait à notre père.

Aujourd'hui, ce terrain ne nous appartient plus. Rabiaa a découvert ce qui s'était passé. Sur les documents, oncle Hassan avait tout simplement changé le nom de mon père : Houssein ben Mohammed ben Abdallah, en Hassan ben Mohammed ben Abdallah. En arabe, Houssein et Hassan s'écrivent presque de la même manière.

Ammi Hassan vendit le terrain et gaspilla l'argent. Il lui en fallait beaucoup, parce qu'il aimait boire et louait des cassettes à la vidéothèque pour les regarder avec tante Zaina dans la chambre à coucher. Aucun des enfants n'avait le droit d'entrer.

Nos cousins étaient heureux quand oncle Hassan avait de l'argent. Il leur achetait du yoghourt. Un par un, il les faisait venir dans la pièce. Peu après, ils ressortaient avec un bol de délicieux yoghourt dont ils se délectaient devant nos yeux. Et nous, nous les regardions manger.

Une fois, j'ai supplié ma cousine Fatima : « S'il te plaît, donne-m'en juste un petit peu. »

Fatima était la plus gentille des enfants. Elle mangeait son yoghourt à la fourchette, parce qu'il n'y avait pas suffisamment de couverts dans notre ménage.

« Attends encore un petit peu », a-t-elle dit. Puis elle a gratté le bol jusqu'à ce qu'il n'y ait presque plus rien. Je me réjouissais tellement que je ne prêtais pas attention aux regards qu'elle échangeait avec ses frères et sœurs. J'ai ouvert grand la bouche pour ne rien rater. Fatima a sorti la fourchette du bol avec très peu de yoghourt. Puis elle a enfoncé les dents de la fourchette profondément dans ma gorge.

J'ai hurlé de douleur. Les cousins riaient méchamment. Pendant trois jours, je n'ai rien pu manger. Une fois la blessure guérie, je n'ai plus jamais demandé de faveur à mes parents.

Dès que l'argent était épuisé, oncle Hassan imaginait de nouveaux moyens de s'en procurer, qui n'étaient pas toujours légaux.

Au début des années quatre-vingt, il a passé quelques mois en prison pour avoir, paraît-il, maquillé des voitures volées pour des trafiquants français.

Pour nous, le séjour d'oncle Hassan en prison n'a pas été une bonne période. Il n'y avait pas d'argent dans notre famille. Nous étions démunis et affamés.

Une fois, j'avais tellement faim qu'il m'est arrivé quelque chose de répugnant. Dans notre maison, l'unique cabinet de toilette pour seize personnes était devenu un endroit dégoûtant depuis que l'oncle et la tante avaient emménagé chez nous avec leurs enfants. Nos parents n'avaient pas l'habitude de s'essuyer avec du papier toilette, ils se nettoyaient avec la main. Mais au lieu de se laver les mains avec de l'eau et du savon, ils étalaient les excréments sur le mur. Dans nos cabinets, les murs étaient barbouillés de matières fécales. Il y avait une puanteur atroce, et de grosses grappes de mouches bleues bourdonnaient dans la petite pièce. Pire encore : quand les toilettes étaient occupées, nos cousins faisaient leurs besoins n'importe où dans la maison.

Un jour, je suis rentrée chez nous, et cela sentait si bon le pain frais que j'en ai eu l'eau à la bouche. Je me suis glissée en direction de la cuisine. Et là, j'ai aperçu le petit pain posé sur le banc, brun, encore fumant. Probablement la tante l'avait-elle oublié. Mon estomac s'est tordu de faim et de plaisir anticipé. J'ai regardé autour de moi : personne. En un rien de temps, j'ai fourré le pain dans ma bouche, trop vite pour que mon sens du goût puisse m'avertir. Quand mon cerveau a enregistré ce que j'avais dans la bouche, il était déjà trop tard. Ce n'était pas du pain. C'était une crotte fumante. J'ai couru vomir aux toilettes.

Tout le monde était chargé de ramener quelque chose à manger. Le matin et l'après-midi, après l'école, je devais faire le tour des boulangeries du voisinage avec Jamila pour mendier du pain. Il nous en fallait tellement pour notre grande famille qu'une seule tournée ne suffisait pas. Le soir, nous allions voir un parent éloigné qui vendait de la viande sur le marché. Quand nous avions de la chance, il y avait des os, des cartilages et des restes avec lesquels on pouvait préparer une soupe.

Mais, fréquemment, nous revenions à la maison les mains vides et les coups de la tante pleuvaient. Elle hurlait après moi : « Tu n'es pas allée chez le boucher, espèce de salope mal élevée, tu as traîné, espèce de putain, au lieu de chercher à manger. »

J'avais huit ans, je ne savais pas ce que voulait dire le mot « putain ». Mais je n'avais pas le temps de poser la question, car la tante me jetait par terre, se penchait sur moi et me pinçait avec ses ongles pointus l'intérieur de la cuisse. Quand je geignais, elle criait : « Arrête de faire cette comédie ! »

Quelquefois, elle oubliait l'intérieur de la cuisse et m'attrapait tout de suite les joues. Elle enfonçait profondément ses ongles dans la peau délicate et tirait jusqu'à ce que je saigne. Aujourd'hui, je porte encore sur mon visage les fines cicatrices de cette torture.

À cette époque, nous allions souvent nous coucher avec des bleus, des blessures sanguinolentes et l'estomac qui gargouillait. Serrées les unes contre les autres, nous nous endormions en cherchant une consolation dans la chaleur du corps des autres.

Jamila et moi avions un doux secret, espérant que la tante ne l'apprendrait jamais. Au cours de nos tournées de mendicité chez les boulangers, nous passions devant un petit hôtel qui appartenait à un homme dont nous n'avons jamais appris le nom. Nous l'appelions Bou Dirham, l'homme au dirham.

Chaque fois que nous passions devant son hôtel, le matin, nous flânions à la porte d'entrée jusqu'à ce qu'il remarque notre présence. Alors, Bou Dirham sortait, il nous caressait la tête sans dire un mot et mettait une pièce dans la main de Jamila, parce qu'elle était la plus grande.

Nous susurrions un « qu'Allah aie pitié de vos parents » et nous déguerpissions avant que Bou Dirham change d'avis.

Avec le dirham, nous achetions du beurre et de la confiture, faisions couper un des pains que nous tartinions avant de l'envelopper dans un journal. Nous n'osions pas en manger parce que la tante vérifiait notre haleine tous les matins.

« Soufflez ! » ordonnait-elle. Elle aurait tout de suite senti la confiture et le beurre. Nous cachions donc notre butin à l'école sous un arbre et l'engloutissions à toute vitesse avant d'aller en cours.

Chaque jour, je regrettais de ne pas pouvoir savourer ce pain. Mais nous avions peur d'être surprises par les cousins. Évidemment ils moucharderaient, et il y aurait encore des coups à la maison.

En plus, nous ne devions en aucun cas arriver en retard à l'école, car le directeur nous attendait. Nous l'appelions « bouteille d'Orangina à l'envers » parce qu'il avait un gros ventre et des petites jambes toutes maigres. Il se postait devant l'entrée de l'école en tenant un morceau de tuyau de caoutchouc avec lequel il frappait tous les élèves qui essayaient de se glisser par le portail après huit heures.

Le tuyau du directeur faisait un claquement sourd et provoquait de douloureuses marques bleues sur la peau.

Le royaume des esprits

Derrière la splendide localité de Taroudant, où mon père souhaitait être enterré, commence la chaîne de montagnes la plus élevée du Maroc, le Haut Atlas. Des lacets s'étirent le long des versants abrupts jusqu'au Jabal Toubkal, dont les neiges éternelles se dressent dans le ciel bleu à plus de quatre mille mètres.

Il y a quelques années, j'ai visité le Haut Atlas. Nous sommes arrivés en voiture sur une piste creuse qui s'enfonçait dans la montagne. Notre véhicule n'était pas adapté à ce parcours. Sur la gauche, la vue surplombait des vallées vertes qui s'étendaient à des centaines de mètres plus bas, et, sur la droite, d'immenses rochers s'entassaient.

Sur la route, un garçon était en train de briser les éboulis avec un piolet. Nous nous sommes arrêtés pour lui donner quelques dirhams. C'est d'usage dans les montagnes. Avec les dons des automobilistes, cet enfant nourrit sa famille. Personne ne l'a chargé de dégager la voie, il le fait pour aider sa famille démunie.

Partout dans les montagnes, on voit des enfants pratiquer un commerce quelconque. À l'approche de l'un des rares véhicules, ils sautent sur la chaussée et proposent des touffes d'herbes médicinales, des pots de miel ou des fruits.

Nous avons atteint la région d'Imentagen. La route s'interrompant brusquement, nous avons fait halte dans un village. Un jeune homme nous a fait traverser le village jusqu'au ruisseau, où les femmes lavaient le linge et les hommes promenaient leurs ânes. Des enfants nous ont apporté des fruits. J'ai voulu vérifier si j'étais encore capable d'ouvrir les figues de Barbarie en évitant de me planter des épines dans les doigts. J'ai abandonné dès la première. Mais ma sœur Ouafa, professeur dans un village voisin d'E-Dirh, mon lieu de naissance, a épluché pour nous une douzaine de figues fraîches. Leur goût surpassait celui de toutes celles que j'avais mangées en Allemagne.

Je garde un bon souvenir de ce village, que les Berbères appellent « Imentagen » et les Arabes « Mentaga ». Nous y étions déjà venus, après la mort de notre mère. Tante Zaina et oncle Hassan nous avaient emmenés visiter la région natale de notre tante. Le village aride, l'air frais et la liberté dans cette région sauvage nous avaient plu. Ici, personne ne pouvait nous contrôler, personne ne pouvait nous faire de brimades. Nous étions dehors, nous jouions et vivions des aventures avec les autres enfants.

Les montagnes ont pris pour moi une signification particulière quand la mère de tante Zaina est morte, à Imentagen. Au départ, la nouvelle avait semblé catastrophique, car elle signifiait la séparation de ma fratrie. Mais, par la suite, cet événement m'a valu dix-huit mois de bonheur.

Naturellement, la tante a dû se rendre avec *ammi* Hassan dans les montagnes pour l'enterrement. Il va de soi qu'ils ne pouvaient pas emmener quinze enfants (entre-temps, un nouveau bébé, Hafida, était né). Seuls les cousins et ma sœur Mouna les ont accompagnés. Nous autres avons été envoyés ailleurs.

Tante Zaina a fait monter Jamila, âgée de dix ans, avec Ouafa, cinq ans, et Asia, trois ans, dans le car de Tiznit. « Allez chez votre grand-mère *sherifa*, elle va s'occuper de vous. Elle va bien y arriver, cette sainte. »

Pour Jamila, ça n'a pas été un voyage d'agrément. Le bus s'arrêtait constamment pour prendre d'autres passagers, alors que toutes les places étaient déjà occupées. Ouafa et Asia ont fini le voyage sur les genoux de Jamila. D'excitation, Asia vomissait tout le temps, et Ouafa se lamentait parce qu'elle avait faim.

Quand elles sont enfin arrivées à Tiznit, M. « Autobus » était comme d'habitude introuvable. Ce n'est que le soir que mes sœurs sont arrivées à E-Dirh.

Grand-mère n'était pas au courant de leur visite. Mais elle a préparé pour ses petites-filles une couche à côté de son lit, dans la chambre au-dessus de la porte d'entrée, et récité avec elles la sourate 94 du Coran, *Asch-Scharh*, « L'ouverture » : *« Au nom de Dieu : celui qui fait miséricorde, le Miséricordieux. N'avons-nous pas ouvert ton cœur ? Ne t'avons-nous pas débarrassé de ton fardeau qui pesait sur ton dos ? N'avons-nous pas exalté ta renommée ? Le bonheur est proche du malheur. Oui, le bonheur est proche du malheur. Lorsque tu es libéré de tes occupations, lève-toi pour prier et recherche ton Seigneur avec ferveur. »*

On ne récite cette sourate que lorsque le désespoir étreint le cœur et qu'il n'y a aucune issue en perspective. Je crois que grand-mère espérait qu'Allah l'aide dans cette situation difficile. Elle aimait ses petits-enfants. Mais elle redoutait de les prendre chez elle.

« Et si mon beau-fils sort de prison ? Il va tous nous tuer », a-t-elle chuchoté à son fils, *khali* Ibrahim, et à sa femme Fatima.

« Il est jugé et incarcéré, a dit oncle Ibrahim. Allah soit loué. »

« Je ne sais pas, a répliqué grand-mère. Je n'ai pas un bon pressentiment. »

Mais Jamila l'a suppliée : « S'il te plaît, grand-mère, garde Asia et Ouafa chez toi. Nous ne sommes pas bien à Agadir. Ici, elles seront en sécurité. »

Jamila est parvenue à convaincre tante Khadija de se charger d'Asia et d'Ouafa. Tante Khadija vivait avec son mari Mohammed à Igraar, le village voisin. Beaucoup plus âgé que notre tante, Mohammed était quelqu'un de très affectueux. Le couple n'avait pas d'enfants.

Jamila est revenue seule à Agadir. Nos deux sœurs sont restées chez tante Khadija jusqu'à l'âge adulte.

Notre famille était séparée pour de nombreuses années. C'est pourquoi je n'ai pas grandi avec Ouafa et Asia. Quand j'ai compris que je n'étais pas près de les revoir dans notre maison d'Agadir, j'ai pris conscience que notre famille n'existait plus. Notre mère morte, notre père en prison, mes petites sœurs à la campagne. Pour moi, cette découverte a été un choc.

J'étais triste de me sentir seule à présent. Et j'enviais la chance offerte à Asia et Ouafa. Elles vivaient dans la famille de ma mère. Dans la maison en pisé de ma tante, elles avaient une chambre et une armoire à elles. Chacune possédait sa propre vache. Moi, je n'avais qu'un carton dans lequel je conservais un tee-shirt et un pantalon. Et, parfois, mes cousines démolissaient le carton et jetaient mon tee-shirt par terre.

Je ne possédais plus rien. Même mes sous-vêtements ne m'appartenaient pas. Quand je venais de les laver, mes cousines les volaient sur le fil. J'avais pris l'habitude de rester assise devant les petites culottes jusqu'à ce qu'elles soient sèches et que je puisse les remettre.

L'intimité n'existait pas dans la maison de mon oncle. Mon identité se dissolvait. Qui était avec moi? Qui était contre moi? À qui pouvais-je faire confiance?

Jamais je ne me suis sentie aussi déracinée qu'à cette époque, même après la disparition de ma mère.

J'essayais d'oublier sa mort. Je n'avais pas l'occasion de la pleurer. Ma nouvelle vie était trop dure. Je m'employais à ne pas sombrer. Dans la rue, je me montrais rusée et solide. Je ne voulais pas de pitié, mais du respect. Toutefois la perte de mes sœurs, et donc de ma famille, était une blessure profonde et douloureuse.

Oncle Hassan nous a emmenés, Rabiaa, Jaber et moi, chez ses amis, à Dscheira, une banlieue d'Agadir. La famille El-Amim comptait sept personnes. Le père était décédé. Il ne restait que son portrait, une photographie impressionnante en noir et blanc accrochée dans la salle de séjour. Désormais, ses deux veuves, *khalti* Neshma et *khalti* H'djia, s'occupaient de la maison et de leurs cinq enfants adultes qui vivaient toujours à leurs côtés.

Khadija, l'une des filles, était une personne très singulière, très grosse et toujours insatisfaite. Lors des repas en commun, elle n'avalait presque rien. Mais quand elle était seule, elle engloutissait des kilos de pain. Le soir, on la voyait parfois dans la cour intérieure faire tourner ses rondeurs dans une étrange combinaison de plastique. Elle ressemblait à un astronaute.

« Qu'est-ce que tu fais ? » demandais-je.

« Je maigris. »

« En costume de cosmonaute ? »

« Ce n'est pas un costume de cosmonaute, mais une combinaison amaigrissante. Elle vient de France. Quand on la porte, on transpire beaucoup et on devient mince comme une Française. »

« Ah. »

« Tu verras bien ! » s'écriait Khadija.

Mais elle s'adressait moins à moi qu'à son frère Hassan qui ricanait, adossé au mur de la maison.

Hassan avait une énorme barbe et possédait une superbe calèche avec deux chevaux, qu'il louait. Avec Hassan, on riait beaucoup. Chaque soir, il mangeait des œufs au plat, et donc était sujet à de fortes flatulences. Pour cette raison, c'était lui qui mettait le plus de temps à prier. Si on laisse échapper un vent pendant la prière, il faut tout reprendre du début. Avec les prosternements et les génuflexions constants qui, dans l'islam, font partie de la prière, Hassan ne parvenait que rarement à se contenir.

Zahra était la personne la plus aimante que j'aie rencontrée après la mort de ma mère. Elle était couturière de métier et me cousait de jolies petites robes espagnoles avec les restes de tissus que les clients lui apportaient. Quand Zahra avait quelque chose à régler, elle m'emmenait avec elle.

Abdu travaillait comme mécanicien automobile. Quand il rentrait le soir à la maison, il se douchait, se changeait, ne disait pas un mot et disparaissait à nouveau. Je crois que je n'ai jamais parlé avec lui.

Amina était la cadette, elle venait juste de passer son baccalauréat à l'époque. Nous la trouvions très intelligente et gâtée. Elle avait le visage couvert de mignonnes taches de rousseur et des cheveux roux coupés court. Je ne sais toujours pas aujourd'hui si elle était la fille de tante Neshma ou de tante H'djia. Comme Amina était intelligente, elle avait sa propre chambre et des coussins avec des petits cœurs rouges cousus par Zahra. Il ne fallait pas la déranger quand la porte était fermée. Amina était en train d'étudier pour devenir encore plus intelligente.

T'hami, l'un des fils, vivait en France. À chacune de ses visites, il rapportait de l'étranger des milliers de choses merveilleuses. Par exemple, de gigantesques animaux en peluche. Un chien et un tigre étaient si beaux qu'ils occupaient une place d'honneur dans la salle de séjour ; je n'ai jamais eu le droit de les toucher.

« Sinon le tigre va s'abîmer », disait *khalti* H'djia.

Ce que T'hami ne pouvait pas ramener de France, il l'achetait ici pour sa famille. Une fois, au milieu du Ramadan, il a fait l'acquisition d'un réfrigérateur. À peine l'appareil était-il dans la maison que j'ai vu T'hami en sortir une bouteille d'eau, la porter à ses lèvres et boire avant de la remettre dans le nouveau réfrigérateur. En pleine journée ! Pendant le mois de jeûne du Ramadan !

J'étais choquée et fascinée à la fois. Chez nous, personne n'aurait jamais osé boire quoi que ce soit pendant le Ramadan avant le coucher du soleil. Mais pour T'hami, je considérais cela comme naturel : il vivait en Europe.

Je trouvais l'Europe sensationnelle, puisqu'on pouvait y boire de l'eau quand on le désirait. T'hami me paraissait d'ailleurs beaucoup plus gai que les gens qui vivaient au Maroc. Parfois, il riait de choses qui étaient chez nous *h'chouma*, péché. En Europe, il existait beaucoup moins de péchés et d'interdits qu'ici. J'avais envie de demander à T'hami s'il pouvait m'emmener dans cet autre monde, où tout semblait être si simple et si drôle. Mais je n'ai pas osé lui poser la question.

Une fois, T'hami a commis une énorme *h'chouma*. Il a pris un billet et plié l'effigie de notre roi jusqu'à ce que son oreille ressemble à un lapin. Tout d'abord, j'ai retenu mon souffle d'épouvante. Notre roi ! Hassan II ! Avec un lapin en guise d'oreille ! C'était un sacrilège incroyable. Jamais je me serais risquée à faire ce genre de chose.

Mais T'hami n'a fait que rire de son tour, comme s'il s'agissait d'une blague formidable. Pour l'avoir bien observé, j'avais retenu comment faire. Et, plus tard, je suis allée à la boutique du coin avec un billet, j'ai dit au propriétaire : « *Sidi*, je connais un tour génial. Vous voulez le voir ? »

J'ai pris le billet et l'ai plié jusqu'à ce que l'oreille du roi ait la forme d'un lapin. Je croyais que cela ferait rire le commerçant. Mais l'homme n'a pas du tout ri et m'a regardée avec indignation.

Une seconde plus tard, j'ai compris pourquoi. Une main m'a saisie au collet. Ma jolie robe espagnole a remonté, je pouvais à peine respirer. Je me suis retournée. Et j'ai vu devant moi un gigantesque soldat en uniforme.

Il avait l'air très sérieux. « Fillette, a-t-il dit, tu veux te moquer de mon *sidi* ? »

« Non, je voulais juste montrer le truc génial que je connais. Regarde, le *sidi* a une oreille qui ressemble à un lapin. »

Je n'aurais pas dû dire cela. Le soldat a tout à coup semblé si fâché que, de peur, j'ai fait dans ma culotte.

« Disparais », a crié le soldat quand il s'en est aperçu, « avant que je change d'avis, petite maligne ! »

J'ai couru à la maison aussi vite que je le pouvais. Sans commissions, le roi lapin froissé dans mon poing. Une fois rentrée, j'ai lissé le billet. Depuis, je n'ai plus jamais transformé le roi en lapin.

Trois semaines après notre arrivée, oncle Hassan se présentait à la porte de la famille El-Amim.

« Les funérailles sont terminées, a-t-il dit. Je viens chercher mes nièces et mon neveu. »

Mais la famille El-Amim s'était attachée à moi.

« S'il te plaît, Hassan, a dit tante Neshma, laisse la petite Ouarda chez nous. Elle se sent bien ici. Et pour vous, c'est un soulagement. »

Oncle Hassan n'a pas discuté longtemps. Il a mis Rabiaa et Jaber dans sa Renault rouillée et est parti.

Je pleurais. Mais pas beaucoup. Tante Neshma était bien plus gentille que tante Zaina.

Pour moi, ç'a été le début d'une période heureuse. Ma nouvelle famille allait bien, elle avait suffisamment d'argent pour surmonter le quotidien et me nourrir tous les jours à ma faim. L'atmosphère chaleureuse me procurait un sentiment de sécurité. Je n'avais encore jamais connu cela : une famille où il n'y a pas de coups et où l'on se dispute à peine. En plus, les toilettes étaient très propres, personne n'essuyait ses mains sales sur les murs.

Seul problème, il n'y avait pas d'eau courante dans ce quartier de la ville. Ma nouvelle famille allait chercher l'eau à la fontaine. Mais j'étais chargée de ramener l'eau potable. La famille El-Amim avait des amis dans le quartier voisin, alimenté en eau. Tous les matins, je m'y rendais avec deux jerricanes en plastique de cinq litres, je remplissais les récipients et les portais péniblement. C'est peut-être la raison pour laquelle j'ai les bras plus longs que les jambes. La forme des jerricanes ne permettait pas qu'on les tienne en équilibre sur la tête, comme cela se pratique au Maroc pour le transport de charges lourdes.

Quand de grandes festivités se préparaient, Hassan attelait ses chevaux à la calèche et allait chercher de l'eau dans de grands baquets. Je courais derrière lui et les chevaux.

« S'il te plaît, Hassan, emmène-moi. »

Mais Hassan ne voulait pas de passager sur le siège du cocher. Il faisait claquer son fouet en riant dans son visage barbu, et disparaissait dans un nuage de poussière.

Quelquefois, pourtant, j'avais le droit de grimper à côté de lui. Fière et radieuse, je me retrouvais au-dessus des piétons, plus rapide que tous les passants.

J'aimais bien être assise à côté de Hassan sur le siège du cocher. Mais j'aimais aussi le voir partir en riant. C'était dans l'ordre des choses : les hommes conduisent des calèches, les enfants courent derrière. J'étais ravie de pouvoir être une enfant dans cette famille heureuse.

C'est à cette époque que j'ai perdu mes premières dents de lait. Ou plutôt, je ne les ai pas vraiment perdues, car elles étaient encore solidement plantées dans la mâchoire inférieure, mais, derrière elles, les autres dents perçaient déjà. Un jour, je me suis retrouvée avec quatre incisives sur deux rangées. Les enfants de notre rue trouvaient cela excitant, ils voulaient tous voir ma denture de crocodile. Mais je ne la montrais qu'à mes meilleurs amis, derrière la maison. Pour les autres, je serrais fermement les lèvres.

« S'il te plaît, suppliaient-ils, je peux regarder ? »

Je savourais mon pouvoir. « *La*, sifflais-je à travers mes lèvres fermées, je te ferai voir seulement si tu me donnes un bonbon. »

Il s'est ainsi trouvé que j'avais plus de dents que tous les autres enfants… et aussi plus de bonbons.

La famille El-Amim s'inquiétait : les dents de lait ne semblaient toujours pas prêtes à tomber. On m'a conduite chez une voisine qui avait tellement d'enfants que, dans notre rue, on la considérait comme une experte en problèmes infantiles.

La voisine n'a pas hésité, elle a pris une pince et m'a arraché les deux dents de lait. Après cela, j'ai été dans l'incapacité de manger des bonbons pendant plusieurs jours, et, des mois durant, il m'a fallu pousser toute la journée les nouvelles dents avec la langue pour qu'elles ne soient pas de travers.

« Vous voulez voir comment je fais avancer mes nouvelles dents avec ma langue ? ai-je demandé aux enfants de la rue. Donnez-moi un bonbon et je vous le montrerai. »

Mais le truc de la langue n'intéressait personne.

Dscheira est un quartier traditionnel. C'est là que j'ai été confrontée pour la première fois aux coutumes anciennes de mon peuple.

Lors de la grande fête annuelle du sacrifice, Aïd el-Kebir, qui dure de trois à quatre jours, les gens commémorent la disposition d'Abraham à sacrifier son fils à Dieu. Chaque famille qui peut se le permettre abat un mouton et en donne aux nécessiteux. Les autres tuent au moins un coq.

Les hommes de Dscheira qui pouvaient s'offrir un mouton s'enveloppaient dans la peau fraîchement retirée des animaux sacrificiels, mettaient un masque de mouton, prenaient les pattes coupées dans la main et rendaient les rues peu rassurantes. Ils étaient censés porter chance quand ils touchaient quelqu'un avec les sabots. Mais j'avais peur de ces hommes. Je m'enfuyais en criant. Par la suite, cette réaction s'est avérée judicieuse.

Jalila, la bonne de nos voisins, s'était fait surprendre et fait posséder par un djinn, l'un de nos esprits douteux.

Je me suis rendue furtivement dans la maison de la victime, car Jalila m'avait appelée. La bonne s'est assise avec moi sur le divan et m'a raconté comment les hommes en peau de mouton l'avaient touchée.

Une histoire exaltante. Elle s'était enfuie et avait presque réussi à échapper aux hommes-moutons quand elle avait trébuché sur une plaque d'égout. Personne ne marche volontairement sur une plaque d'égout, parce que les djinns vivent au-dessous. Normalement, tous les Marocains font un large détour pour les éviter. Mais, dans sa fuite, Jalila n'y avait pas pensé. Elle s'était retrouvée par terre, au-dessus des tuyaux gargouillants et puants des canalisations. À la merci de la zone d'influence des djinns et des hommes-moutons.

Les yeux écarquillés d'effroi, elle avait vu les pattes ensanglantées s'approcher d'elle et lui toucher le corps. Jalila s'était faite toute petite et avait fermé les yeux. Quand elle les avait rouverts, les hommes avaient disparu, Jalila était étendue seule dans la saleté de la rue.

L'histoire était inquiétante, et les djinns me donnaient la chair de poule. À Dscheira, les rumeurs disaient que l'on pouvait voir et entendre le djinn dont Jalila était possédée. Jusqu'à présent, je n'avais rien remarqué.

Puis, Jalila s'est mise à crier d'une voix que je n'avais jamais entendue ; si forte, si aiguë et si étrange qu'elle ne semblait pas humaine.

« Maintenant, le djinn sort par ma bouche, tu le vois ? » a-t-elle dit d'une voix grinçante.

Je ne voyais rien et, paralysée par l'épouvante, je ne pouvais parler.

« Il s'enfonce dans mon ventre. Aïïïe ! Au secours ! »

Puis elle s'est évanouie. Toute la famille s'est précipitée dans la pièce. Je me suis en allée et, à partir de ce jour, pendant plusieurs mois, je n'osais plus rester dans la rue après la tombée de la nuit. Chacun sait que c'est surtout la nuit que les djinns hantent les lieux.

À l'occasion d'une autre fête traditionnelle, ma nouvelle famille s'est rendue dans le souk de Dscheira. Les hommes battaient des tambours. Le marché était recouvert d'une chape sonore qui m'a donné le vertige. La musique ne s'arrêtait pas, et se faisait de plus en plus rapide. Les hommes dansaient en battant la semelle. Finalement, ils ont brisé des bouteilles de verre sur le sol et marché dessus pieds nus. Je retenais mon souffle de frayeur. Ma petite taille m'autorisait à m'asseoir au premier rang et je pouvais observer leurs pieds de près : pas de traces de sang ni de blessures.

Puis les hommes ont pris des broches en métal, sur lesquelles les cuisiniers enfilent des morceaux de viande pour les faire griller sur des barbecues. Mais eux ne faisaient pas de brochettes, ils s'enfonçaient profondément les broches dans la peau du dos et de la poitrine.

Je me suis cachée derrière la grosse Khadija, qui engloutissait toujours autant de pain. J'ai tout de même vu les hommes ramasser les éclats de verre avec leurs mains et s'en frotter le visage. Certains même les avalaient.

« Qui sont ces hommes ? » ai-je murmuré.

« Ce sont des *issaua*, des hommes saints », a dit Khadija.

« Pourquoi ne leur arrive-t-il rien quand ils mangent du verre ? »

« Parce que ce sont des saints, gros bêta. Ils ne sentent pas la douleur. Allah les protège. »

J'étais fascinée et inquiète à la fois. Les autres spectateurs ne semblaient pas tous savoir qu'Allah protège les *issaua*. Beaucoup poussaient des cris d'horreur. Quelques-uns s'exclamaient : « Au nom d'Allah, sauve-nous ! »

Derrière le dos de Khadija, je me trouvais en sécurité. Je sentais l'énergie qui émanait de ces rituels ancestraux, mais je savais qu'ils ne pouvaient pas atteindre mon âme tant qu'il y aurait des personnes pour me protéger.

Cette nuit-là, mon sommeil a été agité. En rêve, je voyais des hommes qui se torturaient avec du verre, du feu et des broches de métal pointues. Les objets pénétraient profondément dans leur corps, mais sans faire couler de sang. Quand je les fixais, je m'apercevais que ce n'étaient pas des hommes, mais des djinns, des créatures puissantes, qui apparaissaient brusquement et s'évanouissaient à nouveau. L'un des djinns ressemblait à mon père. Mais quand j'ai voulu l'observer de plus près, ce n'était que l'oncle Hassan.

J'étais contente de me réveiller. À pas de loup, j'ai rejoint Zahra, me suis glissée sous sa couverture et serrée étroitement contre son corps chaud. Quand on a un corps chaud contre lequel se blottir, on n'a plus peur des créatures infernales.

La famille El-Amim ne me trouvait pas seulement gentille, mais également très futée. Une expérience nouvelle pour moi : non seulement des personnes m'appréciaient, mais me jugeaient aussi capable de quelque chose. Khadija, qui n'avait pas encore de mari, possédait un petit livre avec des images d'animaux dont les noms étaient inscrits au-dessous en écriture arabe. Tous les jours, après la corvée d'eau, Khadija s'asseyait près de moi, ouvrait le livre et essayait de m'apprendre les lettres. Naturellement, je connaissais la plupart des animaux du livre : moutons, chevaux, oiseaux, chameaux, ânes. Je disais leurs noms en faisant semblant de suivre du doigt les caractères arabes de la droite vers la gauche.

Khadija ne s'apercevait pas que je ne lisais pas et ne faisais que regarder les images.

« Venez tous, s'était-elle écriée fièrement. Je vais vous montrer quelque chose. »

« Quoi donc ? » avait demandé *khalti* Neshma.

« J'ai appris à lire à Ouarda ! Ce n'était pas simple, mais maintenant elle sait. »

Toute la famille avait accouru. Des visages impatients nous avaient entourées.

« Lis-leur, avait chuchoté Khadija. Ne t'inquiète pas, tu peux le faire. »

Si Khadija savait ! Je me promettais de ne pas la décevoir.

« Mouton », c'était facile.

« Chameau », pas de problème.

« Vache », tout de suite reconnue.

« Singe », trop facile.

Khadija arborait un sourire satisfait. La famille était ébahie.

Mais était alors venu le tour d'un étrange animal marron, avec un motif sur le poil et un très long cou sur lequel était plantée une tête bizarrement petite. Khadija m'avait déjà dit comment il s'appelait. Mais je n'arrivais plus à m'en souvenir.

Pour gagner du temps, j'ai plissé le front, humidifié mon doigt pour suivre les caractères inconnus au-dessous de l'image. J'ai fait cela une fois, mais le nom de cette fichue bête ne me revenait pas. Encore une fois. Puis une troisième. Le public commençait à s'impatienter. Il fallait que je dise quelque chose.

« Chèvre », ai-je déclaré.

La famille s'est tue. Khadija s'est tue.

« Chèvre », ai-je répété à voix basse.

La famille gardait le silence. Finalement, Hassan a éclaté de rire dans sa barbe. Puis Amina et Zahra l'ont imité, et, bientôt, toute la famille El-Amim riait. Seules Khadija et moi ne riions pas.

« C'est une girafe, a fait Khadija. Tu ne sais pas lire les lettres. Tu m'as roulée. »

Elle a été vexée pendant quelques jours. Puis on m'a inscrite à l'école.

J'ai reçu un cartable fabriqué tout exprès par le cordonnier, des cahiers, des crayons de bois, des crayons de couleur et un tablier blanc. J'avais en plus de magnifiques sandales blanches.

Le premier jour d'école, à l'aube, Zahra m'a frottée, a vérifié si mes dents étaient bien lavées, a enduit mes longs cheveux noirs d'huile d'olive et m'a tressé deux grosses nattes. Je me trouvais très belle.

Zahra m'a conduite à l'école. Malheureusement, sur le chemin, mes sandales blanches se sont salies. J'ai craché dessus pour les nettoyer. Mais, si mes chaussures étaient de nouveau impeccables, mon index était tout sale.

Notre instituteur était jeune et vêtu à la mode. Il portait des jeans et une veste avec des pièces de cuir aux coudes. Dans la classe, je me suis assise sur un banc, dans la rangée du milieu. Une fille s'est installée à côté de moi. Je ne me souviens plus d'elle. La table et le banc étaient vissés. Quand on déplaçait le banc, tout bougeait. La table était percée d'un trou dont je me demandais à quoi il pouvait bien servir.

Le lendemain, j'ai appris que le trou servait d'encrier. Quand nous remplissions nos porte-plume, cela faisait des cochonneries. Il fallait ensuite nettoyer la table et nos mains avec du Klorix.

Je n'étais pas une bonne élève. L'instituteur était très rude avec moi. Je présume qu'il était agacé par mon habitude de lever le doigt et de l'agiter dans tous les sens à chacune de ses questions, même quand je ne connaissais pas la réponse. J'espérais qu'il ne m'interrogerait pas si je donnais l'impression d'avoir compris. J'avais peur de prendre des coups de règle si je disais quelque chose de faux. Tous les enfants recevaient des coups quand ils se trompaient. Nous avions connu cela à l'école coranique.

Il semble que ma stratégie n'ait pas bien fonctionné. Je me faisais toujours remarquer pour m'être manifestée alors que je n'avais aucune idée de la bonne réponse. La plupart du temps, j'étais même tellement nerveuse que j'avais oublié la question.

Un jour, l'instituteur a dû en avoir assez de moi. Il m'a demandé : « Qui est chargé de ton éducation chez toi ? »

« Chargé de mon éducation ? » Je ne savais pas ce que cela voulait dire.

« Qui s'occupe de toi ? »

« Tout le monde, ai-je fièrement répondu. Khadija m'a appris à lire. Zahra coud mes vêtements. T'hami a des animaux en peluche énormes, mais je n'ai pas le droit de les prendre. Quelquefois, je monte même avec Hassan dans la calèche... »

« Ça m'est égal, m'interrompit sévèrement l'instituteur. Je veux parler à tes parents. Il n'est pas certain que tu passes dans la classe supérieure. »

J'ai baissé la tête. J'ai murmuré, d'une voix à peine audible : « *Ye*, oui, mon maître, je le transmettrai. »

Après la classe, je suis rentrée à la maison en courant et me suis mise à pleurer ; je ne voulais plus jamais aller à l'école.

« Qu'est-ce qu'il t'arrive, ma petite ? » a demandé Zahra, qui était devenue l'une de mes plus proches confidentes.

Je sanglotais.

« Tu ne veux pas me le dire ? »

J'ai secoué la tête.

Zahra m'a prise dans ses bras et m'a attirée contre sa poitrine jusqu'à ce que mes larmes se tarissent.

« Tu vois, a-t-elle dit, ça va déjà mieux. Maintenant, si tu dis ce qui te tracasse, je te donnerai un bonbon. »

J'ai reniflé. « De quelle sorte ? »

« Tu pourras choisir. »

« Le maître veut parler à mes parents. Mais je n'en ai plus. »

Je me suis remise à pleurer. Zahra me caressait les cheveux. J'espérais tellement qu'elle allait dire : « Ma petite. Je suis ta maman. Je te protégerai toujours. »

Je me suis même arrêtée un instant de sangloter pour ne pas laisser échapper cette phrase vitale. Mais je n'ai rien entendu. J'ai seulement senti qu'elle pleurait, elle aussi.

Une fois calmée, elle a déclaré : « Je vais m'en occuper. »

C'était mieux que rien.

« Je vais te donner une lettre pour le maître », dit-elle.

Elle s'est assise à une table et a écrit en très beaux caractères arabes une lettre merveilleuse que je ne pouvais pas lire puisque j'étais une mauvaise élève. Elle a glissé la lettre dans une magnifique enveloppe de papier fin, a humecté la colle avec sa langue et a rangé le tout dans mon cartable.

Le lendemain, j'ai donné la lettre au professeur. Il était assis à son pupitre à côté du tableau et m'a fait signe d'aller à ma place. Il a ouvert la lettre, a lu quelques phrases, m'a regardée, a continué à lire, puis a de nouveau levé les yeux sur moi.

Il n'a rien dit. Mais, à partir de ce jour, il m'a traitée comme une princesse. Je ne sais toujours pas aujourd'hui ce qu'il y avait dans la lettre, mais je sais que, grâce à cet instituteur, l'école a commencé à me plaire. À la fin de l'année, j'étais devenue l'une des meilleures élèves.

Pour le deuxième Ramadan à Dscheira, en tant qu'écolière, je me sentais prête à jeûner avec les autres. Tous les membres de la famille El-Amim étaient adultes et se conformaient aux règles de jeûne du Coran. Pendant le mois de Ramadan, on ne doit rien absorber entre le lever et le coucher du soleil, pas de nourriture, pas de chewing-gum, pas de cigarette, même pas une gorgée d'eau.

Avant son mariage, mon père était un bon vivant, il s'intéressait à la politique et participait à des cercles de discussion dans les cafés.

Ma mère à l'âge de dix-sept ans, après son mariage avec mon père.

Jamila sur le dos de Rabiaa, à gauche, Mouna-Rachida. Notre père n'avait pas seulement décoré les murs, mais aussi les meubles, avec des photos et des coupures de journaux.

Rabiaa, Mouna-Rachida, Jamila. Ma mère tient dans ses bras Jaber, bébé.

Mon lieu de naissance, la maison en pisé de ma grand-mère à E-Dirh.

La première photo de moi dans les bras de ma mère. À côté de nous, Rabiaa, Jamila, Mouna-Rachida et Jaber.

Avec ma mère (à gauche) et Jaber (à droite) devant le mur de photos de mon père.

Mon père, avec sa pipe, me tient sur ses genoux. Derrière, on voit la feuille magique du poste de télévision.

Ma mère me tient dans ses bras, et Jamila regarde.

Promenade dans le parc municipal. De gauche à droite : Jamila, ma mère me tenant sur ses genoux, Rabiaa, Mouna-Rachida et Jaber. Ma mère ne sortait jamais de la maison sans voile.

Notre père commence à se droguer, cela se remarque à ses yeux. Il a de moins en moins de cheveux et est devenu rondouillet.

Cette photo avait été prise pour mon père qui était en prison. On m'y voit avec les cheveux longs. C'était donc avant d'être assaillie par les poux. Près de moi, ma sœur Rabiaa et mon frère Jaber. J'avais « emprunté » le serre-tête et le tee-shirt à ma cousine Fatima, ce qui a créé des problèmes par la suite.

Des cheveux courts à cause des poux! J'ai onze ans et j'entre en sixième.

La Saint-Sylvestre dans notre famille chaotique. Le cousin Ali était tellement sous l'emprise de la drogue qu'il était resté en pyjama. De gauche à droite : Mouna-Rachida, le cousin Mustafa, Jaber en polo, tante Zaina, la cousine Hafida, Ali, Jamila, je cache Rabiaa. Il y avait des oranges, un plaisir rare.

Après avoir été malade du typhus, Rabiaa est toute fluette (à droite sur le canapé, à côté du cousin Mustafa, d'un ami et de la cousine Fatima). Jaber et moi (assis par terre) sommes également amaigris.

Peu à peu, je deviens femme, mais je n'ai que quatorze ans. Coquette, je suis allongée dans le parc au bord de la mer.

Mon premier emploi dans la restauration. J'avais dix-sept ans et travaillais à l'Eis-Pop où je préparais des gaufres. J'en porte encore aujourd'hui des marques de brûlures sur les bras. Le local sur la plage d'Agadir appartenait à un couple d'Allemands.

Avec des collègues au Golden Gate.

Ma cousine Habiba (à gauche) et moi.

Fête de famille avec, de droite à gauche, la cousine Fatima, tante Zaina, oncle Hassan et moi.

Ma sœur Rabiaa.

Visite dans ma localité de naissance. Ma sœur Asia tient mon fils Samuel dans ses bras; à ma droite, ma «petite» sœur Ouafa. Toutes les deux portent nettement mieux que moi le foulard.

Ce n'est qu'au coucher du soleil que le jeûne peut être rompu. Sur le minaret de la mosquée, le muezzin déclenche une sirène qui hurle pendant plusieurs minutes. Quand j'étais enfant, j'essayais toujours de hurler sur le même ton, mais je n'avais pas assez de souffle. En un éclair, les rues se vident. Tout le monde se précipite à la maison. Enfin le repas !

D'abord, on sert la *harira,* une soupe nourrissante composée de lentilles, de pois chiches, de viande et de riz. En accompagnement, on apporte des dattes mûres et de la *sh'bakia,* une pâtisserie sucrée au miel. Celui qui n'est pas rassasié reçoit du *m'semmen,* une sorte de galette très fine ou une crêpe avec du yaourt nature. En même temps, on boit du café au lait ou le traditionnel thé marocain à la menthe, bon pour le corps et l'esprit.

L'appel du muezzin résonne longtemps avant le lever du soleil depuis le minaret :

« Allahu akbar, Allah est grand, il n'est pas de dieu en dehors de lui, Mahomet est son prophète, venez à la prière. C'est mieux que de dormir. Allahu Akbar. »

Alors, tous les adultes se lèvent, prennent le petit déjeuner et prient. Ce repas porte le nom de *sohor* et se compose des restes du dîner de la veille.

Les enfants ne participent au Ramadan que lorsque les poils pubères commencent à pousser. Jusque-là, ils sont exemptés du jeûne.

Mais je ne voulais en aucun cas attendre aussi longtemps. Je trouvais le Ramadan très excitant, car la Nuit du Décret *(al-quadr)* était proche. C'est dans la nuit du 26 au 27 du mois de Ramadan qu'Allah a envoyé à Mahomet sa révélation. Les gens vont à la mosquée et récitent la sourate 97, *Al-Qadr*, « Le décret » : *« Au nom de Dieu : celui qui fait miséricorde, le Miséricordieux. Oui, nous l'avons fait descendre durant la Nuit du Décret. Comment pourrais-tu savoir ce qu'est la Nuit du Décret ? La Nuit du Décret est meilleure que mille mois ! Les Anges et l'Esprit descendent durant cette Nuit, avec la permission de leur Seigneur, pour régler toute chose. Elle est Paix et Salut jusqu'au lever de l'aurore ! »*

Prier pendant la Nuit du Décret vaut mille fois plus qu'une prière récitée les autres jours.

« S'il te plaît, ai-je demandé à Zahra. Est-ce que je peux aussi jeûner demain ? »

Zahra me conduisait au lit. « Tu es trop petite, petite fleur. »

« Mais je ne suis plus du tout petite ! »

Je me suis lamentée jusqu'à ce que Zahra, énervée, finisse par dire : « Je te réveillerai demain matin quand le muezzin fera l'appel. »

Le lendemain matin, évidemment, personne n'est venu me réveiller. Je me suis réveillée toute seule. Il faisait sombre dans la chambre, le muezzin appelait, mais personne ne m'appelait moi. J'étais tellement déçue que j'ai tiré la couverture par-dessus ma tête et me suis mise à pleurer si fort que Zahra a fait irruption dans ma chambre.

« Que se passe-t-il donc, petite fleur ? » a-t-elle demandé, effrayée.

« Tu ne m'as pas réveillée », ai-je sangloté.

« Mais tu es réveillée ! »

« Seulement parce que je me suis réveillée toute seule. Ça ne compte pas. »

« Allez, ne fais pas tant d'histoires, a dit Zahra. J'allais justement venir te chercher. Le *sohor* est prêt. »

Je me suis levée. La lumière électrique était allumée dans la cuisine. Des plats de nourriture fumante étaient disposés sur la table. Il était environ quatre heures du matin. Je me sentais très grande et très importante.

Finalement, on a à nouveau entendu le muezzin : il signalait que le temps de prière allait prendre fin. Très vite, les adultes se sont tournés encore une fois vers La Mecque et ont murmuré leurs sourates rituelles. Puis tout le monde est retourné se coucher.

Je n'ai rien mangé avant d'aller à l'école. Je n'ai rien mangé en rentrant, et la famille El-Amim commençait déjà à se faire du souci pour moi. Encore affaiblie par la période de disette qui avait suivi la mort de ma mère, j'étais maigre comme un clou.

« Mon enfant, il faut que tu manges quelque chose, a dit *khalti* Neshma. Regarde, j'ai même du gâteau pour toi. »

« Non, je jeûne », ai-je répondu.

L'après-midi, en jouant dans la rue, je me suis sentie mal. C'était comme si quelqu'un avait éteint la lumière du soleil et rempli mon corps de gelée à la place des os et des muscles. Peut-être était-ce dû au fait que je venais d'apercevoir mes cousins d'Agadir au coin de la rue. Est-ce qu'ils venaient me chercher ?

J'ai fait semblant de ne pas les voir, ce qui n'a pas été difficile car tout devenait de plus en plus sombre autour de moi. Les cousins m'ont saluée.

J'ai répondu d'une voix atone : « Salut. »

Je ne pouvais pas en dire plus.

Les cousins ont disparu dans la maison de ma nouvelle famille, et j'imaginais tante Neshma, Zahra et la grosse Khadija en train de leur préparer les mets les plus délicieux. L'eau me montait à la bouche. Mon estomac s'est mis à grouiller. Mes jambes flageolantes ont commencé à se mettre en mouvement comme d'elles-mêmes.

Tout à coup, je me trouvai aussi à table en train de manger avec mes cousins. La lumière revint, la gelée disparut de mon corps et je me sentis très forte.

« Mais j'ai jeûné, ai-je dit. Jusqu'à maintenant. Alors que je suis encore petite. »

Exceptionnellement, mes cousins n'ont pas dit un mot.

La maison du don

Les cousins sont repartis sans moi. Ils étaient simplement venus voir des amis du voisinage et avaient souhaité me rendre visite à cette occasion.

J'étais à la fois soulagée et déçue. Soulagée de ne pas retourner chez l'oncle Hassan et la tante Zaina, où je me sentais rejetée. Déçue, car mes sœurs me manquaient. Naturellement, c'était bien d'être aimée. Mais j'étais aimée par des étrangers, pas par ma propre famille.

C'est précisément le jour de mon triomphe de la Nuit du Décret, quand j'ai pu prendre avec les autres le petit déjeuner du jeûne avant le lever du soleil, qu'il m'est apparu que je ne faisais pas partie de la famille El-Amim. J'étais le seul enfant de la maison. Je n'arrivais pas à oublier les regards que tous m'avaient lancés quand, pour prouver mon obstination, je m'étais retrouvée avec eux pour le *sohor*. Ils m'observaient avec un intérêt affectueux, comme on examine un insecte étrange qui pénètre brusquement par la fenêtre dans la salle de séjour en bourdonnant.

Je n'étais pas comme eux, j'étais différente. Je venais du dehors. J'avais un destin qui touchait les cœurs de ma famille d'accueil. Mais c'était mon destin, pas le leur.

Au bout de dix-huit mois, oncle Hassan est venu me chercher avec sa nouvelle voiture. J'ai rassemblé mes quelques affaires, Zahra m'a enfilé une jolie robe de velours marron qu'elle avait cousue pour moi. Puis nous nous sommes dit au revoir. Je pressentais que je ne reviendrais jamais dans cette famille et je me doutais que la brève période de bonheur prenait fin.

Je me suis assise dans la voiture près de l'oncle Hassan et suis partie sans me retourner.

Au numéro 23 de la rue El Ghazoua, comme d'habitude, le chaos régnait. Les cousins et cousines se disputaient, tante Zaina m'a accueillie avec un air pincé. Je suis passée à côté d'elle en courant et me suis jetée dans les bras de Rabiaa. Jaber, Jamila et Mouna m'ont embrassée. Nos retrouvailles ont été fêtées de baisers et de larmes.

« C'est fini maintenant ! est intervenue tante Zaina. Nous devons partir. Enlevez-lui cette tenue chic et donnez-lui une vieille robe. »

« Mais pourquoi ? ai-je protesté. Zahra l'a cousue exprès pour moi. Elle est très belle. »

« Justement », a dit tante Zaina, sèchement.

Les cousines m'ont ôté ma robe de velours marron et m'ont fait enfiler une loque défraîchie et trouée. Je me suis débattue, sans succès.

Ensuite, toute la famille s'est mise en marche. Oncle Hassan et tante Zaina en tête, suivis de leurs huit enfants ; Hafida, la plus petite, sur la hanche de sa mère ; en fin de cortège, ma fratrie ; et moi, derrière.

Vingt minutes plus tard, notre petite caravane est arrivée à destination. Une propriété dans la zone industrielle de la rue Qued Ziz, à l'angle de l'avenue El Mouquaouama. Nous avons monté un escalier de métal menant à un bâtiment de deux étages. Au-dessus de la porte était accroché un panneau portant l'inscription *Dar al hadhana*, « Maison du Don ». Au-dessous figurait, en plus petites lettres, « Terre des Hommes ».

« Terre des Hommes ? ai-je demandé à Rabiaa à voix basse. Qu'est-ce que nous faisons ici ? »

« Ce sont des gens très gentils, a dit Rabiaa, ils nous aident. Ils nous donnent des vêtements neufs. »

« Je n'ai pas besoin de vêtements neufs. Zahra m'a cousu de belles affaires. »

« Chut ! a fait Rabiaa. Tu ne dois rien dire. Ils ont des vêtements formidables qui viennent d'Europe. »

Une étincelle s'est faite dans mon esprit. L'Europe : c'était bien là que se trouvait la France, d'où T'hami avait rapporté de belles choses, comme les peluches géantes. Je décidai de jouer le jeu.

Nous avons patienté avec les autres gens, arrivés avant nous, sur le banc de la salle d'attente. Un homme aux bras mutilés, portant des lunettes de soleil, nous a salués. Plus tard, on a appris qu'il s'appelait Abdullah et qu'il était le directeur de l'organisme. Derrière ses lunettes se cachaient des globes oculaires sans pupilles : Abdullah était aveugle.

J'étais très étonnée de voir des handicapés assumer un travail. Jusqu'alors, je ne les avais rencontrés que dans la rue, misérablement recroquevillés dans un coin pour mendier. Ou bien ils se déplaçaient sur une sorte de planche à roulettes le long des routes cahoteuses en s'élançant à l'aide des mains.

Cet homme handicapé de Terre des Hommes n'était nullement misérable. Il portait un jean et des baskets et avait l'air très sûr de lui. J'avais le sentiment de me trouver dans un autre monde et regardais bouche bée l'homme aux bras mutilés.

Jamila m'a donné un coup de coude dans les côtes.

« Ferme ta bouche », a-t-elle sifflé.

Je me suis exécutée.

Nous étions appelés l'un après l'autre. Une femme arrivait dans la salle d'attente, puis l'un des enfants disparaissait avec elle. Peu après, ils revenaient avec un sac en plastique.

La porte s'est ouverte à nouveau. « Ouarda ! » a appelé la femme en regardant autour d'elle.

« Ici », ai-je fait timidement.

« Viens, c'est à toi. »

Elle a placé une petite punaise sur la feuille de papier fixée à une planchette. Un geste qui me semblait très professionnel.

La femme m'a emmenée dans une pièce, à l'arrière du bâtiment. Une sorte d'entrepôt, où régnait une odeur de naphtaline. D'un regard avisé, elle a évalué ma taille. Puis elle a disparu entre les rayonnages.

Elle est revenue avec un tas de vêtements.

« Cela devrait t'aller », a-t-elle dit, et elle a rangé le tout dans un sac en plastique. « Je vais te mettre une paire de chaussures en plus. »

« Excusez-moi, ai-je demandé prudemment. Est-ce que tout ça est vraiment pour moi ? »

J'étais quasiment sûre que les gens de Terre des Hommes se moquaient de moi. Ils allaient récupérer le sac au moment où je voudrais l'emporter.

« Naturellement, a répondu la femme. Tout est pour toi. Ce sont des Européens qui ont donné ces vêtements. »

« Mais les gens d'Europe ne me connaissent pas. »

« Ça ne fait rien, nous, nous te connaissons maintenant. »

J'ai décidé de me taire. J'ai attrapé vivement le sac avec tous les magnifiques vêtements d'Europe et filé dans la salle d'attente avant que la gentille dame change d'avis.

Abondamment chargés, nous sommes rentrés à la maison. À partir de ce moment-là, nous avons fait deux ou trois fois par an une expédition chez Terre des Hommes. J'ai commencé à comprendre que cette étrange organisation était vitale pour nous. Oncle Hassan ne gagnait pas assez en tant que mécanicien pour subvenir aux besoins d'une famille de quinze personnes. Ses revenus suffisaient à peine à nous nourrir.

Pour le reste, nous dépendions des aumônes. À l'occasion, les commerçants et les boulangers nous glissaient de la nourriture. Bou Dirham, le gentil propriétaire de l'hôtel, continuait de nous donner tous les matins, à Jamila et moi, un dirham pour du beurre et de la confiture. De temps en temps, des voisins nous mettaient cinq dirhams dans la main. Mais, sans Terre des Hommes, nous n'aurions rien eu à nous mettre sur le dos, pas de chaussures, pas de manuels scolaires, pas de cahiers, pas de crayons.

J'aimais bien aller à Terre des Hommes. Pas seulement pour les beaux vêtements d'Europe, mais aussi pour l'atmosphère différente de celle que je connaissais.

Les collaborateurs semblaient savoir ce qu'ils faisaient. Les chefs étaient des handicapés. Les femmes pouvaient prendre les décisions elles-mêmes. Quand je me trouvais là, j'avais l'impression d'être en Europe. J'aimais cette sensation. J'aimais Terre des Hommes. J'aimais l'Europe.

Dans la Maison du Don, une section s'occupait des enfants gravement malades ou handicapés qui ne pouvaient être pris en charge par leur famille ou bien avaient été rejetés. Quand ma sœur aînée Mouna a terminé l'école, elle a reçu une formation d'infirmière chez Terre des Hommes et a été employée dans cette section.

La nuit, je passais souvent lui apporter à manger quand elle était de service. Mais je ne me sentais pas bien dans la section des malades. J'avais du mal à supporter tant de misère.

J'ai appris par Mouna qu'Agadir relevait de la compétence de l'antenne suisse de Terre des Hommes. Quelquefois, des gens venaient de Suisse, ils parlaient français avec un curieux accent et racontaient que leur pays était très petit mais rempli de très hautes montagnes.

« Aussi grandes que le Toubkal qui a toujours de la neige sur son sommet ? » demandais-je.

« Oui, aussi grandes que le Toubkal. Mais nous avons même de la neige dans les vallées. En hiver, il y a de la neige partout chez nous », répondaient les Suisses dans leur français bizarre.

Je pensais qu'ils se moquaient de moi, jusqu'à ce qu'ils me montrent des photos de sites complètement recouverts de neige. Même le toit des voitures, circulant dans des rues toutes blanches, en était couvert. J'étais très impressionnée.

La plupart du temps, je n'osais pas parler dans la rue avec les gens venus du petit pays enneigé. Je les trouvais trop agités. Je préférais discuter avec M. Abdullah, l'aveugle, qui demeurait calme et placide. J'avais parfois le sentiment qu'il m'observait, malgré sa cécité.

M. Abdullah est encore grimpé dans mon estime lorsqu'il a épousé l'infirmière-chef de la section et est devenu père. Jamais je n'aurais cru que des personnes handicapées puissent réussir si bien leur vie.

Grâce à Terre des Hommes, mon image du monde s'est modifiée. Je me suis aperçue que l'on pouvait vivre tout à fait autrement que nous, au Maroc. Apparemment, les étrangers étaient bien plus libres. Les femmes pouvaient faire la même chose que les hommes. Les handicapés pouvaient avoir des enfants. C'était pour moi un nouvel univers fascinant.

Entre-temps, oncle Hassan et tante Zaina avaient quitté la chambre à coucher et s'étaient acheté un lit qu'ils ont installé dans une minuscule chambre à l'étage. Mes cousines dormaient maintenant dans le lit conjugal de mes parents. Nous, nous dormions à leurs pieds, sur nos cartons, avec la couverture orange. Oncle Hassan avait loué le rez-de-chaussée à deux couples. Nous ne disposions plus que de trois petites pièces pour seize personnes, et même plus de la cour intérieure.

Quand il y avait trop de bruit dans la maison bondée et que je n'arrivais pas à m'endormir, je ruminais mes pensées.

Je voyais mon père et ma mère sur le lit où se serraient maintenant mes cousines. Dans mon inconscient, je les entendais se disputer, je ressentais presque physiquement les coups que mon père donnait. Je me mettais en boule sous la couverture orange usée jusqu'à la corde et me faisais toute petite.

Que serait-il arrivé si ma mère était allée à Terre des Hommes ? Est-ce que les gens d'Europe auraient pu la sauver ? Aurait-elle aussi, munie d'une planchette, traversé les pièces avec assurance ? Peut-être même serait-elle partie en Europe, où les gens sont égaux, qu'ils soient nés hommes ou femmes. Nous, les enfants, serions bien sûr partis aussi dans cet autre monde, où les gens avaient tellement de vêtements qu'ils pouvaient en donner une partie et l'envoyer en Afrique. Mais est-ce que c'était si bien que ça de la neige partout, jusque dans les rues ? Et qu'aurait fait mon père ? Serait-il aussi allé en Europe ?

Tant de questions. Et pas de réponses. À force de réfléchir, je me sentais fatiguée et sombrais dans le rêve qui me hantait nuit après nuit : les cris, le couteau, le feu sur le toit. Ma mère sur la civière, le corps recouvert, les pieds seuls visibles – blancs comme du lait, blancs comme l'innocence, blancs comme la vie. Puis quelqu'un retirait le tissu du visage, et il n'y avait plus de visage. Il ne restait qu'une grande plaie noire. Les orbites étaient vides, il ne restait des lèvres qu'une cicatrice béante. Une unique phrase sortait de cette bouche calcinée. J'avais du mal à la comprendre, tellement les mots étaient faibles : « Ouarda-ti, ma fleur, ton papa veut me tuer. S'il te plaît, va le dire aux voisins. »

Je me réveillais en sursaut. Je tremblais. Et, au-dessous de moi, le carton était mouillé.

Les petites esclaves

Ma vie a changé une nouvelle fois, mais pas en mieux. J'avais espéré que la situation dans notre ancienne maison se serait apaisée, que chacun aurait désormais trouvé sa place, et que je reviendrais dans une atmosphère familiale. Peut-être qu'oncle Hassan et tante Zaina étaient venus me chercher parce qu'ils s'ennuyaient de moi ?

Il est très rapidement apparu que ce n'était pas le cas. L'oncle et la tante m'avaient enlevée de la famille El-Amim pour mettre fin aux rumeurs qui couraient dans notre rue. On disait que j'avais été vendue comme *petite bonne*, comme esclave, à une riche famille. De nos jours, il est encore courant au Maroc que des gens pauvres se défassent de leurs filles contre de l'argent. Loin de chez elles, ces petites filles sont livrées sans défense à leurs nouveaux propriétaires. Quelquefois, elles peuvent aller à l'école et sont bien traitées. Mais, le plus souvent, elles ne sont qu'exploitées et malmenées. Terre des Hommes au Maroc, comme l'organisation Oum el Banine (Mère des Enfants), lutte aujourd'hui avant tout pour les droits de ces filles.

Au cours de l'été 2003, j'ai visité Oum el Banine à Agadir. Le bureau se trouvait dans l'ancien immeuble de Terre des Hommes, car Oum el Banine avait repris en l'an 2000 le travail de l'organisation européenne. Peu de choses avaient changé, seul l'escalier métallique du bâtiment de deux étages était rouillé et branlant. Dans la cour, une école pour enfants sourds et muets avait été aménagée. Silencieusement, ils apprenaient à réparer des bicyclettes.

Oum el Banine est dirigé par Mme Mahjouba Edbouche, une grande et forte femme, ancienne collaboratrice de Terre des Hommes. Elle était assise dans la chaleur étouffante de son minuscule bureau face à une table couverte de dossiers. Je n'étais pas certaine de me souvenir d'elle.

« *Salam aleikum*, ai-je fait. Je m'appelle Ouarda. »

Pas de réaction.

« Ouarda Saíllo. »

Mme Edbouche en a eu le souffle coupé. Ses yeux se sont écarquillés, elle a posé sa main droite sur son cœur.

« Saíllo ? a-t-elle demandé. *Le* Saíllo ? »

« Je suis sa fille. »

Mme Edbouche a soulevé son corps massif et est venue vers moi. Elle avait les yeux pleins de larmes. Puis elle m'a attirée à elle et je me suis enfoncée dans son énorme poitrine. Soudain, j'étais redevenue la petite fille qu'elle avait connue.

« La petite, toute petite Ouarda, a-t-elle sangloté. Saíllo. Jamais je n'oublierai ce qui vous est arrivé. Comment vas-tu ? D'où viens-tu ? Que font tes sœurs et ton frère ? »

Je ne pouvais pas répondre, coincée entre ses seins. Elle a relâché son étreinte.

« Tu as belle allure. Comme une Européenne. Est-ce que tu vis en Europe ? »

J'ai fait signe que oui. Je n'arrivais pas à parler. La forte émotion de cette femme me coupait le souffle.

Mme Edbouche a avalé quelques comprimés avec une gorgée d'eau et s'est calmée. Avec un mouchoir qu'elle portait dans sa manche, elle a essuyé les larmes sur ses joues.

Puis elle m'a parlé de son travail, de sa lutte pour les droits des femmes au Maroc, des échecs, du soutien du jeune roi.

« Regarde », a-t-elle dit en montrant une photo accrochée au mur, sur laquelle elle figurait au côté du roi, ce qui le faisait paraître presque gracile. « Le roi nous aide, Allah soit loué, sinon nous serions perdus. »

Oum el Banine essaie avant tout d'améliorer le sort des *petites bonnes*. Souvent, ces filles sont violées par leurs propriétaires ou leurs fils et sont chassées quand elles sont enceintes. Au Maroc, mettre au monde un enfant illégitime relève du délit. Dans cette société, les filles, qui n'ont souvent que treize ou quatorze ans, sont perdues. La honte du viol et de la grossesse est si grande qu'elles n'osent pas retourner dans leur famille.

Seules et désespérées, elles se confient aux faiseuses d'anges ou essaient elles-mêmes de se débarrasser de l'enfant au moyen de plantes, de poisons et d'aiguilles. Ou bien elles le mettent au monde en cachette et l'élèvent sans le déclarer à l'administration, sinon elles encourraient une peine de prison. Ces enfants illégaux ne peuvent ni fréquenter l'école ni aller chez le médecin car, officiellement, ils n'existent pas.

Mme Edbouche parlait très vite, hors d'haleine. Elle énumérait les situations les unes après les autres : des filles qui perdaient tout leur sang à la suite d'un avortement ; des bébés lourdement handicapés par la tentative ratée ; de jeunes mères emprisonnées ; des enfants dans des orphelinats.

« Nous avons des maternités secrètes, a-t-elle dit. Quelquefois, nous trouvons même des hommes qui épousent ces femmes. Alors, nous pouvons légaliser les enfants. »

Mme Edbouche a soupiré, comme si une lourde charge pesait sur ses épaules : « Mais nous n'y parvenons que rarement. Notre société doit changer. Mahomet – *sallal laahu alaihi wasallam*, "qu'il ait la bénédiction et le salut d'Allah" – n'a jamais dit que les hommes doivent prendre les femmes comme esclaves pour ensuite les jeter quand elles sont enceintes. »

Au rez-de-chaussée du bâtiment pleuraient les bébés que certaines *petites bonnes* avaient abandonnés. Une infirmière pédiatrique leur donnait le biberon. Dans la salle d'attente attendaient des jeunes femmes misérablement vêtues qui allaitaient leurs enfants.

« Nous manquons de tout, a déclaré Mme Edbouche. De reconnaissance sociale, d'argent, de réussite. Ce n'est pas un travail, mais un combat qui n'en finit jamais. »

Je suis résolue à soutenir ce combat, même si je n'ai jamais dû moi-même travailler comme *petite bonne*.

Après mon retour chez mon oncle, dans notre ancienne maison, j'ai vécu avec une *petite bonne* une aventure que je n'oublierai jamais. La jeune fille vivait et travaillait chez nos voisins qui, comparés à nous, étaient des gens aisés. La maîtresse de maison, *lala* Aicha, était une bonne personne, et sa fille Fatima était dans ma classe. À l'école, j'étais meilleure que Fatima. Je l'aidais souvent à faire ses devoirs.

Quand oncle Hassan avait séjourné en prison, *lala* Aicha était de celles qui nous envoyaient toujours des plats remplis de couscous fumant ou de tajine.

Une fois, alors que je rentrais fièrement à la maison avec le meilleur bulletin, tante Zaina m'a demandé : « Qu'est-ce que tu as à ricaner bêtement ? »

« Je suis la meilleure de toute la classe », ai-je répondu, toute contente.

« Et alors ? Tu veux avoir la folie des grandeurs ? Tu veux aller dans la lune ? Garde bien les pieds sur terre avant de décoller. Et dégage de là avec ton ricanement qui me tape sur les nerfs. »

J'étais dépitée car, avec ce bon bulletin, j'avais espéré attendrir le cœur dur de ma tante, au moins le temps d'un après-midi. Mais, une fois encore, j'avais été rejetée et humiliée.

En pleurant, je me suis assise sur le pas de la porte et j'ai dessiné des motifs dans la poussière avec mes orteils nus.

« Ouarda, que se passe-t-il ? s'est écriée *lala* Aicha. Viens par ici. »

Je me suis approchée d'elle.

Lala Aicha m'a prise dans ses bras. « Tu es une bonne élève. Je sais que tu as eu le meilleur bulletin de ta classe. Fatima aussi a réussi à passer dans la classe suivante. Nous te remercions de ton aide. Attends, j'ai quelque chose pour toi. »

Elle est rentrée dans la maison et est revenue avec un ensemble pantalon appartenant à Fatima. Il était beige, pas particulièrement beau, mais c'était la seule récompense que je devais recevoir pour mes bonnes notes. Je l'ai porté tous les jours jusqu'à ce qu'il soit usé et troué et que nous soyons obligés de le jeter.

Ma sœur Mouna, qui avait dix-sept ans à l'époque, avait l'habitude de faire le ménage une ou deux fois par semaine chez Aicha, pour aider la *petite bonne* de la famille. Elle ne recevait pas d'argent en échange, mais de la nourriture : un boisseau de semoule pour le couscous, un litre de lait, un peu d'huile.

Un jour, Mouna ne pouvait pas travailler chez les voisins. Je crois qu'elle était malade. C'est donc moi qu'on a envoyée à sa place : c'était jour de grand nettoyage. Deux épais tapis devaient être battus au pied dans une cuve d'eau savonneuse. Toutes les armoires de cuisine furent rangées, les étagères lessivées à l'eau de Javel et les marmites récurées avec de la laine d'acier.

Nous avons commencé à six heures du matin. À dix heures, j'avais déjà mal au dos à cause de ce travail pénible ; je n'avais que neuf ans. Vers treize heures, nous avons enfin terminé.

La voisine a préparé du couscous, j'ai nettoyé le sol de la salle à manger. La jeune fille m'a aidée. Nous avons apporté la vaisselle et les couverts sur la table. Aicha a réparti le repas dans deux plats, un grand et un petit. Elle a posé le grand plat sur la table et le petit sur le sol de la cuisine.

J'étais surprise, mais je n'ai rien dit. J'étais sur le point de passer dans la salle à manger quand la *petite bonne* m'a tirée par la manche.

« Tu n'as pas le droit de manger avec la famille, m'a-t-elle chuchoté craintivement. Nous recevons notre repas ici par terre. »

Je l'ai regardée, stupéfaite.

« Tu n'es que la femme de ménage, comme moi, a dit la fille. Nous ne mangeons pas avec les messieurs dames. »

« Mais je ne suis pas une femme de ménage ! ai-je répliqué avec indignation. Je vais à l'école avec Fatima et je l'aide toujours pour les devoirs parce que je suis meilleure élève. »

« Quand même, a dit la fille. Tu es aussi pauvre que moi. Ce n'est pas notre place. »

Je me suis assise avec elle sur le sol de la cuisine. Nous entendions la famille discuter dans la salle à manger. La *petite bonne* mangeait comme si on ne lui avait rien donné pendant des jours. J'ai formé dans ma main droite une boule avec la semoule, les légumes et les petits morceaux de viande grasse du couscous. J'avais faim comme toujours, mais je ne pouvais rien avaler sur le sol de la cuisine. Ma gorge se nouait d'indignation. Pourquoi nous traitait-on comme des chiens ? Est-ce que nous étions des êtres humains inférieurs uniquement parce que nous étions pauvres ? Des personnes avaient-elles le droit d'en traiter d'autres d'une manière aussi mesquine ?

En silence, je me suis juré de ne jamais me comporter comme le faisait cette famille. Je ne voulais pas avoir de *petite bonne* quand je serais grande. Je ne voulais pas traiter quelqu'un comme un animal.

J'ai quitté la maison de nos voisins l'estomac vide, mais pleine de fierté.

Le temps de la violence

À la maison, je me trouvais à nouveau exposée aux remarques humiliantes de la tante, à la brutalité de mes cousins, à la vulgarité de mes cousines et aux coups de l'oncle.

J'étais la plus petite de la famille depuis qu'Asia et Ouafa vivaient à la campagne. Seuls ma cousine Hafida et mon cousin Houssin étaient plus jeunes que moi.

Nous avions toujours faim et nous ingurgitions tout ce qui nous paraissait mangeable. Rabiaa avait découvert qu'on pouvait obtenir de la farine et des céréales au petit dispensaire du coin. En cachette, nous allions sans cesse y chercher quelques rations, nous mélangions la farine avec de l'eau chaude et engloutissions la bouillie en un éclair. Une fois, la tante nous a surprises. Elle s'est mise dans une grande colère.

Elle nous a pris le mélange de céréales, a rempli un baquet d'eau et de farine et l'a posé sur le sol de la cour.

« Venez tous un peu là ! a-t-elle crié. Je vais vous montrer comment bouffent ces bêtes ! »

Nous étions accroupies par terre autour du récipient et tous les cousins nous entouraient. Je savais qu'ils nous mettaient à l'épreuve, mais ma faim était plus grande que ma honte.

« Allez, Ouarda ! » ont-ils rugi quand j'ai porté la nourriture à ma bouche.

« Jamila, tu peux en bouffer plus, ont crié les autres. Tu as un si gros cul ! »

La tante s'amusait de la scène. J'aurais voulu la priver de ce plaisir, mais j'ai continué à avaler. Allah seul savait quand il y aurait à nouveau de quoi manger.

Sous les rires, les moqueries et les sarcasmes des cousins, nous avons vidé tout le contenu du baquet. Aujourd'hui, j'ai honte de ne pas avoir eu suffisamment de fierté pour refuser la nourriture. À cette époque, j'étais reconnaissante de pouvoir me remplir le ventre.

Jamila, la plus courageuse et la plus culottée d'entre nous, devait connaître la haine de tante Zaina. Une fois, elle a été battue parce qu'elle avait trouvé une tomate qu'elle avait mangée en cachette dans les cabinets. Une autre fois, oncle Hassan lui a lancé un seau d'eau parce qu'elle n'avait pas fini de laver le couloir quand il était rentré à la maison.

« Regarde, la petite souillon n'a toujours pas fini, a susurré tante Zaina. Je ne sais pas ce qu'elle a dans la tête. Peut-être qu'elle est distraite, peut-être qu'elle ne respecte pas le maître de la maison. Si j'étais toi, mon cher époux, je lui montrerais qui décide ici. Je ne peux pas le faire. Je suis une faible femme. Et puis ce sont tes parents, pas les miens. C'est toi qui es responsable de leur éducation. Je ne veux pas m'en mêler. »

Oncle Hassan ne savait pas quoi faire. Son regard allait de tante Zaina à Jamila. Il l'aimait bien, puisqu'elle l'aidait dans son travail comme un apprenti.

« Et alors ? Qu'est-ce que tu veux que je fasse ? »

« Montre-lui que tu es notre maître ! »

Oncle Hassan a réfléchi brièvement à la situation, puis il s'est emparé du seau d'eau de lavage et l'a précipité sur la tête de Jamila. Aussitôt, son arcade sourcilière a éclaté et s'est mise à saigner si abondamment qu'oncle Hassan en a été effrayé. Jamila avait le visage couvert de sang. Il l'a emmenée à l'hôpital, où sa blessure a été recousue.

Une autre fois, ç'a été mon tour d'être victime. Pour une raison ou pour une autre, *khalti* Zaina m'avait battue. Mais probablement sans motif. Je me suis protégé le visage avec les bras. La tante frappait avec une telle violence qu'elle s'est fait mal au poignet.

Le soir, comme on attendait oncle Hassan, elle s'est aussitôt mise au lit en prenant un air souffrant.

« Hassan, mon cher mari, a-t-elle dit en pleurant. Il faut que tu fasses quelque chose. »

« Que s'est-il passé ? » s'est inquiété oncle Hassan.

« Les enfants de ton frère me battent quand tu n'es pas là. »

« Qui est-ce qui te bat ? »

« Ouarda. »

« Ouarda ? Mais elle est encore toute petite. »

« Tu te mets contre moi, a protesté tante Zaina avec véhémence. Et tu protèges la mauvaise graine d'un assassin ? »

« Non, a fait oncle Hassan. Je dis seulement qu'Ouarda est toute petite et à moitié affamée. Comment peut-elle te battre ? »

« Mais elle l'a fait ! Tu dois la punir. »

Oncle Hassan a soupiré.

« Viens avec moi, Ouarda », m'a-t-il dit sur un ton sévère.

Puis il m'a poussée dans la pièce d'à côté. Je tremblais de peur. Oncle Hassan pouvait devenir brutal quand il était de mauvaise humeur. Cela lui arrivait souvent quand il ne pouvait pas s'offrir de cigarettes, ni de vin, ni de cassettes vidéo.

Ammi Hassan a fermé la porte. Il a posé un doigt sur ses lèvres.

« Chut ! », a-t-il dit tout bas.

Il s'est alors mis à frapper du poing contre le mur.

« Espèce de sale petite bête ! a-t-il hurlé. Je vais te montrer ! Battre ma femme ! Votre mère nourricière ! Tu n'as donc aucun respect ? »

Ce jour-là, j'ai eu de la chance. Manifestement, oncle Hassan avait trouvé un peu d'argent pour des cigarettes. Mais cela aurait pu se passer autrement, comme la fois précédente, alors que j'étais en train de laver le linge. Le travail était dur parce qu'il fallait frotter fort pour enlever les taches d'huile de moteur des vêtements d'oncle Hassan.

Ma cousine Habiba est venue me voir. « Tu dois encore préparer de la pâte et cuire du pain. »

« Je ne peux pas, je fais la lessive, ai-je dit. Fais-le, toi. »

« Et pourquoi tu ne peux pas ? a-t-elle crié. Tu es devenue drôlement paresseuse. »

Les cris ont arraché oncle Hassan à sa sieste. « Que se passe-t-il ici ? » a-t-il pesté. J'ai vu qu'il était furieux. « Vous ne pouvez pas laisser dormir tranquillement un homme qui travaille dur ? »

« Ouarda ne veut pas te faire cuire de pain, a dit Habiba, goguenarde. Alors j'ai dû la gronder. »

Le visage d'oncle Hassan s'est décomposé, il s'est précipité sur moi et m'a rouée de coups comme je n'en avais encore jamais reçus. Je me suis recroquevillée dans un coin. Je me sentais comme un cafard qu'on est en train d'écraser. Les coups d'oncle Hassan sifflaient au-dessus de ma tête, et il me donnait des coups de pied dans les tibias.

Habiba l'encourageait. « Oui, vas-y avec cette petite souillon paresseuse. »

Il m'a donné un coup de poing en plein visage. Une douleur fulgurante m'a transpercé le nez jusqu'au cerveau. J'ai retenu mon souffle pour refouler la souffrance. En vain. Les larmes me sont montées aux yeux. Oncle Hassan a arrêté de me battre.

Depuis, j'ai l'os du nez cassé.

La nuit, nous, les filles, nous ne trouvions pas non plus la paix. Notre cousin Ali, qui avait sept ans de plus que moi, nous importunait régulièrement. Je crois qu'il était un peu fou. À peine faisait-il sombre qu'il se faufilait à travers la maison. Doucement, comme un djinn, il ouvrait la porte de notre chambre. Puis il se glissait sous notre couverture élimée et se serrait contre le corps qui était à sa portée.

Quelle insupportable angoisse que le craquement à peine audible de ses articulations quand il s'approchait, son souffle que je sentais dans ma nuque, son membre raidi contre mon corps !

J'étais paralysée par la peur et ne pouvais parler. Je tâtonnais vers mes grandes sœurs, Rabiaa ou Jamila.

Elles se réveillaient en sursaut.

« Qu'est-ce qu'il y a ? »

Je ne disais rien.

« Est-ce qu'Ali est revenu ? »

Je me taisais.

« Ali, dégage, nous savons que tu es là. »

Alors Ali disparaissait. Mais il revenait. Chaque nuit. Plusieurs fois. À peine étions-nous endormies, que nous sentions à nouveau qu'il y avait un homme dans la pièce. Des nuits entières, je restais éveillée à cause de lui, osant à peine respirer. Ali était mon cauchemar.

À treize ans, j'ai failli me faire violer par Ali. La maison était vide, je faisais la lessive. Il a surgi dans la cour intérieure. Au lieu de m'attraper brutalement par le bras comme il le faisait d'habitude, imprimant la marque de ses doigts sur ma peau, il me dit gentiment : « Ouarda, ma chérie, tu travailles trop. Aujourd'hui, je vais laver mes caleçons moi-même. »

Je détestais laver les caleçons d'Ali, toujours tachés de sperme et d'excréments. Sa proposition m'a alarmée. Je sentais que quelque chose n'allait pas. J'espérais qu'il disparaisse avant que quelque chose de grave se produise.

« Qu'Allah me protège », ai-je murmuré.

Ali portait une djellaba, il faisait très chaud. Il a fait les cent pas dans la cour. Puis il est rentré dans la maison.

« Ouarda, ce magnétophone ne fonctionne pas. Tu veux venir jeter un coup d'œil, s'il te plaît ? »

Je savais que c'était un piège. Mais je n'avais aucune issue. Si je n'obéissais pas, Ali me battrait et me blesserait. J'ai pénétré dans la pièce, branché la prise de l'appareil et voulu m'esquiver. Mais il était déjà trop tard. Ali a claqué la porte et l'a verrouillée.

Je tremblais. « Qu'est-ce que tu me veux ? Laisse-moi sortir ! »

Ali était très calme : « Tu ne dois pas avoir peur. Je vais te la mettre dans le derrière. Tu ne perdras pas ta virginité. Personne ne s'en apercevra. »

J'ai senti la rage monter en moi. J'ai appelé à l'aide aussi fort que je le pouvais. Mon champ visuel s'est rétréci. Je ne voyais plus que lui. Je le haïssais, je le redoutais. Je lui ai lancé des coups de pied contre la poitrine. Brusquement, j'avais des forces comme je n'en avais jamais eu auparavant.

Ali a trébuché, je me suis précipitée hors de la pièce et j'ai couru jusque dans la rue. Aujourd'hui encore, je suis convaincue qu'Allah m'a sauvée. Ou mon ange gardien. J'avais en moi une force inconnue. Quelqu'un, quelque chose ne voulait pas qu'ici, ce jour-là, je sois violée par mon propre cousin.

J'ai passé la journée dehors, mouillée par la lessive, sans chaussures, jusqu'à ce que Rabiaa revienne et que je puisse rentrer à la maison sous la protection de ma sœur.

Tante Zaina était furieuse : « Pourquoi n'as-tu pas fini la lessive ? »

« Ali m'a embêtée. Il voulait me violenter. »

Même mes cousines étaient scandalisées. « Ce porc, Ouarda n'a que treize ans. »

Mais cela ne semblait pas déranger tante Zaina. « Et alors ? a-t-elle dit. Après, il t'épousera. »

Elle aurait bien voulu pouvoir marier ses fils avec nous. Mouna et Mustafa ont même été fiancés pendant un temps. La tante espérait ainsi pouvoir rester dans notre maison, car, en tant que belle-mère, nous aurions dû lui accorder le droit de résidence.

L'exorcisme

Ali était le deuxième fils de mon oncle. Très tôt déjà, il avait commencé à se droguer. Il fumait du haschich et traînait dans les rues d'Agadir. À quinze ans, il fréquentait les discothèques à touristes et les bars des grands hôtels. Il vendait son corps aux hommes étrangers.

L'un de ses prétendants se prénommait Jean-Claude, un Luxembourgeois. Nous l'aimions bien. Quand il nous rendait visite, il apportait des sacs pleins de nourriture. Puis il se retirait avec Ali dans l'une des chambres. Il en ressortait rouge comme une tomate. Même pour moi, il était clair qu'il se passait dans cette pièce quelque chose d'excitant et d'interdit. Je remarquais que cela ne se produisait que lorsque oncle Hassan n'était pas là. Étonnamment, tante Zaina les laissait faire, alors que les voisins chuchotaient déjà et que certains crachaient quand ils passaient devant chez nous. Je méprisais la tante et son indifférence. Elle semblait dépourvue de toute dignité. Pour quelques denrées alimentaires ou quelques dirhams, elle acceptait que des choses irrévérencieuses profanent la maison de mes parents.

Plus tard, Jean-Claude a voulu emmener mon cousin au Luxembourg. Oncle Hassan y était opposé, tante Zaina était pour, et c'est elle qui l'a emporté. Jean-Claude a acheté un billet pour Ali, et, quand celui-ci est parti pour l'aéroport, nous, les filles, avons poussé un soupir de soulagement : enfin des nuits tranquilles sans harcèlement sexuel.

Mais la paix n'a pas duré longtemps. Une semaine plus tard, Ali était déjà de retour. Comme il avait eu envie de conduire dans la neige au Luxembourg, il avait tout simplement emprunté la voiture de Jean-Claude. Naturellement, il n'avait pas de permis. Il a été interpellé et renvoyé au Maroc.

Ali aimait les voitures. Dès qu'il était sous l'emprise de la drogue, il essayait de prendre un volant. Un matin, la voiture d'oncle Hassan avait disparu.

L'oncle voulait se rendre dans son nouvel atelier à Tamrhakh, situé à quelques kilomètres de chez nous en direction d'Essaouira. Mais quand il a ouvert la porte, la Renault n'était plus là.

Sur le moment, oncle Hassan n'a pas compris. Puis il s'est précipité dans la maison. « Zaina ! a-t-il hurlé. Les enfants ! La voiture a disparu. Où est Ali ? »

Nous nous sommes mis à la recherche d'Ali, mais il n'était pas là.

« Ali a pris l'auto, s'est écrié oncle Hassan. Est-ce qu'il est devenu complètement fou ? »

Nous avons décidé de chercher Ali et la voiture. Tous les cousins, mon frère, mes sœurs et moi avons sillonné les rues d'Agadir. Je suis descendue en courant à la plage. Là, j'ai trouvé l'auto. Ali dormait derrière le volant. Il avait forcé le véhicule, puis l'avait laissé rouler sans moteur jusqu'à la mer. Sur le siège passager se trouvaient un flacon d'iode et du sparadrap.

« Au cas où j'aurais eu un accident », dirait-il plus tard.

Oncle Hassan l'a roué de coups puis a déclaré qu'il était malade et qu'il devait se rendre à l'hôpital. Mais Ali s'est défendu, a hurlé comme si on l'égorgeait et s'est accroché fermement aux meubles.

« Au secours ! criait-il. Mon père veut me tuer, comme son frère a tué ma tante ! »

Oncle Hassan s'est rendu chez la famille Emel pour appeler l'hôpital. La clinique a envoyé une voiture avec des infirmiers qui ont essayé de maîtriser Ali. Il s'est cogné la tête par terre jusqu'à ce que le sang jaillisse. Tout le monde criait et pleurait. Recroquevillé contre le mur de la cour intérieure, oncle Hassan sanglotait comme un enfant.

J'ai supplié : « Ne le tuez pas, je vous en prie, ne le tuez pas. »

Les voisins s'étaient attroupés devant la maison. Beaucoup de femmes avaient les larmes aux yeux. Les infirmiers ont mis un certain temps avant de faire entrer Ali dans la voiture.

Il a été placé dans un établissement à proximité de Terre des Hommes. Nous lui avons rendu visite. Dans une grande salle, des hommes étaient assis par terre, les genoux repliés sur la poitrine, et se balançaient lentement, au même rythme que les roseaux dans les dunes. Beaucoup avaient de la salive qui coulait de leur bouche. Leurs yeux étaient sans éclat.

Ali portait un jogging marron beaucoup trop court, dont l'entrejambe était taché d'urine. Son torse était nu et décharné. Il est venu vers nous en traînant les pieds et balbutia : « *Ahlan*, salut. Vous venez me sortir d'ici ? »

Ç'a été un moment terrible. Bien qu'Ali m'ait presque chaque nuit plongée dans l'angoisse, il me faisait pitié. Il n'était plus que l'ombre de lui-même, calmé par des médicaments, plus proche de la mort que de la vie.

Plus tard, il est parvenu à s'enfuir de l'établissement. À cinq heures du matin, il a lancé des petits cailloux contre la fenêtre de notre chambre. Par crainte de son père, il n'osait pas frapper à la porte. Je lui ai ouvert.

Ali était transformé. Il n'était plus agressif mais se comportait comme un petit enfant. Bien qu'il soit plus âgé que moi, c'était maintenant moi qui veillais sur lui. Il a commencé à mendier dans la rue, m'obligeant à partir à sa recherche. Quelquefois, la tante m'interdisait d'aller à l'école quand il avait disparu. À cette époque, j'étais dans la sixième classe.

Je savais presque toujours où il se trouvait : devant des hôtels, des cafés, des restaurants. Il piquait des pommes dans les commerces de fruits et des biscuits à la pâtisserie. Je payais pour lui quand il se faisait prendre et le ramenais à la maison.

Je crois qu'Ali était devenu fou. Il murmurait des paroles qui ressemblaient à des sourates. Nous avons écouté attentivement ce qu'il disait, et Rabiaa a déclaré : « Ce ne sont pas des sourates, ce sont des sottises. »

Tante Zaina était persuadée que son fils était possédé par un djinn qui lui soufflait tout le Coran dans le cerveau. Elle a fait venir l'une des vieilles femmes qui s'y connaissent en voyance. La voyante a plissé le front d'un air soucieux, a encaissé sa rétribution et prescrit à Ali un rituel *gnaoua* sur le sol saint au sommet de la Kasbah, la montagne qui surplombe Agadir au nord. Le sanctuaire est dédié à *sidi* Boujmaa I'gnaouan, enterré il y a longtemps au sommet de la montagne. Sur ses ossements se dresse aujourd'hui un petit temple que la congrégation des *gnaoui* utilise pour ses cérémonies.

Les *gnaoui* sont des descendants d'esclaves du Soudan et du Ghana. Ils ont apporté leurs rites païens vaudous au Maroc. Lors des rituels nocturnes, les *lilas*, ils mettent leur troupe en transe par le rythme entraînant de leur musique. Beaucoup de gens au Maroc croient que les *gnaoui* peuvent guérir des maladies, surtout quand elles sont d'ordre psychique.

Toute la famille a dû accompagner oncle Hassan et tante Zaina quand ils ont conduit Ali, le vendredi saint, au sanctuaire de *sidi* Boujmaa I'gnaouan. Ali n'avait pas vraiment envie de se livrer à ce rituel. « Laissez-moi tranquille avec ces âneries, a-t-il protesté. Je ne veux rien avoir à faire avec ça. C'est de la superstition. »

Mais tante Zaina ne renonçait pas si vite quand elle s'était mis quelque chose dans la tête. Les frères *gnaoui* avaient déjà entamé leur musique. Quelques femmes dansaient sur les sons rudes. Tante Zaina s'est jointe à elles en agitant les bras et en remuant les fesses. Elle est devenue complètement fébrile et a attiré son fils sur la piste.

Ali a fait quelques mouvements mollassons et a voulu se rasseoir. Mais la tante ne l'a pas laissé faire. Elle l'a obligé à secouer son corps comme les autres.

Ali a réussi pourtant à s'éclipser dans l'une des salles de soins.

Il y avait beaucoup de pièces dans ce sanctuaire. Je me suis faufilée à travers les couloirs et j'ai jeté un coup d'œil par les portes. Dans une salle, j'ai vu une jolie jeune femme avec sa famille. Elle parlait d'une voix rauque et vulgaire.

Une femme d'un certain âge s'est adressée à elle. « Djinn, tu possèdes cette jeune femme depuis si longtemps maintenant, donne-lui le temps de respirer, retire-toi d'elle. »

La jeune femme a répondu d'une voix masculine : « Non, je ne laisserai pas cette femme en paix. Elle est si mal traitée chez elle. Je suis un bon djinn. Je vais la protéger et puis je la prendrai pour épouse parce qu'elle est belle. »

La femme âgée a dit : « S'il te plaît, s'il te plaît, je t'en supplie. Accorde-lui un peu de temps. Il faut qu'elle prenne un peu de nourriture, sinon elle va mourir. Comment puis-je t'aider à te séparer de son corps ? »

« Je ne me séparerai pas de cette âme, a grondé la jeune femme avec la voix du djinn. Peut-être que je me retirerai pour un bref moment. Mais seulement si je reçois de l'eau de rose et du sucre. »

La vieille femme lui a donné du sucre et l'a aspergée d'eau de rose jusqu'à ce qu'un parfum suave se répande dans la pièce. Je me suis approchée pour ne rien manquer de ce qui allait suivre. La jeune femme me faisait vraiment pitié, assise là, avec les yeux clos et sa voix affreuse. Je pouvais ressentir son excitation.

Je me suis approchée encore et me suis assise à ses côtés. Tout à coup, elle a saisi mon bras. Sa poigne était aussi forte que celle d'un homme. J'ai essayé de me dégager. Mais je n'y suis pas parvenue. De frayeur, mon cœur a failli s'arrêter de battre. Puis le djinn s'est détaché du corps de la jeune femme, elle est sortie de sa transe et a regardé autour d'elle d'un air étonné. Elle s'est aperçue qu'elle avait empoigné brutalement le bras d'une jeune fille étrangère et a dit d'une voix douce : « Excuse-moi, ma petite, qui es-tu donc ? »

« Ouarda, ai-je balbutié. Je m'appelle Ouarda. »

Alors elle m'a lâchée et m'a remerciée : « C'était bien que tu sois près de moi. Cela m'a aidée. »

Je me suis rapidement rendue dans la salle où se trouvait Ali. Il y avait aussi un coq dans la pièce. Ali était nu.

« Je ne suis pas possédé par le djinn, pestait-il. Je fume du haschich et je prends des cachets, c'est pour ça que j'ai des troubles. »

Mais cela n'intéressait pas la tante Zaina. Elle voulait à présent délivrer définitivement son fils. Plusieurs personnes le tenaient fermement quand le coq fut posé sur sa tête. Avant qu'il puisse protester, quelqu'un trancha la gorge du volatile et le sang souilla le corps d'Ali.

Le sacrifice n'a pas été très utile. Peut-être les djinns ont-ils renoncé au corps d'Ali, mais lui n'a pas renoncé au chanvre issu des montagnes du Rif.

Un jour, il a été pris de forte fièvre. Elle a augmenté de jour en jour jusqu'à atteindre quarante et un degrés. Sa langue s'est épaissie, son pouls s'est ralenti, et il avait des hallucinations.

Personne dans la famille ne semblait s'en soucier. J'étais la seule à me glisser dans la chambre pour voir comment il allait.

« Ouarda, a-t-il dit d'une voix rauque. Tu vois l'orange ? »

« Non, Ali, je ne vois pas d'orange. »

« Là-haut, au plafond ! Va la chercher pour moi. »

« Ali, il n'y a pas d'orange. »

« Attends un peu que je sois rétabli, je te règlerai ton compte », a-t-il menaçé d'une voix faible.

Je suis sortie de la pièce en courant.

Plus tard, Rabiaa et Rachid, le petit garçon de tante Zaina, ont attrapé la forte fièvre. Rachid allait si mal que la tante l'a emmené chez le médecin. Celui-ci l'a examiné et s'est montré très inquiet.

« Cet enfant a le typhus, a-t-il dit. C'est une maladie contagieuse et mortelle. Y a-t-il quelqu'un d'autre de malade dans votre famille ? »

« Oui, a fait tante Zaina. Mon fils Ali et ma nièce Rabiaa. »

« Tout de suite à l'hôpital ! » a ordonné le médecin.

J'avais très peur pour Rabiaa. La maladie lui rongeait le corps et lui dérobait toute sa vigueur. Jusqu'à présent, c'était elle qui avait insufflé de la force à notre famille. Pour moi, elle remplaçait la mère que le destin m'avait enlevée. Elle luttait sans relâche pour notre dignité. Souvent, elle lisait à haute voix des livres où il était question de comportement honorable. Elle m'expliquait la différence entre le bien et le mal et nous demandait de ne jamais perdre espoir.

« Ça ne va pas bien pour nous, disait Rabiaa. Mais vous ne devez jamais oublier qu'il y a des enfants pour qui c'est bien pire. »

Elle m'emmenait dans les quartiers pauvres de notre ville, où des garçons et des filles aux yeux rouges étaient assis, apathiques, dans leur urine et reniflaient des sacs en plastique contenant de la colle. Elle me montrait les institutions dans lesquelles on gardait des orphelins. Elle me désignait les mendiants sans doigts, sans bras, sans jambes.

Quelquefois, quand je me sentais toute petite et faible, elle me consolait et me donnait des forces. Elle ne me prenait presque jamais dans ses bras car le contact physique ne jouait aucun rôle dans notre relation. Elle était mon guide mental, ma source d'énergie.

Maintenant, toute cette vigueur avait disparu. Rabiaa était au lit avec de grands yeux fiévreux. Alors qu'à l'extérieur le soleil brûlait le pays, elle était frigorifiée jour et nuit. Elle enveloppait son corps maigre dans deux peignoirs et remontait la couverture déchirée jusqu'au menton. Mais le froid avait déjà atteint ses os.

« Ouarda, j'ai froid », chuchotait-elle. Je ne savais pas quoi faire. Quand je pouvais trouver quelques pièces de monnaie, je lui achetais de petites portions de « Kiri », son fromage préféré, qui coûtait deux dirhams. Mais Rabiaa ne pouvait pas garder ce délice. Elle avalait le fromage et vomissait aussitôt.

Elle avait l'air pitoyable, ma grande sœur, allongée ainsi dans son lit. On pouvait voir la peau de son crâne car la maladie lui faisait perdre ses cheveux. Son visage était d'une pâleur effroyable.

Quand Rabiaa est enfin entrée à l'hôpital, elle était plus morte que vivante. Seule, elle a continué à végéter dans son lit. La famille de mon oncle ne se souciait guère d'elle. Tante Zaina allait voir ses enfants, Ali et Rachid, et il n'y avait que mes sœurs et moi qui nous occupions de Rabiaa. Bien qu'elle ait toujours froid, on ne lui fournissait pas de couverture. C'est seulement quand Ali, guéri, a été sorti de l'hôpital qu'elle a pu utiliser la sienne.

Plusieurs semaines plus tard, Rabiaa n'allait toujours pas mieux. Un matin, je me suis rendue avec ma tante à l'hôpital et ai lu un billet accroché au pied de son lit : « Saïllo, Rabiaa, sort aujourd'hui. »

« Mais tu es encore malade », ai-je fait remarquer.

« Oui », a chuchoté Rabiaa.

« Pourquoi ne peux-tu pas rester ici ? »

Rabiaa a dégluti. « Je crois qu'ils veulent que je meure à la maison. »

Les médecins ont abandonné ma sœur. Son cœur était devenu si faible qu'il avait du mal à fonctionner si elle n'était pas couchée.

Lors d'une de ses rares visites, tante Zaina a voulu lui donner du yoghourt. Elle a redressé la tête du lit.

« S'il te plaît, a murmuré Rabiaa. Laisse-moi. »

« Mais il faut que tu manges quelque chose », a dit la tante.

Le torse de Rabiaa était redressé. Elle s'est affaissée un peu puis a été prise de spasmes. J'ai encore aujourd'hui l'image de son corps raidi et de son visage crispé. Ses yeux étaient exorbités. Puis de sa bouche est sorti un son aigu, sifflant et pénétrant, que je n'oublierai jamais non plus.

Il m'a transpercé les oreilles, a tourbillonné dans mon crâne, m'a fait tourner la tête et m'a envahie de panique. Je me suis retrouvée dans le couloir en criant.

« Au secours ! ai-je hurlé. Aidez-nous, ma maman est en train de mourir. »

Pour la première fois, j'avais appelé Rabiaa « maman ». J'ai couru à travers les couloirs jusqu'à ce que je trouve un médecin. Je criais, je pleurais, j'avais peur. Bien que je me sois éloignée de sa chambre, je voyais Rabiaa mourir. Je la voyais morte.

J'ai décidé de la suivre dans la mort. Je ne voulais pas vivre sans elle. Je me tenais devant le médecin et je savais que, s'il ne pouvait pas la sauver, je marcherais dans la mer jusqu'à ce qu'il n'y ait plus de retour possible. L'eau verte et fraîche m'envelopperait. Là, je trouverais le repos. Pour toujours.

Avec une rapidité surprenante, le médecin s'est précipité dans la chambre de Rabiaa. Désespéré, il a cherché une veine pour la perfusion. Il ne l'a pas trouvée, les veines de Rabiaa étaient bouchées. Finalement, il est parvenu tout de même à piquer. Rabiaa était étendue comme morte sur son lit, tandis que le médicament circulait.

Elle s'est rétablie lentement. À sa sortie de l'hôpital, elle était encore très fragile.

« Il faut que tu prennes l'air, ai-je dit. Allons à la plage. Il est encore tôt et il fait frais. »

Je la soutenais comme une vieille femme pour marcher dans les rues. Elle traînait les pieds dans la poussière. Tous les cinquante mètres, elle s'arrêtait, épuisée, pour reprendre son souffle. Son corps était encore faible, mais sa volonté de vivre était revenue. Elle est arrivée jusqu'à la plage et, avec mon aide, a réussi aussi à rentrer à la maison.

Il a fallu encore des mois avant qu'elle ait complètement recouvré la santé et puisse reprendre son ancien rôle de guide dans ma vie.

Ali, en revanche, ne s'est jamais remis de la maladie. Il est resté faible et sans entrain. Mais la folie avait disparu.

Aujourd'hui, il travaille parfois comme matelot sur l'un des gros bateaux qui quittent Agadir et ne reviennent qu'au bout de plusieurs mois dans la ville au bord du désert.

La perte de l'innocence

Dans la société marocaine, la sexualité joue un grand rôle, tout en étant taboue. Elle ne se passe pas ouvertement, mais en cachette. Presque toujours, les femmes sont les victimes et les hommes les coupables.

Très tôt, j'ai appris combien cette violence sexuelle peut être douloureuse et sale. Je n'oublierai jamais les nuits blanches où je craignais l'arrivée de mon cousin. Ni les regards des hommes dans la rue. Leurs gestes sous la djellaba quand ils nous observaient. Leurs frôlements maladroits dans les bus bondés. Leurs corps transpirants qui, dans le souk, se frottaient contre moi, comme par hasard, quand je me penchais en avant pour choisir les meilleurs oignons.

Au Maroc, quand on est une fille, il faut toujours être sur ses gardes pour ne pas devenir une proie. J'étais importunée en plein jour sur la plage, au crépuscule dans la rue principale, la nuit dans notre quartier. Mais j'étais maligne et suffisamment rapide pour ne pas être ennuyée.

J'avais promis à Rabiaa que je ne le serais jamais. Ma sœur me donnait sans arrêt des livres et des coupures de journaux dans lesquels il était question du sort des filles faciles.

« C'est justement parce que nous avons déjà tant perdu dans notre vie que nous ne devons pas, en plus, perdre notre honneur, disait Rabiaa. C'est la seule chose qui nous soit restée. »

Je ne voulais pas devenir comme les filles de ma rue qui s'amusaient à provoquer les hommes âgés, qui acceptaient de l'argent facile pour échapper à leur pauvreté. Un temps, elles étaient habillées comme des princesses, pouvant se permettre de faire des achats dans les boutiques à touristes, puis elles finissaient par se faire cracher dessus. Notre société, en apparence tolérante, est en réalité très conservatrice.

Aucun homme issu d'une famille honorable n'épouserait une telle fille, aucun père ne l'accepterait comme belle-fille. Il ne leur reste plus qu'une vie en marge, solitaire et sans la protection d'un clan.

Dans notre quartier habitait un homme aisé qui exerçait sur mes camarades une étrange fascination. Nous l'appelions M. Diabolos, parce qu'il était si petit qu'on le voyait à peine quand il passait dans les rues au volant de sa grande voiture argentée. On aurait dit que le véhicule était conduit par le diable lui-même. Il glissait doucement et avec souplesse, apparemment sans conducteur, à travers notre ville.

M. Diabolos possédait une grande villa près de l'école, entourée d'un mur derrière lequel on voyait se dresser des palmiers. Il vivait là avec sa famille. Je crois qu'il avait quatre ou cinq enfants, qui ne fréquentaient pas l'école publique, mais l'une des coûteuses écoles privées dans lesquelles j'avais entendu dire que les professeurs n'avaient pas le droit de battre leurs élèves. J'avais du mal à le croire. Une école sans coups ? Je n'avais encore jamais entendu ça.

Dans mon école, le directeur n'était pas le seul à employer un tuyau souple pour frapper les retardataires. Presque chaque enseignant avait son truc personnel pour nous tourmenter ou nous humilier. Si on avait fait quelque chose de travers, on devait se tenir sur une jambe, ou bien on recevait des gifles et des coups sur la tête. Une fois, un professeur m'a ordonné d'ouvrir la bouche parce que j'avais fait une faute. J'ai obéi.

« Plus grand ! » a-t-il dit.

J'ai ouvert encore plus.

Le professeur s'est raclé la gorge, puis il a craché dans ma bouche. J'ai eu peine à me retenir de vomir juste devant lui. Je me suis précipitée vers les toilettes, à l'autre bout de la cour. Mais, pendant des jours, la nausée réapparaissait chaque fois que je pensais à cette humiliation.

De M. Diabolos, on disait que c'était l'un des hommes les plus riches d'Agadir. Nous ne savions pas pourquoi il était si riche, mais nous savions que c'était vrai.

Pendant la Nuit du Pouvoir, le plus grand jour de fête du mois de jeûne du Ramadan, ma sœur Jamila et moi avions l'habitude de frapper au portail de la villa de Diabolos. Ce jour-là, tout musulman croyant a l'obligation de faire don aux nécessiteux de deux et demi pour cent de son bien, ce que l'on appelle *zakat*. Dans la sourate 24, *An-nur*, « La lumière », il est dit : *« Acquittez-vous de la prière, faites l'aumône, obéissez au Prophète – peut-être vous sera-t-il fait miséricorde. »*

La sourate 24 est par ailleurs très sanguinaire. Elle recommande d'écorcher les êtres adultères et préconise de nombreuses autres mesures fâcheuses de représailles. Le fait qu'*An-nur* s'applique aussi, de ce point de vue, parfaitement à M. Diabolos, je ne devais l'apprendre que plus tard.

En tout cas, pendant la Nuit du Pouvoir, M. Diabolos nous a offert cinq cents dirhams (environ cinquante euros) : cela nous permettait de nourrir notre famille de seize personnes pendant près de deux semaines.

« Qu'Allah accorde sa grâce à tes parents », avons-nous dit poliment, et, dans l'obscurité, nous nous sommes dépêchées de rentrer chez nous en serrant fermement le billet dans la main.

Un jour, nous avons découvert que le pieux M. Diabolos donnait de l'argent à notre famille, mais d'une autre manière. Pour cela, il est vrai que mes cousines devaient se lever très tôt. Après la prière de l'aube, M. Diabolos avait l'habitude de faire un tour dans notre quartier avec sa voiture argentée et de prendre rendez-vous avec des petites filles.

Sur le siège du passager, il déposait un gros tas de billets de banque. Mes cousines aimaient l'argent. Au début de leur puberté, alors qu'elles étaient des lève-tard, elles se mirent tout à coup à se lever de bonne heure.

Elles traînaient dans les rues empruntées par M. Diabolos à son retour de la mosquée. La voiture s'arrêtait, les cousines sautaient dedans.

« Aujourd'hui à seize heures ? » demandait M. Diabolos.

« Oui, mais nous voulons d'abord nous purifier au hammam. »

En silence, M. Diabolos tendait cinq cents dirhams. Ce n'était pas un homme bavard.

« J'attends ici à seize heures. Et maintenant sortez, disparaissez ! »

Un jour, mon oncle a surpris ses filles au moment où elles rentraient au petit matin. Il s'apprêtait à partir pour son atelier.

« Qu'est-ce que vous faites ici ? » a-t-il demandé d'un ton suspicieux.

« Nous sommes allées faire du jogging. »

« Où ? »

« Sur la plage. »

« Sur la plage ? a fait oncle Hassan, incrédule. Faites voir un peu vos chaussures. »

Il a vérifié s'il y avait du sable. Mais il n'y en avait pas.

« Donne ton bras ! » a-t-il ordonné.

Il s'est mis à lécher les bras des cousines.

« Je ne sens pas du tout de sel, a-t-il pesté. Vous ne voulez tout de même pas me mentir ? »

« Non », allaient dire mes cousines. Mais elles n'en ont pas eu le temps car les coups ont commencé à pleuvoir.

« Si vous allez faire du jogging le matin, emmenez Ouarda avec vous à l'avenir, a-t-il exigé. C'est la seule en qui j'ai confiance. »

La méfiance de mon oncle était due à un incident survenu peu de temps auparavant. Mes cousines appréciaient les discothèques, bien qu'elles soient beaucoup trop jeunes pour y être admises. Oncle Hassan était tolérant avec les vêtements occidentaux. Il ne s'opposait pas à ce que Habiba et Fatima portent des jupes et des chemisiers échancrés, sauf après sa journée de travail, quand il se trouvait à la maison.

« Les jeunes filles comme il faut ne se promènent pas quand il fait noir », grondait-il, et il verrouillait la porte.

C'est pourquoi les cousines se glissaient la nuit sur le toit, enfilaient leurs minijupes les plus courtes, se maquillaient avec les couleurs à la mode dans les années quatre-vingt, le violet et le rose, puis enjambaient le muret pour atteindre le toit d'à côté et, de là, descendaient l'escalier. Elles se mettaient d'accord avec la fille du voisin qui, de l'autre côté du mur, veillait à ce que la voie soit libre.

Pour ma part, je faisais le guet sur notre toit. Plusieurs fois, tout s'est passé pour le mieux. Mais, une nuit, Habiba a trébuché sur une tôle en faisant un bruit infernal. L'oncle et la tante se sont réveillés, ainsi que le voisin.

Les chambres ont été inspectées. Habiba et Fatima n'étaient pas là. Sous leurs couvertures, des coussins simulaient la forme de leur corps.

Toute la rue a été mise au courant du faux pas des cousines, car, au milieu de la nuit, oncle Hassan s'est mis à faire du chahut sur le toit.

« Alors, êtes-vous devenues folles ? Est-ce qu'il n'y a plus que des salopes autour de moi ? se lamentait-il. Allah seul sait comment j'ai mérité ça. »

Oncle Hassan n'arrivait pas à se calmer. Tout le monde a remarqué que les filles se glissaient en bas de l'escalier chez le voisin pour rentrer à la maison sans se faire remarquer. Naturellement, elles n'y sont pas parvenues. Oncle Hassan les a attrapées devant la porte et s'est mis à les battre en pleine rue, encouragé par le voisinage.

À partir de cette nuit-là, l'oncle s'est montré vigilant.

Désormais, je devais me lever à six heures pour assurer un alibi à mes cousines. Je me procurais même du sable pour qu'elles en aient dans leurs chaussures si oncle Hassan procédait à un contrôle. Je ramassais le sable sur la plage pendant que les cousines étaient en voiture avec M. Diabolos. Je ne voulais pas qu'elles soient encore battues. Il y avait suffisamment de violence comme ça dans notre vie.

Je trouvais M. Diabolos gentil. Une fois, il m'a donné trois cents dirhams pour me récompenser d'être restée sur le bord de la route tandis que mes cousines grimpaient dans sa voiture.

« Attends ici, ont-elles dit. Nous revenons tout de suite. »

Mais le petit homme au volant a ouvert la vitre du côté passager et m'a tendu le billet. Je croyais avoir tiré le gros lot. Mais quand les cousines sont revenues, elles m'ont aussitôt pris l'argent.

« C'est notre gain. Ne te mêle pas de ça, tu es beaucoup trop petite. Le monsieur ne s'intéresse pas aux pucelles. »

M. Diabolos n'était pas le seul à parcourir notre ville à la recherche d'enfants. Un jour, je suis montée avec mes cousines dans une autre voiture. Elles négociaient de l'argent.

L'homme au volant m'observait dans le rétroviseur. Brusquement, il a dit : « Est-ce que je ne peux pas avoir la petite ? »

Je ne savais pas très bien ce que l'homme entendait par là, mais je me doutais que ce n'était rien de bien. Je me suis faite encore plus petite que je ne l'étais. Habiba s'est contentée de rire. « Elle ? Mais elle est à moitié morte de faim. »

L'homme m'a fait descendre.

Plus tard, alors que j'étais en sixième classe, j'ai vécu une expérience qui m'a empêchée définitivement d'emprunter la voie du gain facile.

Nous avions une heure à tuer dans la cour de récréation. Devant le portail se tenait un homme que j'ai aussitôt remarqué. Il ne ressemblait pas à un professeur.

« Tu le connais ? » ai-je demandé à mon amie Saida.

Saida a jeté un coup d'œil vers le portail et a eu l'air électrisée. « C'est le type d'avant-hier. »

« Quel type ? »

« Il m'a donné cent dirhams. »

« Et pour quoi ? »

« Viens, tu vas voir. Il ne peut rien t'arriver. Il est inoffensif. Il ne te touche pas. Il ne te parle même pas. Nous devons juste le suivre. »

J'avais confiance en Saida. Elle était berbère, mais plus grande et bien plus claire que moi. Elle avait une peau blanche et des jambes épaisses. Un idéal de beauté. Nous appelions ce genre de jambes des « jambes sucre d'orge ».

Saida a quitté la cour. L'homme s'est éloigné. J'ai suivi Saida jusqu'à un escalier désert dans un bloc d'immeubles tranquilles, non loin de l'école. L'homme se tenait au bas de l'escalier, nous, sur la marche supérieure. D'un geste de la main, il nous a fait signe de rester là. La distance était d'environ vingt-cinq mètres.

Saida a étouffé un rire : « Maintenant, c'est parti. »

J'ai vu l'homme faire un nouveau signe de la main.

Saida a relevé sa jupe, laissant apparaître ses genoux blancs et fermes. L'homme a plongé la main dans son pantalon et a fait des gestes. Je savais ce qu'ils signifiaient, bien que l'on puisse à peine voir quelque chose sous sa longue veste.

Avec l'autre main, il a fait un autre signe : plus haut.

« Maintenant, ça va y être », a murmuré Saida. D'un seul coup, elle a relevé tellement sa jupe que sa petite culotte a étincelé. Je retenais mon souffle. L'homme s'agitait fiévreusement. Puis il s'est arrêté. J'ai vu quelque chose jaillir sous la veste et j'ai eu un haut-le-cœur.

« Déjà fini, m'a rassurée Saida. C'est maintenant le meilleur. »

L'homme a sorti son porte-monnaie, il en a tiré un billet et s'est incliné en posant sa main sur le cœur en signe de remerciement. Il a laissé le billet voltiger sur le sol. Puis il a disparu.

Saida a descendu l'escalier en courant et a pris l'argent : cent dirhams.

« Regarde, a-t-elle dit. Cent dirhams pour rien. »

Elle a ri.

Pas moi. Le haut-le-cœur était aussi fort que celui qui avait manqué me faire vomir le jour où le professeur m'avait craché dans la bouche.

Je me suis juré de ne jamais gagner un seul dirham de cette manière. Je trouvais déshonorante, irrespectueuse, choquante et dégoûtante, la façon dont cet homme s'était excité devant les jambes blanches de mon amie.

J'étais contente pour son argent de poche. Mais j'avais dans la bouche un goût amer qui n'a pas disparu, le soir, quand je me suis brossé les dents.

La mer

À douze ans, j'ai attrapé la gale. Tous les enfants de la famille se grattaient pour soulager les démangeaisons provoquées par les acariens, qui déposaient leurs œufs sous notre peau. Oncle Hassan était très nerveux. Il avait peur d'être contaminé.

« Sortez d'ici ! nous criait-il dès le lever du soleil. Allez à la mer, c'est bon pour votre peau. Et ne revenez pas avant qu'il fasse nuit. »

Il nous donnait une solution sulfureuse jaune avec laquelle nous devions nous badigeonner. Puis il nous chassait dans la rue. Sur la route du port, nous chantions l'air favori de Jamila à l'époque, *L'Italiano* de Toto Cutugno. Nous ne comprenions pas les paroles, car aucun de nous ne parlait l'italien. Mais la mélodie ne nous sortait plus de la tête.

Nous évitions les rues animées du centre-ville, craignant que tout le monde voie notre peau rongée par les acariens et se moque de nous. Nous arrivions au port en empruntant des rues parallèles. À cet endroit, la plage n'était pas particulièrement belle : une odeur de vieux poisson empuantissait l'air et, avant d'atteindre l'eau claire, il fallait parfois plonger sous une couche gluante de pétrole. Mais l'endroit présentait trois avantages : à part nous, il n'y avait presque personne ; quand on s'ennuyait, on pouvait observer les grands bateaux qui accostaient près du quai ; et puis il y avait des baraques avec de la nourriture bon marché où l'on trouvait toujours des détritus qui nous rassasiaient.

Je ne mendiais pas mais, vers midi, je tournais autour des tables avec tant d'insistance que je me faisais sans arrêt chasser par les serveurs.

« *Sir f'halk*, criaient-ils. Va-t'en ! »

« J'ai faim, s'il vous plaît, donnez-moi les restes. »

« Pas question, tu déranges les clients. »

Alors j'attrapais une poignée de frites ou un morceau de pain et me sauvais en courant pour partager le butin avec mes sœurs avant que les serveurs me lancent des pierres ou que d'autres enfants plus grands me le prennent.

Je n'avais pas de maillot de bain à moi et devais porter ceux devenus trop petits pour les cousines. Ce n'était pas facile de nager dans des maillots trop grands. À chaque vague, ils glissaient de mon corps et je devais les resserrer en faisant des nœuds.

Je ressemblais probablement à une enfant des rues avec ma peau enflammée, mes grands yeux dans un visage épuisé, mes cheveux emmêlés et pouilleux et mon corps chétif qui flottait dans de gigantesques maillots de bain. Les touristes me regardaient parfois avec pitié.

J'avais honte devant ces gens à la peau claire et propre, qui sentaient si bon la crème solaire et très fort quelque chose qu'ils se vaporisaient sous les aisselles. C'est seulement plus tard que quelqu'un m'expliqua ce qu'est un déodorant. Chez nous, il n'y avait pas ce genre de choses. Nous n'avions même pas de gel douche, de shampooing ou de dentifrice. Je me lavais les cheveux avec du Tide, la poudre pour faire la lessive, qui contenait tellement de produit blanchissant que mes boucles noires devenaient toutes grises. Nous nous nettoyions les dents avec du charbon de bois.

Je voulais connaître ces gens à la peau claire et leurs enfants, qui passaient des heures sur la plage sans aller dans l'eau. En revanche, ils bâtissaient infatigablement des châteaux et des villes entières en sable. Prudemment, je me glissais près de ces enfants qui s'agitaient avec des pelles en plastique colorées et disposaient apparemment de réserves illimitées de sucreries et de limonade.

Je me faisais toute petite, mais je formulais dans ma tête des phrases en français pour leur adresser la parole. Devais-je dire : « Bonjour mademoiselle » ou « *Salam aleikum* » ? Comme je n'arrivais pas à me décider, je préférais me taire. Je ne savais pas comment ils réagiraient.

Je m'asseyais à l'écart du château de sable et restais silencieuse. Petit à petit, je me rapprochais et, quelquefois, je parvenais même à obtenir une pelle et à creuser un trou ou à tasser une petite colline. De temps en temps, je recevais quelques bonbons. Mais le plus souvent, on me chassait.

J'employais une autre stratégie pour m'approcher des étrangers, mais uniquement quand nous revenions de Terre des Hommes et que j'avais trouvé des vêtements qui me paraissaient européens. Je flânais alors nonchalamment sur notre plage en direction des enfants blancs, comme si j'étais aussi un enfant de touristes, et je leur parlais dans une langue fantaisiste qui, selon moi, pouvait être européenne.

« Anama andisch, anma adi uh ada khaib », disais-je.

« Euh », faisaient les enfants blancs.

« Kalamu mala mo », ajoutais-je.

« Maman, elle est cinglée », s'écriaient les enfants. Ils n'entraient pas dans mon petit jeu. J'avais oublié que j'étais toute brunie par le soleil brûlant du Maroc et que les enfants européens n'avaient pas des boucles grises pâlies par le Tide ni de poux.

Mais je ne me souciais guère d'être rejetée. Je me sentais comme une Européenne, même si personne ne me comprenait. Bon, me disais-je, c'est donc que je viens d'un tout petit pays d'Europe, aussi petit que la Suisse, où il y a de la neige dans les rues. Voilà pourquoi il n'y a pas beaucoup de gens qui parlent ma langue, et les autres ne me comprennent pas.

J'aimais la mer. La mer était mon amie. Dans l'eau, j'étais à l'abri, bien plus que sur la terre. Je courais dans l'eau jusqu'à ce que je n'aie presque plus pied. J'attendais la vague suivante, me baissais au-dessous d'elle et émergeais de ses remous avec les cheveux en bataille. Je répétais sans cesse ce jeu avec la mer. Je n'arrêtais que lorsque je me sentais étourdie.

Jamais il ne m'est arrivé quoi que ce soit dans l'eau… jusqu'à ce que j'aille à la piscine publique. Ma grande cousine Habiba avait eu une amourette avec le maître-nageur, et nous pouvions tous y aller gratuitement. J'ai sauté dans l'eau bleue incroyable de la piscine sans penser à la profondeur, et j'ai coulé comme une pierre.

Le maître-nageur m'a tirée du bassin. J'ai craché de l'eau, je haletais tout en m'apprêtant à ressauter.

« Non, ma petite, a dit le maître-nageur en riant. Tu ne penses pas sérieusement que je vais tout le temps te sortir de là ! Il vaut mieux que je t'apprenne tout de suite à nager. »

Il n'a pas fallu longtemps pour que je sache nager et plonger. Bientôt, la piscine m'a paru trop pleine de monde et trop ennuyeuse. Je suis retournée à la plage. À présent, je plongeais sous les grosses vagues et nageais au loin jusqu'à ce que les têtes des gens sur la plage ne soient pas plus grosses que des prunes.

Je m'étendais sur le dos, flottais en apesanteur et réfléchissais à ce qu'il pouvait bien y avoir de l'autre côté de l'océan. Combien de fois avais-je posé la question ? Mais personne ne m'avait donné de réponse. Y avait-il aussi une plage là-bas ? Est-ce qu'il y avait des gens qui y vivaient ? Peut-être que l'Europe se trouvait là-bas ? Ou bien la mer était-elle infiniment grande ?

Ici, les vagues étaient paisibles et régulières comme le souffle d'un animal gigantesque dont la poitrine se soulève et s'abaisse. Leur puissance m'insufflait de la sécurité et je leur faisais confiance. J'étais persuadée que la mer était infinie et au moins aussi grande qu'Allah. Probablement pouvait-on nager une vie sans arriver nulle part. Au pire, on pouvait être grignoté par les poissons, surtout si l'on portait un maillot de bain blanc, comme le prétendaient les vieilles personnes sur la plage.

Les vieux avaient toujours réponse à tout, sauf à la question de savoir à quoi ressemblait l'autre côté de l'océan. Si l'on cligne de l'œil gauche, c'est l'annonce d'une visite indésirable. Si l'on a le pied qui gratte, cela promet de nouvelles chaussures. Si ça te chatouille dans la paume de la main, c'est que l'argent va pleuvoir dans ta maison. Et si tu enfiles par mégarde un vêtement à l'envers, ne te tracasse pas, car tu vas recevoir de nouveaux habits.

Tout en me laissant porter par l'eau salée de l'Atlantique, je songeais à ce genre de sagesses banales. Je sortais prudemment ma main gauche de l'eau. Est-ce que ça chatouillait ? Non. Je fermais les yeux et rêvassais.

Souvent, les courants marins m'entraînaient si loin que je ne reconnaissais plus la plage sur laquelle je finissais par revenir, et il me fallait courir pendant des heures avant de retrouver le port.

Je me livrais à la mer. Elle aurait pu m'engloutir, mais elle me recrachait toujours. Une fois, j'ai été emportée si loin qu'un bateau m'a remarquée.

Il s'est dirigé vers moi.

« Tu as besoin d'aide ? » s'est écrié l'homme à la barre.

Je n'ai pas répondu. Je ne voulais pas répondre.

« Nous pouvons te sortir de là et te ramener à terre ! »

Je n'ai pas dit un mot. Je ne voulais pas être sauvée par une main humaine. Je voulais laisser la mer décider de ma vie. Je ne voulais pas mourir, mais j'aimais le risque.

Le bateau a fait demi-tour. Plus tard, la mer m'a jetée sur le rivage, elle ne voulait pas de ma vie. Elle était de mon côté.

Mon attirance pour l'Atlantique se faisait de plus en plus grande. Je me souvenais des journées passées avec ma mère à la plage. Elle avait peur des vagues et de leur puissance. Je crois que j'essayais de surmonter cette angoisse de ma mère en me mettant en danger. Je souhaitais montrer que j'étais plus forte qu'elle, que je n'étais pas une victime, que je ne voulais pas suivre son chemin dans la mort. La mer me transmettait son énergie. C'est grâce à son aide que j'ai supporté le destin de ma famille.

Dès que l'odeur de l'eau salée me parvenait aux narines, que je sentais le sable sous mes pieds et que j'entendais le bruit des vagues qui se brisaient, je me sentais libérée du poids de mes origines. L'eau entraînait mon passé au large, dans l'infinité de l'océan ; elle enveloppait mon avenir dans un voile d'embruns et me laissait seule avec le présent.

Cela me plaisait. Moi. Maintenant. Rien que moi et la mer. Quand je revenais de la plage, j'étais aussi forte et sans crainte qu'un homme. Je m'exerçais aux techniques des sports de combat et me sentais sûre de moi. Je coupais mes cheveux aussi court qu'un garçon, et, avant que quelqu'un me menace, c'était moi qui le menaçais.

Si on me draguait, je ripostais aussitôt. Il n'a pas fallu longtemps pour que les garçons s'aperçoivent qu'il ne fallait pas plaisanter avec moi, et je n'ai plus été ennuyée. Les filles fréquentables de mon âge m'appréciaient. Quand elles étaient avec moi, il ne pouvait rien leur arriver. Les filles moins correctes m'évitaient car, en ma compagnie, elles ne pouvaient pas rencontrer d'hommes.

Je sentais que mon agressivité me protégeait. En même temps, elle m'empêchait de faire la connaissance de personnes gentilles. Tout le monde me redoutait. Presque tout le monde.

Une fois, j'avais tout juste treize ans, un homme m'a importunée sur la plage. Il était dix heures du matin et je lisais des manuels scolaires. L'homme s'est posté devant moi.

« Qu'est-ce que tu fais ici ? »

« J'étudie. »

« Ah, tu appelles ça étudier ? Petite salope. »

L'homme était agressif. Il avait un sac en plastique dans la main. Quand il a posé le sac, je m'attendais à ce qu'il sorte un couteau et me taillade le visage. Mes pensées se bousculaient. Je n'avais pas peur de la mort, mais de l'humiliation.

« Passe devant, va derrière les dunes, a dit l'homme. Ne te retourne pas, je te suis. »

L'homme avait la face brûlée par le soleil et couverte de cicatrices de coups de couteau. Sa lèvre supérieure était enflée, il était torse nu et avait les yeux rouges. Il était ivre.

« Je suis une écolière, ai-je fait. Laisse-moi tranquille. »

Des baigneurs sont passés près de nous en flânant. J'ai vu dans leurs yeux qu'ils savaient que j'étais en danger. Mais je voyais aussi leur crainte. Personne n'était prêt à m'aider.

« Je crois que tu es de bonne famille, ai-je dit. Veux-tu vraiment te rendre coupable envers une petite fille ? »

L'homme a juré : « Arrête de déblatérer. Va derrière les dunes ou je t'achève. »

Je savais que je ne pouvais pas m'enfuir sans abandonner mes livres, ce que je ne voulais en aucun cas. Les livres scolaires représentaient mon avenir. Il fallait que j'étudie, que j'étudie beaucoup pour pouvoir échapper à mon infortune.

Je continuais à parler à l'homme. Ma voix était calme tandis que mon cœur frémissait. J'avais appris cela à la maison : ne montrer ni sentiments ni peur. Jamais.

Finalement, il a abandonné. « Maintenant, je vais tourner le dos et regarder la mer. Si je te vois encore assise à cette place quand je me retournerai, tu seras à moi. »

L'homme s'est détourné. Le sang battait dans mes oreilles plus fort que la houle. J'ai attrapé mes livres et couru aussi vite que je pouvais. Partir. À la maison. En sécurité. Pas une seule fois je ne me suis retournée.

Je n'ai jamais revu cet homme.

Plus tard, au collège, je séchais souvent les cours pour aller à la plage. Ma sœur Rabiaa, l'intelligente, possédait un gros cahier rempli de poèmes, de nouvelles et de pensées, en français et en arabe. J'emportais ce recueil avec moi et je le dévorais. Les textes de Rabiaa étaient très compliqués, ils décrivaient notre vie difficile en images symboliques que nous étions seuls à comprendre, pas nos cousins. Je me sentais rassurée de lire mon histoire sous cette forme littéraire, comme si elle concernait des étrangers. Elle m'était proche, puisque je la vivais. Mais dans le cahier de Rabiaa, elle s'éloignait de mon cœur pour envahir mes pensées. Un peu comme si je lisais l'histoire d'une famille inconnue.

Malheureusement, ce recueil a été perdu. Je me souviens seulement du début d'un poème qui parlait de notre sœur Jamila :

« *Je t'aime si fort*
car tu es ma sœur
tu m'as quittée
comme tu as blessé mon cœur… »

À dix-sept ans, Jamila avait quitté notre famille. Tante Zaina lui reprochait de tourner autour de l'oncle Hassan. C'était ridicule. Mais Jamila était surveillée et importunée toute la journée par la tante et les cousins. Cela avait aggravé son asthme. Quelquefois, elle ne pouvait plus respirer et tombait par terre, inconsciente.

Un soir, elle m'a mis dans les mains un paquet contenant ses affaires. « Je fiche le camp, a-elle dit. Lance-moi le paquet du toit. »

« Où vas-tu ? » ai-je chuchoté, effarée.

« À la campagne, retrouver Asia et Ouafa. »

« Ne me laisse pas seule, ma sœur », ai-je supplié.

« Je n'en peux plus, a fait Jamila. Tu dois me comprendre, tu es une grande fille. Tu vois comme les cousins m'embêtent. La tante essaie de m'envoûter. L'oncle me bat tous les jours. Je crois qu'il me hait. »

« Je ne te verrai plus jamais ? » ai-je demandé.

« Peut-être que oui, peut-être que non, a répondu Jamila. *Inshallah*. »

Puis elle a lancé à tante Zaina : « Je fais un saut à la boutique. »

La tante est apparue dans la cour. Jamila portait sa chemise de nuit.

« Mets quelque chose par-dessus ! » a ordonné la tante.

Jamila s'est faufilée hors de la maison. Je lui ai jeté le paquet du toit.

« Retrouve-moi dans le petit bois », a-t-elle murmuré.

Là, elle m'a embrassée – une dernière fois avant de nombreuses années – et a disparu.

À la campagne, Jamila n'a pas été la bienvenue. Elle était insolente et portait les robes étroites et provocantes de la ville, qui soulignaient sa forte poitrine et ses fesses fermes.

Grand-mère était outrée et la tante désespérée. Elles ne voulaient pas renvoyer Jamila en ville. Ma sœur a cherché un homme qui l'épouserait et lui offrirait un foyer à elle. Au bout de trois mois, elle l'avait trouvé. Le premier qui lui a fait les yeux doux est devenu son mari. Ils ont eu un fils.

Et, naturellement, ils ne sont plus ensemble aujourd'hui.

Je continuais à passer mon temps au bord de l'Atlantique. À quinze ans, je suis allée à l'une des fêtes organisées sur la plage. Les garçons devaient payer l'entrée, mais pas les filles.

En réalité, ces fêtes n'étaient ouvertes qu'aux plus de dix-huit ans, mais j'ai réussi à m'y introduire. J'avais envie de danser.

La semaine suivante, un garçon est venu me voir sur la plage.

« Tu te souviens de moi ? » a-t-il demandé.

« Non », ai-je répliqué.

« Je t'ai vue ce week-end à la fête. »

« Moi pas. »

Mohssin avait déjà vingt ans, mais il était très petit. Je le trouvais mignon, planté là devant moi. Ses cheveux étaient coupés très court et sa nuque rasée. Ses boucles étaient fixées avec du gel. Il avait la peau sombre et les yeux clairs. Mohssin n'était pas berbère, mais arabe.

Nous avons bavardé un peu et nous nous sommes vite trouvé un point commun : notre vénération pour le chanteur égyptien Abdel Halim Hafez (1929-1977).

Je me suis mise à chanter l'une de ses chansons, celle que je préférais. C'était *Resala men tahtel maa*, « Une lettre sous l'eau » :

« Si tu m'aimes vraiment,
aide-moi à te fuir.
Ou si tu veux me guérir,
Guéris-moi de toi.

Si j'avais su
Combien l'amour est dangereux,
Jamais je n'aurais aimé.

Si j'avais su
Combien la mer est profonde,
Je me serais tenu éloigné.

Si j'avais su
Comment cela finirait,
Je n'aurais jamais commencé. »

Puis Mohssin a attaqué le refrain :
« Je n'ai pas la force
de respirer sous l'eau.
C'est pour cela que je vais me noyer.
Je vais me noyer,
Me noyer, me noyer. »

Nous chantions et nous bavardions, cachés derrière les dunes à l'abri des cousins qui nous poursuivaient. Mohssin n'avait pas le droit de m'embrasser. Je craignais de devenir comme mes cousines.

Désespéré, il envoyait en recommandé des cartes postales achetées au kiosque. Elles étaient imprimées de cœurs roses, au-dessous desquels il écrivait : « Tu me manques, Ouarda. »

Les courriers recommandés étaient rares dans notre rue, et tous les voisins étaient dehors quand le facteur me faisait chercher pour que je signe l'avis de réception. Les cousines se moquaient de moi, les cousins menaçaient de découvrir le soupirant tenace et de le passer à tabac, mais oncle Hassan riait avec bonhomie. Mon cœur battait la chamade d'excitation.

Malgré tout, notre amour a tourné court. Au bout d'un an, Mohssin en eut assez de ma réserve. Il a cherché une fille à embrasser et ne m'a plus écrit de cartes postales.

Ç'a été dur pour moi. J'avais pourtant l'habitude d'être abandonnée. Ma mère m'avait abandonnée, mon père et la moitié de ma fratrie m'avaient abandonnée. Et maintenant, j'étais abandonnée par un nouvel amour.

J'en avais les larmes aux yeux. Pendant des mois, j'ai cherché Mohssin sur la plage, mais il ne se montrait plus. Il avait une relation avec Saida, la fille qui dénudait ses jambes blanches pour cent dirhams.

J'entrais dans la mer en pleurant. Je restais longtemps au large, au-delà du ressac. Quand je regagnais la plage, l'eau avait englouti les larmes versées sur mon amour perdu.

Le village au pied des montagnes

Au cours de l'été 2003, ma sœur Asia s'est mariée, à vingt-six ans, avec son ami Said.

Asia dirige une école de langues à Agadir. Quand elle sort de la maison, elle porte un foulard. Pour des raisons religieuses, mais aussi pour se protéger. Dans de nombreux quartiers, les femmes qui sortent tête nue sont considérées comme des filles faciles que l'on peut importuner à tout moment.

Said a un an de plus qu'elle. Cuisinier de formation, il travaille comme receveur dans les entreprises de transport Zetrap et, pendant ses loisirs, il joue de la musique dans un groupe folklorique. Il est issu d'une famille pauvre, mais convenable. Son père est mort prématurément, sa mère a élevé seule les trois frères.

Quatre cents personnes étaient conviées au mariage. Les mains et les pieds de la fiancée ont été enduits de henné et elle a traversé la ville dans une chaise à porteurs. Le fiancé a emprunté les rues sur un cheval en tirant en l'air avec un vieux fusil. À l'entrée de la salle, de jeunes Berbères accueillaient les invités avec du lait et des dattes, le traditionnel cadeau de bienvenue. Des musiciens jouaient, des cuisiniers ont servi les plats les plus délicieux du pays. Ce n'est qu'au bout de trois jours que les festivités se sont achevées.

Le nouveau couple s'est retiré dans un hôtel romantique du quartier Ben Sergao. Naturellement, ma sœur était restée vierge. Mais les invités n'ont pas pu le vérifier, car Asia et Said ont refusé de présenter au public un drap taché de sang après la nuit de noces.

« Nous ne vivons quand même plus au Moyen Âge », a déclaré Asia.

Mais cela n'était pas valable pour tous les jeunes mariés. Je me rappelle un jour de noces dans notre voisinage à Agadir. La fête avait eu lieu dans une grande tente installée dans la rue et avait duré jusqu'au lendemain matin. Puis le couple avait disparu dans une chambre de la maison voisine de la nôtre. Les convives ont attendu le drap. Cela a duré une heure, deux heures. Trois heures plus tard, la porte de la maison s'est ouverte. Mais ce n'était pas la mère de la mariée qui sortait avec le drap sur un plateau pour danser à travers la foule des invités, c'était le marié.

Il n'amenait pas de drap. Il a juré : « Quelle merde, nous avons été roulés ! La fille n'était plus vierge. On m'a refilé une marchandise de seconde main. Qu'Allah vous punisse. »

Fou de rage, il a claqué la porte, rassemblé sa famille autour de lui et disparu. Un silence embarrassé a envahi la rue. Les convives de la noce se sont éclipsés. Un tel scandale n'est pas de bon augure. La famille de la mariée s'est enfermée dans sa maison. Pendant des semaines, la fille n'a plus osé se montrer.

Et même plus tard, je la voyais se glisser tête baissée jusqu'à la boutique de *si* Hussein et disparaître à nouveau.

On a raconté plus tard que la jeune fille était tout à fait vierge, mais que l'époux avait été un imbécile, incapable d'accomplir son devoir pendant la nuit de noces. L'opprobre est demeuré cependant sur nos voisins.

La fête d'Asia à Agadir a marqué la clôture des réjouissances, qui avaient duré presque douze mois à l'occasion de ses fiançailles. Je trouvais cela un peu excessif, d'autant qu'il me fallait sans cesse venir d'Allemagne pour participer aux festivités.

Aujourd'hui encore, le nom de Saíllo est lié à la mort cruelle de ma mère. Nous sommes les enfants d'un meurtrier, presque tout le monde connaît notre histoire. Je crois qu'avec ces fêtes de mariage démesurées, Asia tentait de réhabiliter notre nom. Elle voulait dire : « Écoutez bien, nous avons été exclus de cette société, mais nous voilà de retour à présent. »

Tout avait commencé un an auparavant par une petite réception à Igraar, le village voisin de mon lieu de naissance, E-Dirh, où Asia avait grandi, chez notre tante Khadija. Les femmes et les enfants du village se sont retrouvés dans la maison en pisé de *khalti* Khadija, les hommes devaient rester dehors. Pour la fête, on avait servi du Fanta, du Coca-Cola et un jus de pommes qui portait le nom de « Pommes », ce qui passait pour très chic à la campagne.

Sur la route d'Igraar, nous avons quitté la chaussée goudronnée pour la piste que M. Autobus avait déjà empruntée quand il avait ramené ma mère dans son village natal, peu avant ma naissance.

Depuis, rien n'a changé à E-Dirh et Igraar, sauf le fait qu'une ligne électrique traverse la montagne et alimente les villages au pied de l'Anti-Atlas.

Khalti Khadija pouvait maintenant rafraîchir les bouteilles de « Pommes » dans un réfrigérateur et, au coucher du soleil, allumer la lumière électrique dans la cour intérieure. Mais elle continuait à puiser l'eau de la citerne et, avant qu'il fasse nuit, elle se précipitait dans la deuxième cour pour nourrir l'âne et les deux moutons.

Je me souvenais des semaines insouciantes que j'avais passées ici, enfant. Pour les vacances d'été, oncle Hassan nous envoyait à la campagne. Rabiaa, Jamila et moi préparions nos sacs et prenions le bus. Seuls Jaber et Mouna n'avaient pas le droit de venir. Mon père ne voulait pas que sa fille aînée et son unique fils fréquentent la famille de ma mère. Mouna était la fille d'une autre femme et Jaber était censé transmettre l'héritage génétique de mon père.

Je me réjouissais de voir mes sœurs Asia et Ouafa, qui grandissaient près de ma tante, et avec lesquelles je n'avais aucun contact pendant l'année. Mais il n'était pas si facile de s'entendre avec elles. Ouafa et Asia s'étaient mises à parler le tashl'hit, la langue de mon clan, que nous devions réapprendre.

Toutes les deux se déplaçaient avec assurance dans cet environnement étranger, parsemé de plantes aux épines dangereuses, d'essaims de sauterelles et de serpents venimeux qui me donnaient le frisson.

Les premiers jours, je me sentais mal à l'aise, puis je me suis habituée. Grand-mère m'offrait la sécurité. La nuit, je dormais dans son lit et me serrais étroitement contre son corps, inconnu mais à l'odeur familière. Grand-mère me caressait les cheveux jusqu'à ce que je m'endorme et, quand elle sortait du lit, avant le lever du soleil, pour faire ses prières et entamer les travaux des champs dans l'air frais de l'aurore, je me réveillais et ne la quittais plus.

« Mon petit, disait grand-mère. Il fait encore nuit, reste donc au lit. »

« Non, m'écriais-je. Je veux aller avec toi ! »

Grand-mère portait toutes les charges sur la tête, comme seules les vieilles femmes peuvent encore le faire de nos jours. Elle marchait en se tenant très droite, et je trouvais qu'elle ressemblait à une reine. Dans les champs, elle arrachait les mauvaises herbes et cueillait des fruits frais. Puis elle se dépêchait de rentrer et préparait pour le petit déjeuner une soupe de maïs nourrissante. Nous prenions le repas dans la cour.

J'aimais la renifler quand elle revenait des champs. Sa peau avait l'odeur acide du lait après une journée chaude. J'adorais la voir ôter son foulard et libérer ses cheveux. Ils étaient longs et colorés par les différents reflets de la poudre de henné.

Après le petit déjeuner, elle nourrissait les poules, les moutons, les chèvres et l'âne. Quand le soleil était au zénith et qu'il faisait trop chaud pour travailler, les femmes des dix familles du village se réunissaient, préparaient du thé, s'asseyaient à l'ombre et se racontaient les histoires haletantes et banales du quotidien.

Plus tard, nous chantions les airs anciens de notre clan, les femmes allaient chercher des instruments modestes et marquaient le rythme sur lequel les filles dansaient.

Nous participions à ces rencontres comme si cela allait de soi, et je prenais plaisir à faire partie de cette grande et paisible communauté villageoise. Nous, les filles, préparions du thé comme les adultes, et, à la saison de l'argan, des concours étaient organisés. C'était à celui qui réussirait à casser le plus de ces fruits durs.

Nous nous asseyions en tailleur devant les pierres plates et polies sur lesquelles étaient étalées les noix d'argan séchées au soleil. Puis nous faisions éclater la coquille avec un caillou pointu. Casser les noix était un travail délicat. Il fallait toucher un point très précis de la coque avec la pierre pour pouvoir extraire les précieuses graines.

Grand-mère veillait consciencieusement à ce que les graines ne soient pas abîmées. Elles contenaient en effet la précieuse huile d'argan, utilisée non seulement dans l'alimentation, mais employée aussi par les *sherifa,* dont grand-mère faisait partie, comme un remède puissant contre beaucoup de maladies et d'infirmités.

Le plus exaltant, c'était de vivre des aventures avec Jamila, la plus sauvage et la plus téméraire de toutes les filles. Avec elle, nous escaladions les versants des montagnes, derrière le village.

Quand nous partions à travers champs, nous emportions de longues baguettes de canne à sucre, fendues à l'extrémité supérieure et pourvues d'une corde. Avec ces baguettes en guise de pinces, on pouvait extraire des buissons pleins d'épines les figues de cactus sucrées inatteignables à mains nues.

Jamila a utilisé cette baguette pour attraper un serpent que nous avions découvert dans un puits du champ. J'aimais voir mon visage se refléter dans l'eau de puits. J'avais l'impression d'avoir une sœur jumelle qui me souriait des profondeurs lugubres de la fosse. Mais, ce jour-là, en me penchant par-dessus la margelle, je n'ai vu qu'un horrible reptile.

J'ai poussé un cri perçant. « Jamila, il y a quelque chose de dégoûtant ! »

Jamila a regardé la chose sans s'émouvoir.

« C'est un serpent, a-t-elle dit. Je vais le sortir. »

« S'il te plaît, ne fais pas ça ! ai-je crié. C'est dangereux. » Aujourd'hui encore, j'ai peur des serpents. Même à la télévision, je ne supporte pas d'en voir.

« Je vais bien y arriver », a fait Jamila. Son large visage était rouge de la fièvre du chasseur.

Fascinées, nous avons observé comment Jamila visait le serpent avec la pince à figues. Le reptile sifflait méchamment. À trois reprises, il est parvenu à se libérer. Puis son long corps s'est trouvé coincé.

L'air triomphant, Jamila a exhibé le serpent à la lumière du soleil. Il se tortillait dans le crochet de la pince. Je voyais sa langue fendue et ses yeux froids. Nous nous sommes écartées en poussant des cris quand ma sœur s'est mise à faire tourner le serpent au-dessus de sa tête.

« Je l'étourdis, s'est écriée Jamila. Vous voyez ça ? Et quand il sera étourdi, nous l'écraserons jusqu'à ce qu'il meure. »

« Remets-le tout de suite dans le puits, ai-je protesté, sinon je le dis à grand-mère. »

« Poltronne, s'est exclamée Jamila. Je vais vaincre ce serpent ! Regardez ! »

À distance, nous avons observé la lutte de Jamila contre l'animal. Ma sœur a réussi à l'étourdir.

Finalement, le serpent s'est retrouvé par terre et Jamila l'a piétiné vigoureusement avec ses bottines en caoutchouc vert. Il ne bougeait plus depuis longtemps quand les autres filles se sont approchées pour écraser à leur tour le serpent. J'ai été la seule à ne pas oser lui donner un coup de pied. J'étais trop effrayée.

Le soir, grand-mère s'est fâchée contre nous. « Les serpents peuvent tuer les gens, a-t-elle dit. Ne refaites plus jamais ça, sinon vous n'aurez plus le droit d'aller seules dans les champs. »

Je me suis vue combattre des scorpions. Devant la maison de ma tante se trouvait une cuve de béton pour récolter l'eau de pluie. Mais il pleuvait si rarement que, la plupart du temps, la cuve était vide. Des scarabées, des scorpions noirs, qui devenaient relativement grands, et des petits rouges extrêmement venimeux grouillaient à l'intérieur. Je les écrasais avec un bâton avec le sentiment d'être le sauveur de notre repos nocturne. Chaque scorpion mort représentait un danger de moins et me permettait de dormir plus tranquillement.

À la campagne, les journées passaient à toute vitesse et dans l'insouciance. Je me sentais forte, propre et en bonne santé. Il y avait suffisamment à manger, nous vivions à l'air pur et, tous les jours, grand-mère me frottait avec du savon de Marseille qu'elle se procurait dans le souk de Tiznit. Il y avait des brosses à dents et du dentifrice ; mes dents étincelaient de blancheur quand je me penchais par-dessus la margelle pour contempler mon visage dans le miroir de l'eau. Une fois par semaine, avec des branches sèches, grand-mère chauffait le hammam dans la deuxième cour de sa propriété, pour nous faire transpirer. La pièce était si basse que l'on ne pouvait pas s'y asseoir. Nous étions étendues les unes à côté des autres comme des pains dans le four ; dès que notre peau était ramollie par les vapeurs d'eau brûlantes, grand-mère nous frictionnait avec un gant rugueux pour enlever la saleté.

Quelques jours avant la rentrée des classes, elle commençait à emballer nos affaires et à ficeler des paquets. Je ressentais déjà la douleur des adieux, qui atteignait son apogée au moment où M. Autobus surgissait avec sa vieille voiture dans un grand nuage de poussière sur la piste d'Igraar et E-Dirh.

Assises sur les marches de la maison de grand-mère, nous luttions contre les larmes. Tout le village venait pour nous dire au revoir.

Puis nous nous retrouvions dans le bus et regardions par la vitre arrière : le village devenait de plus en plus petit, avant de disparaître.

L'été se trouvait derrière nous. Devant nous, l'automne, avec oncle Hassan, tante Zaina, et la misère habituelle que nous avions presque oubliée au cours de ces semaines passées à la campagne.

Le poing de l'oncle

Oncle Hassan devenait de plus en plus brutal, mais, au moins, il était juste : il partageait équitablement la violence entre ses enfants et nous. Mustafa, son beau-fils, était le plus harcelé. *Ammi* Hassan le suspendait par les pieds à un crochet du mur jusqu'à ce que son visage devienne rouge, ensuite il le frappait avec des tuyaux de caoutchouc ou des courroies.

S'il était de mauvaise humeur, il valait mieux ne pas se trouver sur le chemin de l'oncle. Il m'avait déjà brisé le nez, mais j'ai été vraiment maltraitée le jour où j'ai perdu les lunettes de soleil de Fatima.

Ma cousine Fatima souffrait d'une maladie de peau qui s'aggravait en hiver, atteignant son visage. Je crois qu'il s'agissait de neurodermite. Pour cacher les plaques, elle portait de grandes lunettes de soleil que l'oncle lui avait achetées.

Naturellement, j'avais envie d'essayer ces lunettes très chic. Je les lui ai empruntées et suis partie flâner dans la rue principale. Ma tenue a atteint son objectif.

L'un des garçons les plus intéressants a arrêté sa mobylette près de moi et m'a lancé : « Hé ! Ouarda, elles te vont bien, ces lunettes ! »

J'ai souri, flattée.

« Est-ce que je peux les essayer ? »

J'ai hésité. Mais comme je ne voulais pas avoir l'air pimbêche, j'ai accepté.

Le garçon a attrapé les lunettes, les a chaussées et... a accéléré.

« Hé ! idiot... », ai-je crié derrière lui. Mais il avait déjà tourné le coin de la rue.

Le soir, Fatima s'est aperçue que les lunettes avaient disparu.

« Ouarda, a-t-elle demandé. C'est encore toi ? »

J'ai acquiescé.

« Donne-les ! »

« Je ne les ai plus. Je les ai prêtées. »

C'était la réponse à ne pas dire. Fatima a explosé de colère et a essayé de me griffer le visage. Alarmé, et manifestement de mauvaise humeur, l'oncle a enlevé la ceinture de son pantalon. Sans même m'interroger, il s'est mis à me frapper. Quand il s'est arrêté, j'ai essuyé le sang au coin de mes lèvres.

Oncle Hassan m'a regardée sans pitié. « Si les lunettes ne sont pas là demain, je te bats à mort. »

Je me suis rendue chez les parents du garçon.

« S'il vous plaît, ai-je dit. J'ai besoin des lunettes. »

En voyant les marques de coups, ils ont compris ce qu'il s'était passé. Oncle Hassan avait la réputation d'être un cogneur. Il était souvent impliqué dans des bagarres de rue et avait acquis une technique efficace pour faire très mal.

Ses mains étaient dures comme de l'acier quand elles atteignaient mon visage. Il ne frappait jamais avec la paume, mais avec le revers. Si je restais calme, cela le rendait encore plus furieux. Il cognait ma tête contre le mur et me donnait des coups de pied dans le ventre. Quand je pleurais, son agressivité diminuait, et il finissait par arrêter. Mais j'étais trop fière pour pleurer.

« Oui, nous avons les lunettes, ont dit les gens. Malheureusement, notre fils a cassé les verres. La monture est chez l'opticien. Nous ne les récupérerons qu'après-demain. »

Une bien mauvaise nouvelle. J'allais être battue jusqu'à ce que ces maudites lunettes soient revenues. Chaque matin, je me réveillerais dans l'angoisse de ce que j'aurais à endurer le soir, les souffrances, l'humiliation, pour ensuite aller au lit avec des blessures et à l'école avec un œil au beurre noir.

J'ai marché lentement jusqu'à la maison. Oncle Hassan m'attendait.

« Où sont les lunettes ? »

« Je les aurai seulement… »

Je n'avais pas achevé ma phrase que je recevais déjà son poing dans la figure. Ce soir-là, il a pris un câble pour me frapper. D'abord, j'ai serré les dents pour ne pas souffler mot quand la peau craquait avec un bruit répugnant. Je ne voulais pas que les cousins s'amusent de mes plaintes. Mais j'ai fini tout de même par abréger la torture en m'effondrant.

C'était le truc de ma cousine Habiba. Quand elle était battue, elle roulait tout de suite les yeux et se laissait glisser par terre. Une fois, pourtant, l'astuce n'a pas fonctionné. Elle venait juste de sortir de chez le coiffeur et se pavanait dans la ville avec sa chevelure lissée au séchoir. Oncle Hassan en avait assez qu'elle ignore le couvre-feu décrété par lui après vingt heures. À onze heures, à peine Habiba avait-elle franchi la porte qu'elle recevait déjà le premier coup. Aussitôt, elle est tombée évanouie ; l'oncle, effrayé, s'est précipité aux toilettes pour chercher un petit seau d'eau. Habiba l'observait du coin de l'œil. Elle se trouvait à présent dans une situation embarrassante. Soit il lui fallait avouer son évanouissement feint, et risquer de véritables coups, soit sa nouvelle coiffure lissée était fichue.

Habiba a opté pour les coups.

« Non, papa ! s'est-elle exclamée. Surtout pas d'eau ! »

Mais oncle Hassan a joué le jeu selon ses règles. Il a hésité brièvement puis lui a versé l'eau sur la tête.

« Je crois que ça te fait beaucoup plus mal », a-t-il ricané méchamment.

Je m'en suis rarement sortie à si bon compte. Trois soirs de suite, j'ai été battue jusqu'à ce que le garçon à la mobylette rapporte les lunettes réparées. Ensuite, il y a encore eu une volée de coups ; d'après mon oncle, les nouveaux verres étaient plus minces que les originaux.

Concernant la brutalité, tante Zaina n'était pas en reste. À deux reprises, elle a réussi à me battre jusqu'à ce que je perde conscience. La première fois, j'étais encore à l'école primaire. Elle m'avait tellement frappé sur la tête avec le clou du talon de ses sandales que j'ai basculé, évanouie. J'avais osé manger un morceau du pain qu'elle avait cuit pour ses enfants.

Quand j'ai repris connaissance, j'étais trempée. Elle avait versé de l'eau sur moi et attendait, assise sur un coussin.

« Et maintenant, viens un peu me voir, donne-moi un baiser sur le front et excuse-toi pour ton mauvais comportement. »

Je ne voulais pas m'excuser, encore moins lui donner un baiser. Mais j'étais si désespérée que j'ai fait l'un et l'autre. Aujourd'hui encore, cette humiliation me rend plus furieuse que les coups.

La seconde fois, je m'étais trompée en faisant les courses. Au lieu de ramener du paprika, j'avais acheté du cumin moulu. La tante s'est mise dans une telle colère que, comme d'habitude, elle m'a griffé le visage avec ses ongles pointus, puis a pincé la partie sensible à l'intérieur de mes cuisses, pour finir par me frapper la nuque avec un rouleau à pâtisserie, si bien que j'ai perdu connaissance.

Mes sœurs aînées Rabiaa et Jamila essayaient de nous protéger, mais elles étaient elles-mêmes victimes de violences.

Rabiaa, cependant, était rarement battue, car elle était maligne et diplomate. Mais, un jour, l'un des cousins l'a blessée grièvement. Après avoir plongé une cuillère dans le charbon de bois sur lequel Rabiaa faisait cuire le traditionnel plat de tajine, il la lui a appliquée sur le visage. Sa peau et sa chair fondirent avec un chuintement atroce. Jamais je n'avais entendu Rabiaa crier autant, c'était à vous déchirer le cœur. La cicatrice est encore visible aujourd'hui.

Jamila, quant à elle, était exposée aux tentatives d'approche d'oncle Hassan. Elle travaillait avec lui dans l'atelier et avait peu de chances d'échapper à ses regards et à ses attouchements lubriques quand, à la puberté, son corps a pris des formes féminines.

Lorsque tante Zaina l'accusait de faire les yeux doux à l'oncle, elle n'osait pas dire ce qu'il en était réellement. Elle gardait pour elle le secret sordide. Mais les assauts de l'oncle se sont faits si violents que Jamila s'est confiée à Rabiaa. À cette époque, elle avait quinze ans.

Nous remarquions tous que, pour dire bonjour et au revoir, l'oncle l'embrassait avec une affection particulière. Mais nous n'y voyions rien de mal. Jamila, cependant, s'inquiétait. Elle en a discuté avec Rabiaa, et toutes les deux ont écrit à notre père pour l'informer de ce qu'il se passait dans notre ancienne maison.

Rabiaa était la seule d'entre nous à entretenir des contacts étroits avec notre père prisonnier. À quatorze ans, elle a même engagé un avocat de sa propre autorité pour le faire sortir. La tentative a échoué. Elle a continué à lui écrire régulièrement. Une correspondance que l'on a apprise après le décès de notre père, quand mon frère Jaber a trié ses effets. Je n'ai pas vu toutes les lettres, car Jamila en avait déchiré plusieurs.

Notre père a été très irrité. Il a porté plainte contre son propre frère auprès des autorités et demandé à ce que Hassan soit éloigné de la maison de notre famille et que toute relation avec nous lui soit interdite.

En tant que prisonnier, son influence était limitée. Toutefois, le pacha compétent, un haut fonctionnaire de justice, a convoqué les intéressés.

Oncle Hassan a été pris de panique quand il a reçu sa convocation, car, sans nous, il aurait perdu la maison dans laquelle il vivait désormais. Il serait sans abri et sa réputation définitivement ruinée.

Il ne s'était pas attendu à ce que Jamila et Rabiaa aient suffisamment de courage pour se défendre contre les mauvais traitements. Deux mineures qui osaient porter plainte contre un homme adulte ! C'était exceptionnel dans la société marocaine. Tout le monde était au courant de ce qui nous arrivait : les voisins, notre famille, probablement aussi les autorités. Mais, comme autrefois, quand avec notre mère nous subissions le martyre à cause de notre père, personne n'intervenait. On nous plaignait ; certes, on nous glissait de temps en temps quelques dirhams ou une baguette beurrée, mais personne ne voulait nous aider.

J'admirais Rabiaa et Jamila pour leur courage. Et j'imaginais comment notre vie se transformerait si nous étions enfin débarrassés de l'oncle, de la tante et de leurs enfants. La maison pour nous tout seuls ! Rabiaa, le chef de famille astucieux, Jamila, le paquet d'énergie, Mouna, soulagée de sa peur, et nous, les petites, libérées des représailles ! Naturellement, nous prendrions Ouafa et Asia avec nous ! La famille serait à nouveau réunie ! Mais mon espoir n'était qu'un rêve...

Notre père et mes sœurs avaient décidé de ne pas mentionner le harcèlement sexuel. Dans notre société, un tel reproche se retourne souvent contre les victimes. En définitive, notre père a décrit Rabiaa et Jamila comme des souillons sur lesquelles toutes les mesures pédagogiques bien intentionnées de l'oncle avaient échoué.

Mais oncle Hassan avait eu peur devant le pacha. À l'exception des deux plus petites, nous avions tous été convoqués : Mouna, Rabiaa, Jamila, Jaber et moi.

Mouna n'était pas de notre côté. Par crainte de tout perdre, elle soutenait l'oncle. Très peureuse, elle avait un fort besoin de sécurité. Seule dans la rue, elle marchait toujours comme si elle était menacée. En outre, elle savait qu'elle n'était pas des nôtres, qu'elle était une enfant adoptée issue d'un premier mariage de mon père. Et ma mère ne l'avait pas particulièrement bien traitée. Nous, en revanche, nous l'acceptions comme une sœur à part entière. Je l'aimais et j'ai toujours une grande sympathie pour elle, même si nous n'avons presque plus de contacts.

J'étais prête à déclarer clairement devant le pacha que je ne voulais plus vivre avec la famille de mon oncle. Malgré mes onze ans, je savais pertinemment qu'il me fallait lutter pour notre liberté. Personne ne nous accorderait volontairement le droit de vivre une enfance paisible. Je conclus un contrat avec moi-même : si nous ne parvenions pas à jeter l'oncle et la tante hors de la maison paternelle, je m'en chargerais à l'âge de dix-huit ans, ou je déménagerais.

Mais je n'ai pas été appelée devant le pacha. J'ai attendu à l'extérieur, devant la salle d'audience, tandis que Jamila, Rabiaa, l'oncle, mon grand-père et son neveu étaient interrogés.

Ammi Hassan a présenté comme argument qu'il ne fallait pas laisser seules des filles de notre âge, car elles avaient besoin d'être guidées par un père de famille expérimenté, ce qui était son cas.

Comme le pacha semblait accorder foi au dire de mes sœurs, l'oncle Hassan est tombé en larmes et lui a assuré qu'il nous aimait comme ses propres enfants.

Grand-père aussi était opposé à nous laisser seules responsables de nous-mêmes. Pour un homme de sa génération, c'était quelque chose d'inconcevable.

« Des filles si jeunes, a-t-il fait remarquer. Seules dans une grande ville avec beaucoup d'étrangers. Est-ce qu'elles ne vont pas prendre une mauvaise voie ? »

Le pacha a donc décidé de laisser une dernière chance à l'oncle Hassan. S'il y avait un nouveau motif de plainte, il ferait personnellement le nécessaire pour que l'oncle quitte notre maison.

Nous avions perdu notre combat, mais en avions quand même tiré une victoire. Maintenant que Rabiaa et Jamila avaient montré qu'elles étaient prêtes à lutter pour nos droits, oncle Hassan s'était repris. Il n'osait presque plus nous frapper, et Jamila était désormais à l'abri de son harcèlement.

Seule la haine de tante Zaina a été renforcée.

Sur la voie de la féminité

En deuxième classe, je me suis liée d'amitié avec Siham, une fille issue d'une famille aisée. Siham vivait aussi dans le Nouveau Talborjt, à côté de l'épicerie située au coin de notre rue. Son père était un avocat renommé, sa mère conduisait une Mercedes. La famille était si riche qu'elle possédait deux maisons voisines. Bien qu'il n'y ait que deux enfants, elle disposait de deux fois plus de place que notre tribu de seize personnes rue El Ghazoua.

J'aimais bien me retrouver dans la famille de Siham. Chez eux, jamais de disputes, rarement un mot plus haut que l'autre. De plus, ils avaient le téléphone. Siham et moi nous amusions à faire des blagues. Pour la première fois de ma vie, je tenais un téléphone dans la main et j'actionnais le cadran.

Avec hésitation, j'ai pressé l'appareil contre mon oreille et écouté les bruits de crécelle indiquant que la communication s'établissait. A retenti alors une série de sons stridents.

Effarée, j'ai regardé Siham. « Qu'est-ce que c'est ? » ai-je murmuré.

Siham a ri avec un air un peu supérieur. « Ça sonne. C'est normal. C'est comme ça que marche le téléphone, bêta. »

Puis j'ai entendu brusquement une voix inconnue et j'ai raccroché aussitôt.

Plus tard, je me suis enhardie. Je restais muette, mais j'écoutais les gens répéter « allô ? » « qui est-ce ? ». Puis je reposais l'appareil avec des rires étouffés avant qu'ils aient le temps de dire : « Maudite soit ta mère. » Les Marocains emploient facilement cette formule quand ils sont furieux. Mais je ne voulais pas l'entendre.

Quand nous n'étions pas en train de pouffer de rire, nous faisions nos devoirs. Le père de Siham m'aimait bien. Il lui arrivait de me caresser la tête ou de me mettre quelques dirhams dans la main, et j'étais très fière que le célèbre avocat m'apprécie.

Siham était d'un an ma cadette, mais, mieux nourrie, elle était un peu plus grande en taille. Elle jouait au tennis et le sport l'avait musclée. Un avantage certain pour moi, puisqu'elle me donnait parfois les vêtements qui ne lui allaient plus.

La mère de Siham avait dit à sa fille : « Ouarda est pauvre. C'est pour cela que nous lui donnons un peu de notre fortune. C'est notre devoir de musulmans. Mais, s'il te plaît, n'en parle pas, pour ne pas blesser son orgueil. »

Siham s'en tenait à cette règle, et, pour ma part, je ne voyais aucun inconvénient à porter ses vieux vêtements.

Un jour, la mère de Siham m'a offert un magnifique corsage d'un rouge profond. Elle l'avait crocheté elle-même. Dès le lendemain, je l'ai mis pour aller à l'école. Notre professeur, qui était très jolie, l'a aussitôt remarqué. Elle avait les cheveux découverts, portait des chaussures à talons et une djellaba courte et fendue. Elle s'appelait Heba.

Pour la rentrée scolaire, je n'avais ni livres, ni cahiers, ni crayons, sans parler de cartable.

Oncle Hassan avait déclaré : « Cette année, je n'ai pas d'argent pour toi. Ce sera peut-être ton tour l'an prochain. »

J'avais rétorqué : « Mais, mon oncle, c'est maintenant qu'il me faut des affaires. »

Oncle Hassan ne comprenait pas mon problème. Il était analphabète et, pour lui, l'école ne signifiait rien. Il ne voulait pas dépenser son maigre argent pour cela.

Le deuxième jour de classe, Heba m'a demandé : « Comment t'appelles-tu ? »

« Saíllo, Ouarda. »

Elle est restée interdite. « Saíllo ? »

« Oui », ai-je répondu d'une voix à peine audible.

« Qui est ta sœur ? Jamila ou Habiba ? »

« Jamila. Habiba est ma cousine. »

Le professeur s'est redressée.

« Écoutez tous, a-t-elle dit. Dans notre classe, il y a des enfants qui n'ont pas de parents et pas d'argent. L'une d'entre eux est Ouarda. » Elle m'a désignée. J'aurais voulu devenir invisible. Mais tout le monde m'a regardée fixement. « L'autre enfant est Joua. » Elle a indiqué un garçon qui venait de l'orphelinat. Son nom voulait dire « faim ». À présent, tous les regards se tournaient vers lui. « Je vous invite à rentrer chez vous et à demander à vos parents un peu d'argent pour Ouarda et Joua, pour qu'eux aussi puissent s'acheter du matériel scolaire. »

Le lendemain, les enfants ont apporté tant d'argent que le professeur a pu acheter pour Joua et moi des cahiers, des crayons, des livres et même des cartables.

Le soir, Rabiaa s'est assise avec moi et a dit : « Ouarda, c'était gentil de la part de ton professeur et des enfants. »

« Oui », ai-je fait.

« Tu devrais les remercier. »

« Mais comment ? »

Rabiaa a réfléchi brièvement. « Nous allons écrire une lettre. Tu la liras demain devant la classe. »

« Je ne peux pas. »

« Si, tu peux, crois-moi, c'est le moins que tu puisses faire. Cela fait partie des règles de politesse de dire merci. »

La lettre était magnifique. Mais quand je me suis retrouvée devant la classe, la feuille à la main, j'ai eu l'impression qu'elle pesait une tonne. Je l'ai lue d'une voix hésitante. J'avais le visage rouge d'excitation et de honte. Quand j'ai eu terminé, tous les enfants ont applaudi, et la professeur Heba m'a donné une sucrerie du grand bocal de bonbons qui se trouvait sur son bureau.

J'étais assise sur mon banc avec le corsage rouge, le professeur est venue vers moi, a pris la matière entre ses doigts pour la tâter et a dit avec admiration : « C'est un travail très délicat, ma chère. Peux-tu me dire qui a fait cela ? »

« Oui, professeur Heba. » J'ai baissé la voix : « C'est la maman de Siham, elle me l'a offert. Mais personne ne doit le savoir. S'il vous plaît… »

Mais c'était déjà trop tard. Le professeur s'est redressée, a tapé sur la table avec sa règle pour attirer l'attention des élèves et, l'air grave, s'est avancée vers le milieu de la classe. Elle a toussoté et dit : « Les enfants, écoutez-moi bien. Il s'est passé quelque chose de généreux. Vous savez tous que votre camarade Ouarda est très pauvre ? »

Les élèves ont fait entendre un murmure d'acquiescement.

« Et aujourd'hui, elle porte un joli corsage. Elle ne l'a pas acheté elle-même. Il lui a été offert par une bonne personne. Et cette personne est... » Mme Heba a marqué une pause et, du coin de l'œil, j'ai vu Siham se faire toute petite, « ... votre camarade Siham. Applaudissements pour Siham ! »

La classe a applaudi, mais pas Siham. Je me suis sentie un peu honteuse.

L'amitié avec Siham a duré jusqu'à la sixième classe. Après la cinquième, Siham est entrée dans un collège mixte, tandis que je fréquentais un établissement de filles. Malgré tout, je continuais à aller chez Siham.

Un jour, alors que je frappais à la porte de chez elle, son père est venu ouvrir.

« Il faut que je te parle, Ouarda », a-t-il dit.

« Oui, monsieur l'avocat ? »

« Ce que j'ai à te dire doit rester entre nous. Siham ne doit pas être au courant de notre conversation. »

« Oui, monsieur l'avocat », ai-je répondu. Je me doutais que cet entretien serait désagréable.

« Je te le dis très sincèrement », a déclaré le père de Siham, et sa voix ressemblait tout à coup à celle d'un avocat telle que je l'imaginais au tribunal.

« Je souhaiterais que tu ne viennes plus voir ma fille. Il faut que tu rompes tout contact avec Siham. Vous n'êtes plus des enfants, et Siham va mener une vie différente de la tienne. Vous n'êtes pas assorties. »

Ses paroles m'ont fait l'effet d'une gifle. Elles m'ont touchée droit au cœur. J'ai compris aussitôt ce que le père de Siham voulait me dire : que j'étais pauvre et sans avenir et que, pour une fille de la classe supérieure, je n'étais pas une bonne fréquentation. Il voulait me dire que j'étais un rebut. Il me faisait comprendre que l'amitié de sa fille était pour moi une grâce, pas un droit. Et désormais, cette grâce prenait fin.

J'ai senti un goût amer envahir ma bouche et mes yeux se sont embués de larmes.

« Oui, monsieur l'avocat, ai-je fait. Évidemment. »

Puis je suis partie sans me retourner. Plus jamais je n'ai frappé à la porte de Siham.

Tête baissée, j'ai marché jusqu'au banc, derrière notre maison. C'était là que je m'asseyais quand j'étais triste. J'ai pris ma tête dans mes mains. Dans mon esprit, je me suis vue comme dans un miroir : un petit visage dur et brun, avec des cheveux coupés court et de grands yeux dans lesquels se lisait le malheur du monde.

Une vieille femme me l'avait fait remarquer. Dans la rue, elle avait lu les lignes de la main de mon amie Karima. Karima était une fille gaie, au teint clair, avec des fossettes dans les joues quand elle riait.

J'avais tendu la mienne. « Et moi, vieille femme ? »

Elle l'avait prise sans la regarder et m'avait fixée dans les yeux. « Ton regard est empli de détresse », avait-elle dit en repoussant ma main. « Je ne peux rien te dire. »

J'étais choquée, mais je ne l'avais pas montré. Plus tard, je me suis contemplée dans le rétroviseur d'une voiture. Il a fallu que je me contorsionne un peu pour réussir à voir mes yeux. Je me suis regardée longtemps. Et j'ai compris que la vieille femme avait raison. Je voyais dans le rétroviseur des yeux vieillis, pleins de souffrance et de tristesse. Mes yeux.

Je pouvais comprendre le père de Siham. C'était une jeune fille ingénue et protégée. Jamais elle n'avait eu à subir ce que je devais endurer. Il ne voulait pas que mon malheur déteigne sur Siham. Je le comprenais, il voulait préserver sa fille du mal qui m'était arrivé. Mais cela me blessait le cœur.

Le collège se trouvait directement en face du cimetière où ma mère avait été enterrée. Sa tombe n'existait plus, elle avait été remplacée par une autre. Mais, après l'école, j'aimais bien m'asseoir à l'endroit le plus élevé du terrain et dominer l'espace. J'imaginais que l'âme de ma mère se tenait près de moi quand je restais là. Je parlais souvent avec elle.

« Maman, il faut que je te raconte ce qui s'est passé aujourd'hui… »

Je lui faisais le récit du malheur quotidien dans lequel nous vivions. Silencieuse, je bougeais les lèvres et mes yeux s'emplissaient de larmes. Je n'avais pas le sentiment que ma mère me répondrait. Mais je savais qu'elle m'entendait. Quand je penchais la tête en arrière et que je contemplais le ciel brumeux au-dessus de la ville, à ce moment-là, surtout, je sentais sa proximité rassurante.

Pendant mes heures de liberté, je flânais autour de l'arrêt de bus. Il y avait là un stand avec des sucreries. Il appartenait à un jeune homme qui possédait une bicyclette. Je discutais avec lui.

Il disait : « Tu sais, fillette, j'ai le baccalauréat. Mais dans cette démocratie de merde, il n'y a pas de bon job pour moi. C'est pourquoi, chaque jour maudit qu'Allah a fait, je me retrouve ici dans ce stand poussiéreux. »

Ce à quoi je répondais : « C'est vrai, ce n'est pas bien. Est-ce que je peux rouler avec ton vélo ? »

C'était une vieille bicyclette d'homme, toute bringuebalante, bien trop grande pour moi. J'atteignais à peine les pédales et ne pouvais pas freiner.

« Sois prudente ! criait le jeune homme. Et ne descends pas jusqu'à la plage ! »

Mais je laissais le vélo rouler en direction de la plage. Avec la vitesse, le vent ébouriffait mes cheveux courts et me faisait monter les larmes aux yeux. Le vélo allait de plus en plus vite. J'avais un peu peur. Mais la sensation de liberté et de vitesse prenait le dessus. Je dévalais la pente en essayant de ne pas penser qu'il me faudrait ensuite pousser la lourde bicyclette pour la remonter.

À cette époque, je n'étais pas bonne à l'école. Je faisais rarement mes devoirs à la maison, je m'endormais souvent pendant le cours, à cause du dur labeur que je devais accomplir à la maison. J'étais responsable de la lessive de notre grande famille, mise à tremper dans une cuve au fond de la cour. Je brossais chaque pièce de linge sur la planche à laver jusqu'à ce que mon bras droit développe de gros muscles, que ma main soit calleuse et que mon dos devienne tout tordu. Le week-end, la tante m'emmenait au souk. Tante Zaina tenait son petit porte-monnaie, et je portais les achats sur mon dos jusqu'au taxi. Une fois, j'étais si épuisée que je me suis endormie debout, pendant que la tante marchandait le prix des pommes de terre.

Oncle Hassan avait recours à moi pour assouvir sa passion du loto et m'avait décrétée « sa fée de la chance ». Il inscrivait soigneusement les chiffres sur des petits morceaux de papier que je devais tirer sans regarder. Il écrivait ensuite mes numéros sur un billet et m'envoyait au cinéma Sahara, dans la rue principale, où se trouvait une baraque de jeux de loterie. Je reportais les chiffres de l'oncle sur le ticket de pari, je payais et je portais alors la responsabilité du contrôle des résultats. Je courais jusqu'à la baraque, je retenais les numéros gagnants et rentrais en courant tout en les mémorisant avec application. J'espérais toujours que personne ne m'adresse la parole. Sinon, j'oubliais les chiffres et je n'avais plus qu'à retourner à la baraque pour redemander les numéros gagnants.

La plupart des professeurs ne m'appréciaient plus. Mes résultats faiblissaient et, en avançant dans la puberté, j'avais de plus en plus de difficultés à faire figure de petite fille agréable. Je ne voulais plus me montrer flatteuse, me reprendre, être gentille. J'avais envie de respect !

Le respect devenait pour moi de plus en plus important. Je voulais être considérée en tant qu'être humain et n'acceptais plus d'amitié par pitié. Je devenais insolente, impertinente et effrontée. Les regards lubriques des hommes sur ma poitrine naissante me rendaient agressive. Les manières des professeurs me rendaient furieuse. L'atmosphère à la maison me devenait insupportable.

Je décidai de devenir une combattante, de ne plus m'incliner, mais d'attaquer. Je frappais avant d'être frappée. J'avais acquis la mentalité d'une enfant des rues. Une attitude plutôt mal perçue dans mon école.

J'ai redoublé la huitième. Ensuite, j'ai quitté le collège.

Mon corps se transformait. En me regardant dans le miroir, je voyais brusquement une femme. J'espérais que ma poitrine ne grossirait pas, car il me faudrait alors jeûner comme les adultes pendant le Ramadan. Je la cachai aussi longtemps que possible, jusqu'au jour où ma sœur Rabiaa ne s'est plus laissé duper.

« Qu'est-ce que c'est que ça ? » a-t-elle demandé, alors que j'avais quatorze ans.

« Quoi ? » ai-je dit d'un air innocent.

« Là, sur ta poitrine, ce sont bien des seins ! »

« Non, ai-je fait, il n'y a rien du tout. »

Sur les questions religieuses, il ne fallait pas plaisanter avec Rabiaa. Elle a attrapé brutalement mes petits seins et m'a pincée.

« Des seins. Cela veut dire que tu dois jeûner. »

« Mais je n'ai pas encore de règles », ai-je rétorqué.

« Peu importe, a déclaré Rabiaa. Une poitrine, c'est une poitrine. Tu célébreras le Ramadan avec nous. »

À cette époque-là, je n'aimais pas mon corps. À cause de lui, je n'aurais rien à manger de toute la journée pendant un mois. Alors que j'avais toujours faim. Rabiaa a fini par s'attendrir et je n'ai eu à jeûner que deux semaines.

Petit à petit, je me suis faite à l'idée de devenir adulte.

En me regardant dans les éclats de miroir qui nous servaient de glace, j'ai commencé à me plaire. Je me suis laissé pousser les cheveux et je piquais en cachette les produits de beauté de mes cousines. Je devais faire attention à ne pas me faire surprendre par Rabiaa, qui était contre le maquillage.

Il y avait toutefois un problème que je ne pouvais pas résoudre si rapidement : je n'avais rien à me mettre. Les vêtements de Terre des Hommes étaient en bon état et venaient d'Europe, mais ils ne correspondaient pas à la mode. Mes cousines portaient de beaux habits, tandis que mes sœurs et moi continuions à porter des affaires jetées dans les containeurs de récupération en Allemagne, en France ou en Autriche.

Je n'avais pas d'autre choix que d'emprunter, à l'occasion, les jolis vêtements des cousines. Je les portais pour rencontrer des amies dans la rue principale ou sur la digue.

Un jour, Habiba n'a plus trouvé sa jupe préférée.

« Ouarda, a-t-elle glapi, c'est toi qui as pris ma jupe ? »

« Non. »

Réponse habituelle de ma part.

« La marron, courte, en soie. »

« Surtout pas celle-là, elle est beaucoup trop large pour moi. »

Habiba m'a donné une première gifle. Ses grosses bagues en or ont fait apparaître le sang sur ma joue.

De fait, je n'avais pas la jupe marron. Mais cela ne m'a été d'aucun secours, car elle avait bel et bien disparu, et Habiba me soupçonnait. Elle fouillait dans mes affaires et, n'y trouvant rien, elle me griffait le visage.

Rabiaa souffrait beaucoup de ces attaques et essayait de me protéger. Il s'est passé deux semaines avant qu'elle trouve une solution au problème.

À cette époque, Habiba travaillait dans une boutique pour touristes. Chaque jour, elle dérobait de petites housses de coussin multicolores en velours, ornées de motifs marocains. Je détestais ces housses. Habiba avait l'habitude de les enrouler et de les fourrer dans sa culotte pour ne pas être surprise lors des contrôles à la sortie du personnel. Ensuite je devais les laver. Malheureusement, Habiba n'était pas quelqu'un de propre.

Tante Zaina trouvait ces housses très jolies. Elle les bourrait de chiffons et de vieux vêtements et les répartissait sur les canapés de la salle de séjour, là où dormaient les garçons. Bientôt, nous avons eu une trentaine de coussins en velours bien rebondis, brodés de motifs touristiques, tous volés par Habiba et lavés à la main par moi.

Une nuit, alors qu'une chaleur accablante nous empêchait dormir, Rabiaa a bondi de sa paillasse.

« J'ai trouvé ! », a-t-elle murmuré avant de disparaître dans la pièce voisine. Elle a ouvert les coussins pour extraire les morceaux de tissu.

« Tiens donc », a-t-elle dit en brandissant triomphalement la jupe marron de Habiba. « La voilà. »

Elle avait rêvé que la jupe se trouvait par mégarde dans l'un des coussins. À partir de ce moment-là, j'ai été certaine qu'Allah m'avait envoyé Rabiaa comme ange gardien.

Depuis la brève aventure avec Mohssin, le jeune adolescent à la chevelure bouclée, mon intérêt pour les garçons s'était éveillé. Le plus séduisant du quartier était Hisham, dont les parents étaient si riches qu'ils pouvaient l'envoyer dans une école privée et lui acheter une Vespa. Il portait des casquettes de base-ball à visière parfaitement arquée, des jeans extra larges et même d'authentiques chaussures Adidas, et non les imitations bon marché du souk. Sur sa Vespa, Hisham fonçait aussi vite que possible à travers nos rues poussiéreuses en faisant un bruit d'enfer. Saida, la fille aux jambes en forme de sucres d'orge, s'était amourachée de lui.

Elle a loué une Vespa et l'a suivi en vrombissant jusqu'à la salle de jeux, sur la plage. Là-bas, les garçons avaient tellement de gel dans les cheveux que la chaleur le faisait dégouliner sur leurs épaules et les filles arboraient des coiffures aussi blondes et lisses que sur les couvertures des magazines étrangers présentés dans les kiosques. Bien que Saida ait elle aussi demandé au coiffeur des cheveux blonds, il n'avait obtenu qu'un brun clair, et Hisham ne faisait pas du tout attention à elle. Il n'était pas seulement riche, il était aussi arrogant.

Saida est parvenue à obtenir son numéro de téléphone. Elle a décidé de l'appeler chez lui. C'est-à-dire qu'elle a décidé que *je* devais l'appeler. Je n'avais rien contre, car j'espérais que l'affaire marcherait entre elle et Hisham. Moi, je ne désespérais pas de récupérer Mohssin.

Nous nous sommes préparées comme un état-major avant la bataille. Pendant des jours, nous avons travaillé le texte que je devrais lire à Hisham. Puis nous nous sommes procuré de la monnaie pour le téléphone public du magasin Tante Emma, au coin de la rue. Saida ne pouvait pas appeler de chez elle, sa mère ayant posé un cadenas sur le cadran.

J'étais très nerveuse en tenant l'appareil dans la main gauche et, dans la droite, le billet avec le texte censé convaincre Hisham de rencontrer la fille la plus épatante de toute la ville. Saida se tenait derrière moi et me donnait des bourrades dans le dos pour m'encourager. Le propriétaire tournait autour de nous, j'avais l'impression qu'il avait tout à coup des oreilles plus grandes que celles d'un âne.

J'ai composé le numéro et une sonnerie a retenti à l'autre bout de la ligne. Une femme a décroché : « Oui, allô ? »

C'était sa mère.

J'ai bredouillé : « Bonjour, madame, je m'appelle Nadja. »

Je me présentais toujours ainsi quand je ne voulais pas révéler mon véritable nom. « Est-ce que je pourrais parler à Hisham, s'il vous plaît ? »

J'espérais vivement qu'il ne soit pas à la maison. Mes mains étaient moites de transpiration. Saida a pressé son oreille contre l'écouteur et ses cheveux me chatouillaient.

« Un instant, s'il te plaît, a dit la mère de Hisham. Je vais chercher mon fils. »

Mes genoux sont devenus aussi mous que de la gelée. Je me suis un peu appuyée contre Saida. Mais elle n'était pas d'un grand soutien car elle-même tremblait d'excitation. Le commerçant s'approcha.

« Allô, ici Hisham. » C'était sa voix. « Qui est à l'appareil ? »

J'ai regardé mon billet, les mots m'ont brusquement paru flous. Puis je l'ai lu à toute vitesse et à voix basse pour que le propriétaire de la boutique n'entende rien. J'ai sauté des lignes entières, que j'ai dû ensuite répéter en balbutiant. Et j'ai raccroché.

Saida avait l'air stupéfiée : « Pourquoi as-tu raccroché ? »

« Je ne sais pas », ai-je dit en l'entraînant dans la rue.

« Mais il aurait dû prendre rendez-vous avec nous ! » s'est exclamée Saida.

« Je sais, ai-je dit. Merde. »

« C'était vraiment nul, a fait Saida, résignée. La prochaine fois, je ferai ça moi-même. »

Cet été-là, nous l'avons passé à la plage de Tamrhak. Oncle Hassan nous avait dressé des tentes dans une crique, à quelques centaines de mètres de son atelier. À gauche de la crique, des rochers sur lesquels des musulmans pieux avaient l'habitude de prier au coucher du soleil plongeaient dans la mer. À droite, la plage s'ouvrait au nord en un grand arc occupé par les caravanes luxueuses des touristes.

Khalil passait les vacances avec ses parents dans l'une de ces caravanes. Khalil était marocain, mais vivait en France. Il avait dix-sept ans, il était très grand et portait un appareil dentaire. Être tombée amoureuse de lui me posait des problèmes. Je projetais en fait de me laisser embrasser. Mais est-ce que cela marcherait avec tous ces fils de métal dans la bouche ?

Mes soucis n'ont pas duré. Les fils n'étaient pas du tout gênants quand, le soir, sur la plage, nous sommes restés serrés l'un contre l'autre en contemplant le soleil disparaître dans la mer, comme un gigantesque disque rouge. Khalil me tenait la main et j'étais sûre qu'il allait m'embrasser. Mais comment ?

Je me demandais ce que je devais faire pour être embrassée. Mais, au même moment, Khalil m'a étendue sur le dos, il s'est penché sur moi, a ouvert un peu la bouche et a pressé ses grandes lèvres douces sur les miennes. J'ai retenu mon souffle en fermant les yeux. Puis j'ai senti quelque chose de chaud et humide entre mes dents, aussi chaud et humide que le sable au-dessous de moi.

C'était un peu inquiétant de sentir la langue d'un inconnu dans sa propre bouche, mais c'était aussi très agréable. J'ai essayé de retenir mon souffle pour ne pas rompre le charme de l'instant, mais j'ai quand même dû respirer. Je ressentais des crépitements bizarres dans le ventre et dans la bouche, Khalil commençait à agiter sa langue dans tous les sens.

J'ai ouvert les yeux et regardé le ciel qui s'assombrissait déjà. Je voyais plus d'étoiles que je n'en avais jamais vu dans le firmament. Je suppose que j'ai même aperçu des étoiles qui n'existaient pas.

J'avais l'impression que Khalil était un habitué des baisers. En tout cas, ce qu'il faisait dans ma bouche était très plaisant, au point que je craignais m'évanouir de plaisir.

À partir de ce soir-là, nous nous sommes régulièrement embrassés tandis que, dans le ciel nocturne, les étoiles scintillaient plus vivement que jamais.

Une fois, Khalil a touché mes seins. Puis l'été s'est achevé, et il est rentré en France.

« J'aimerais bien emporter une photo de toi, ma Ouarda chérie, a-t-il dit, pour pouvoir toujours te contempler. Sinon, mon cœur se brisera. »

« Je n'en ai pas. Mais si tu veux, j'irai demain à Agadir et j'en ferai faire. »

Le lendemain, je suis montée dans le bus pour aller en ville et me rendre chez un photographe. J'ai attendu jusqu'à ce que les photos soient développées et me suis remise en route pour Tamrhakh. J'ai couru à toute vitesse sur la plage vers les caravanes. Mais Khalil n'était plus là, il était déjà reparti.

Je ne l'ai plus jamais revu.

Déception à Safi

Entre-temps, mon père avait été transféré dans la prison de Safi, une ville côtière très laide à mi-chemin entre Agadir et Casablanca. Je n'y suis allée que deux fois dans ma vie, uniquement pour rendre visite à mon père. Pour cette raison, peut-être, mon regard n'a-t-il pas perçu les beautés du lieu.

Grand-père était si occupé à perdre au jeu son énorme fortune et à la dépenser dans les arrière-salles pelucheuses d'établissements douteux avec de jeunes hommes complaisants qu'il ne se souciait guère de ses petits-enfants.

Je lui en garde toujours rancune. Grand-père savait très bien ce qui se passait chez son fils Hassan et dans quelle misère nous vivions. Il était soit très bête, soit extrêmement égoïste. Une fois par an, il fêtait avec nous l'Aïd, la grande fête du sacrifice, et abattait un mouton. Il était boucher de profession. Mais il n'en faisait pas plus.

Pour ma part, je trouvais que nous aurions pu nous en dispenser. En effet, j'avais pour tâche de nettoyer le sang de la cour après l'abattage. C'était si collant, visqueux et puant que j'en avais la nausée.

Par chance, il arrivait que le roi donne l'ordre de renoncer au sacrifice, vraisemblablement pour des raisons économiques. Peu m'importait, cela me dispensait de frotter le sang et de me frictionner le visage avec l'intérieur gluant et dégoûtant de la fourrure. Oncle Hassan tenait à ce rituel censé lutter contre les boutons et rendre la peau nette.

J'avais déjà quinze ans quand grand-père a semblé se souvenir de notre existence. Il nous a offert à Jaber et à moi un voyage à Safi pour rendre visite à notre père.

L'excursion vers le Nord a été un fiasco. Sur la grand-rue, derrière chez nous, nous sommes montés avec grand-père dans le car. C'était l'hiver, et grand-père portait comme d'habitude une djellaba noire à fines rayures en laine épaisse. Sa tête, qu'il faisait raser à la manière berbère, était couverte d'une *tagija*, une petite calotte blanche. Sous la djellaba, il cachait un sac de cuir plat qu'il portait sur l'épaule, avec ses papiers et son argent. Les Marrakchi, habitants arabes de la ville royale, portent toujours leur sac par-dessus la djellaba. Ils montrent ce qu'ils possèdent. Nous, les Berbères, en revanche, sommes comme les Souabes, que je n'ai connus qu'en Allemagne : nous cachons notre aisance, notre culture, notre intelligence et notre fierté.

Des scientifiques ont avancé que les Berbères étaient les descendants des Germains qui, pendant les Grandes Invasions, ont écrasé l'Italie et progressé jusqu'en Afrique du Nord. Je ne sais pas si c'est juste, mais quand je compare les Berbères et les Souabes, l'hypothèse ne me paraît pas invraisemblable.

Le car a quitté Agadir avant l'aube, si bien que nous sommes arrivés à Safi dès dix heures du matin.

Nous nous sommes précipités à la prison. À l'entrée se tenaient déjà des parents qui attendaient d'être admis. Dans un sac en plastique, grand-père avait du pain frais et du poisson grillé pour notre père, mais nous n'avons pas eu l'occasion de lui donner nos petits cadeaux. La prison était fermée.

« Revenez demain », ont dit les gardiens.

Grand-père s'est mis très en colère.

« J'ai ici du poisson pour mon fils..., a-t-il crié en agitant un poisson mort d'un air accusateur, ... et du pain. Tout va se gâter. »

Mais les gardiens ne se sont pas laissé attendrir. Nous sommes donc allés à la plage et avons mangé nous-mêmes les gourmandises. Ensuite, grand-père a cherché un hôtel à bas prix. C'était si bon marché qu'il n'y avait même pas de lits. Nous avons dormi par terre. Toutefois, la chambre était équipée de toilettes.

J'étais heureuse d'être allongée sur ma paillasse. Je ne savais jamais de quoi parler avec grand-père.

Il répétait toujours la même phrase. « Je suis désolé de ce que vous devez endurer avec votre tante Zaina. Mais vous savez, je ne peux rien y faire. »

Selon moi, il parlait pour ne rien dire. Bien sûr que grand-père aurait pu intervenir ! Il était aisé, et c'était le père d'oncle Hassan. Mais, apparemment, il ne voulait rien faire, donc inutile pour lui d'aborder le sujet. Je n'osais pas le lui dire. Malgré tout, il était mon grand-père, une personne qui méritait le respect, même s'il faisait tout de travers.

En outre, grand-père était sourd. Quand on s'adressait à lui, il fallait toujours crier, sinon il ne réagissait pas. Pourtant, il comprenait tout ce qu'il n'aurait pas dû entendre.

Au cours d'une discussion, j'ai dit discrètement à Jaber : « Il est riche, il pourrait aller chez le médecin. »

Grand-père a bougonné : « Tatata, j'ai tout entendu. »

Pas très difficile, car avec Jaber, on ne pouvait pas vraiment chuchoter. Petit, il avait souffert d'otites et, depuis, était presque sourd d'une oreille.

Grand-père était casse-pieds. En dehors du fait qu'il gaspillait notre héritage, il aimait bien asperger ses hôtes de parfum bon marché. Seules les vieilles personnes de la campagne ont gardé cette habitude, en signe d'hospitalité, ou les pompistes dans les stations-service. À peine a-t-on payé que, pchiiit ! on est aspergé d'un nuage parfumé.

La dernière fois qu'on m'a accueillie ainsi, c'était au cours de l'été 2003. Je rendais visite à un oncle éloigné à Falk, le village natal de grand-père. Ce dernier m'a aspergée malgré mes protestations.

Grand-père vivait à présent en ville. Il ne faisait pas confiance aux banques et gardait sa fortune dans des coussins ou sous des matelas. Une mesure stupide car il invitait chez lui des garçons complaisants qui emportaient ses coussins bourrés d'argent dès que, satisfait, il s'endormait. Mais ce qui m'irritait le plus, c'était qu'il trouve que j'étais bien logée et me le dise sans cesse.

« Tu as tellement de chance que cela pourrait briser une pierre », répétait-il quand il m'arrivait de lui rendre visite.

Je pensais : « Grand-père, tu devrais le savoir, mon bonheur est mort avec ma mère, ta belle-fille. »

Le lendemain, grand-père nous a réveillés peu après le lever du soleil et nous a poussés vers la prison.

Nous sommes passés par le souk et avons racheté du poisson grillé pour notre père. Malgré l'heure matinale, une foule de parents se tenaient déjà devant l'entrée de l'établissement. Les gardiens ont demandé les noms. Puis ils ont disparu derrière le portail.

Je me suis retrouvée au milieu de femmes chargées de quantités de sacs de provisions pour leurs proches, d'hommes maigres en djellabas munis de cartouches de cigarettes Casa et d'enfants geignards qui allaient rendre visite à leur père ou à leur oncle.

Les gardiens ont tardé à revenir.

« Saíllo, Mohammed ! » ont-ils crié.

Grand-père, Jaber et moi nous sommes avancés.

« Qui est-ce ? » a demandé le gardien sur un ton dur.

« Ce sont mes petits-enfants, *sidi,* a répondu grand-père. Le prisonnier Saíllo est leur père. »

Il a prononcé le mot « prisonnier » comme si cela allait de soi de parler ainsi de son propre fils. Ce mot m'a fait mal. Mon père était prisonnier, certes, mais je ne voulais pas employer ce terme à son propos.

« Où sont leurs papiers ? » a aboyé le gardien.

« Ils n'en ont pas, a rétorqué grand-père, ce sont encore des enfants. »

Au Maroc, on ne délivre de papiers d'identité qu'à partir de dix-huit ans.

« Extraits de naissance ! » a-t-il réclamé.

Nous ne les avions pas sur nous. Grand-père a essayé de discuter, mais le gardien de prison ne voulait rien entendre.

« Soit vous rentrez maintenant et vous laissez les enfants dehors, a-t-il crié, soit j'appelle la famille suivante. »

Grand-père nous a laissés devant la porte et se faufila par le portail. Nous nous sommes installés à l'ombre pour nous protéger du soleil brûlant. J'imaginais comment grand-père parlait avec notre père. J'espérais que celui-ci demanderait de mes nouvelles, mais je n'en étais pas certaine. Je rageais d'avoir supporté les fatigues du voyage pour échouer si près du but. Je m'étais réjouie de revoir mon père après tant d'années. J'avais pris la décision de ne plus regarder en arrière, dans l'obscurité de mon enfance. Je voulais regarder devant, vers l'avenir, vers la lumière.

De l'autre côté du mur, cet homme n'était plus l'assassin de ma mère : c'était mon père, qui avait besoin de notre aide. Je me sentais responsable de cet homme que je ne connaissais pas du tout.

Mais je ne pouvais pas le regarder dans les yeux. Des règlements incompréhensibles faisaient obstacle à notre rencontre, alors que j'y étais prête à présent.

Grand-père n'est pas resté longtemps.

« Il va bien », a-t-il dit avec un rire qui n'était pas du tout adapté à la situation. « Il va bien, très bien. »

Grand-père avait tendance à répéter ses phrases en ricanant. Cela nous énervait tous. Je ne pouvais prendre ce vieil homme au sérieux. Derrière ses ricanements et ses tocades, il cachait son ressenti. Quand j'y repense aujourd'hui, je comprends que j'ignorais tout des sentiments de grand-père. Il nous les a toujours dissimulés.

« Super voyage, ai-je dit à Jaber, mon frère. Tout à fait génial. Eh bien, allons prendre le bus pour rentrer. »

J'essayais de garder mon sang-froid, d'autant que Jaber, tout comme grand-père, n'était jamais prêt à trahir ses émotions. Mais j'avais envie de pleurer quand nous nous sommes installés dans le car et avons entamé le long trajet pour regagner Agadir.

C'est seulement un an plus tard que j'ai vu mon père. Jaber avait alors dix-huit ans et des papiers d'identité. J'avais emporté mon extrait de naissance. Grand-père portait exactement les mêmes vêtements que douze mois auparavant. Il avait encore apporté du poisson et du pain. Nous étions de nouveau assis dans un car bringuebalant qui empruntait à une vitesse périlleuse la route en lacet longeant la côte en direction du Nord.

Cette fois, on nous a laissés pénétrer dans la prison. Nous avons été rassemblés avec d'autres visiteurs dans une cour intérieure, face à une clôture en fil de fer. Sous la clôture s'étendait une bande de terre poussiéreuse. Au-delà se trouvait une autre clôture derrière laquelle se pressaient les détenus.

J'ai cherché mon père des yeux, mais je n'arrivais pas à le repérer dans la foule des hommes. J'ai alors aperçu un homme que j'ai pris pour lui.

« Je suis là ! » ai-je crié à travers le brouhaha.

L'homme n'a pas réagi. On l'avait pris pour un autre. Mon constat a été le suivant : je ne connaissais plus mon propre père.

De l'autre côté de la clôture, un vieil homme amaigri, tête baissée, s'est manifesté. Il portait un jogging informe.

« Es-tu, Ouafa, ma petite fille ? » a-t-il crié à travers la clôture. On entendait à peine sa voix frêle parmi toutes les questions et réponses des autres.

« Non, me suis-je exclamée. Je suis Ouarda ! »

« Ouafa, a répondu mon père, c'est bien d'avoir pensé à moi. Pourquoi ne m'as-tu pas rendu visite plus tôt ? » Il ne m'avait pas comprise.

« Je ne suis pas Ouafa ! ai-je hurlé avec rage. Je suis Ouarda ! »

Mon père s'est mis à parler en criant avec grand-père et Jaber. Je n'ai plus dit un mot.

Puis il nous a fallu quitter la prison. Du coin de l'œil, j'ai vu cet homme, mon père, s'éloigner en traînant les pieds dans la poussière de la cour. Les gardiens l'ont chassé avec des mots brutaux.

« Allez, allez, dans les cellules ! s'écriaient-ils. Le temps est passé. Plus vite ! »

Mon père avait perdu toute dignité. J'étais indignée et déçue. Le portail s'est refermé derrière moi.

J'avais vu mon père, mais il ne m'avait pas reconnue. Je ne lui avais pas parlé, je ne l'avais pas touché. Nos cœurs ne s'étaient pas rencontrés. Ils n'avaient aucune chance de le faire, puisqu'ils étaient prisonniers derrière des barrières de métal.

J'aurais tout aussi bien pu rester à la maison. Les larmes me sont montées aux yeux. J'avais retrouvé mon père. Mais il était désormais plus éloigné de moi que jamais.

La fin de la scolarité

À partir de l'année 1991, je ne suis plus allée à l'école. J'avais dix-sept ans et je n'en avais plus envie. Neuf années durant, je m'étais battue chaque jour pour étudier, pour accumuler du savoir, en apprendre davantage sur le monde, voyant là la seule solution pour sortir de ma situation insupportable. J'avais décidé de ne pas me prostituer pour gagner rapidement de l'argent, comme beaucoup de filles de mon entourage. Je voulais emprunter une voie sérieuse vers un avenir meilleur.

Mais, brusquement, en neuvième, j'ai interrompu ces efforts. J'étais moi-même choquée de la rapidité avec laquelle ma motivation s'évaporait.

Un an auparavant, j'avais changé d'école parce que mon dos commençait à me faire si mal que j'avais des difficultés à parcourir le long chemin jusqu'au lycée Lala Mariam près du cimetière. La nuit, je ne trouvais pas le sommeil parce que ma colonne vertébrale me brûlait. Mes muscles étaient complètement tendus et devenaient si durs que je pouvais à peine respirer. Pendant des mois, je crachais du sang et ne cessais pas de vomir. J'allais mal.

Les problèmes avaient commencé après qu'un cousin m'avait violemment poussée contre le mur, provoquant une chute brutale. À cette époque, j'avais quinze ans. J'ai cru avoir le coccyx cassé. Aujourd'hui encore, je sens une bosse à cet endroit.

Rabiaa m'a emmenée à l'hôpital où j'ai passé une radio. Mais le médecin m'a seulement prescrit une pommade que Rabiaa ou Mouna m'appliquaient à l'endroit douloureux. Les douleurs ont mis longtemps à disparaître. Et j'avais déjà manqué tant de jours d'école que j'ai dû redoubler la huitième.

En neuvième, je n'avais plus d'amies, si bien que je me suis trouvée arrachée à mon environnement, où j'avais au moins acquis un peu de la sécurité dont je manquais à la maison. Mes anciennes camarades me sont devenues étrangères. Saida m'avait chipé mon petit ami ; Hayat traînait la nuit dans les rues, dansait dans les discothèques et se comportait comme une Européenne ; Karima était devenue pieuse, portait foulard et socquettes pour cacher sa peau, refusant même de tendre la main aux hommes ; quant à Siham, sur ordre de son père, je n'avais plus le droit de lui rendre visite.

J'étais seule.

Rétrospectivement, je pense que cette accumulation de problèmes a brisé ma volonté d'être une bonne élève. Je n'avais plus la force de supporter le quotidien oppressant dans la rue El Ghazoua et d'obtenir de bonnes notes. Mes résultats ont baissé et j'ai commencé à sécher les cours.

Au lieu d'aller au lycée, je traînais sur la plage. Je lisais mes livres et rêvais d'un autre monde, un monde sans agresseurs et sans victimes, un monde sans violence, sans maltraitances ni viols, un monde dans lequel les femmes et les hommes sont égaux et se traitent avec respect.

À peine étais-je revenue de la plage que la réalité me rattrapait. À l'école, on me méprisait pour mes absences répétées. À la maison, la pression augmentait pour que je ramène un salaire.

Je crois que ç'a été la période où j'ai le plus risqué de perdre le contrôle de mon existence et de glisser dans une vie de légèreté, de distractions et de plaisirs rapides, comme tant de jeunes filles. Mais les anges ou les djinns semblent m'avoir protégée. J'avais dévié de la route, mais je n'étais pas tombée dans le ruisseau.

En 1990, j'ai changé d'école et fréquentais désormais le collège Oualiu-al-ahid, à proximité duquel se trouve aujourd'hui un restaurant célèbre, spécialisé dans la préparation de manchons de poulet, de tajines et de têtes de mouton. Quand je passe devant cet établissement, je change de trottoir parce que la vue des têtes et des yeux de mouton dans les assiettes des clients me donne envie de vomir.

Il m'est arrivé d'essayer de me débarrasser de l'image de l'orpheline en interpellant dans la rue une dame d'allure sérieuse pour lui demander de faire semblant d'être ma mère.

« Excusez-moi, *Lala*, vous pouvez peut-être me conduire à l'école ? »

« Pardon ? » a-t-elle dit sans comprendre.

« Je suis en retard, et si ma mère ne m'accompagne pas à l'entrée pour s'excuser du retard, ils ne me laisseront pas entrer. »

J'avais traîné exprès pour pouvoir préparer cette mise en scène. J'espérais pouvoir ainsi me débarrasser des stigmates de la fille d'un assassin.

L'inconnue ne m'a pas comprise : « Mais je ne suis pas ta mère ! »

« Je sais, ai-je dit. Ma mère est très malade et ne peut pas m'accompagner à l'école. Et mon père va me battre s'il apprend que je suis arrivée en retard. »

La femme a hésité, mais j'ai senti que son intérêt s'était éveillé.

« Que dois-je faire ? »

« Vous devez juste m'accompagner à la porte de l'école. Si vous voulez, vous pouvez crier sur moi et me donner une gifle. »

La femme a été effarée : « Une gifle ? »

« Oui, c'est ce que font les mères quand leurs enfants sont en retard à l'école. »

J'ai dû avoir l'air très convaincant, car la femme m'a effectivement conduite jusqu'à la porte. Ses injures ont été un peu faibles, elle n'a pas réussi à me gifler, et toute la prestation a semblé si peu crédible que je n'ai pas réitéré cette stratégie.

J'ai trouvé un nouveau moyen pour ne plus être à l'école celle que j'étais : tout simplement, je n'y suis plus allée. À la fin de l'année scolaire, les professeurs ont refusé de me délivrer un bulletin, ils me connaissaient à peine. Ils m'ont suggéré de redoubler aussi cette année-là.

Mais j'ai refusé la proposition. Je voulais enfin être respectée à la maison et je pensais que, pour y arriver, le mieux était que je gagne de l'argent et que je contribue à l'entretien de la famille.

En tant qu'élève, tante Zaina ne me prenait pas au sérieux. Elle m'obligeait à accomplir toute la journée des travaux ménagers tandis que mes aînés allaient déjà travailler. Jaber suivait une formation de serrurier, Mouna travaillait chez Terre des Hommes, Jamila était déjà mariée et avait un fils, Rabiaa avait achevé une formation de secrétaire. Elle cherchait un emploi tout en faisant le ménage pour une famille française, chez qui elle logeait.

À cette époque, elle s'est éloignée de moi. Je le comprenais, mais cela me faisait mal de perdre ma référence. Rabiaa était devenue une dame, très soignée, très élégante, tout à fait différente de nous, dans la rue El Ghazoua.

Elle avait même emporté son livre, celui qui avait toujours été une consolation et une stimulation pour moi quand ma sœur n'était pas à mes côtés. Son cercle de relations se composait d'étudiants et de philosophes. Elle discutait avec ces gens intelligents et elle avait un ami qui la rendait si heureuse qu'elle en oublia même mon anniversaire.

Cela m'a touchée en plein cœur. Je l'ai rencontrée par hasard dans la rue. On était le 25 janvier 1991, le lendemain de mon dix-septième anniversaire.

« Ma sœur, sais-tu quel jour on était, hier ? »

Rabiaa m'a regardée d'un air surpris. « Oui, jeudi. »

« Quel jeudi ? »

Rabiaa a réfléchi, mais elle n'a pas trouvé la réponse ! J'ai senti une boule se former dans ma gorge. J'ai eu du mal à poursuivre.

« Mon anniversaire », ai-je fait, et je n'ai pu retenir mes larmes. « Tu as oublié mon anniversaire ! »

Rabiaa a avalé sa salive.

« Tu as changé, ai-je dit. Tu n'es plus comme avant. »

« Tu as raison, a répondu Rabiaa. Je vis maintenant ma propre vie. J'ai un ami et j'ai un métier. Mais cela n'excuse pas ma négligence. Tu es ma petite sœur que j'aime. Et tu le resteras toujours. »

Elle m'a embrassée en pleine rue. Ses yeux étaient humides. Je pleurais, mais j'étais réconciliée avec elle.

Moi aussi, je voulais devenir une dame comme Rabiaa, avec un travail, de l'argent et un ami à moi. J'espérais que mon futur ami serait aussi intelligent que l'homme qui convoitait Rabiaa. Mais il fallait d'abord que je trouve un emploi pour me libérer de la tutelle de l'oncle et de la tante.

J'ai donc parcouru les plus belles rues d'Agadir et sonné aux portes massives des jolies demeures. J'ai eu de la chance dès le premier jour. Une femme médecin avec un bébé m'a engagée. Le soir, je suis rentrée toute fière à la maison en espérant des félicitations. Mais la seule qui m'a prodigué des louanges a été tante Zaina, qui voyait probablement en moi une nouvelle source de revenus. En revanche, ma fratrie était contre moi, en particulier Mouna, qui était scandalisée.

« Tu ne veux quand même pas être femme de ménage toute ta vie. Arrête cette saloperie, va à l'école et apprends quelque chose d'intelligent. »

« Mais je ne veux plus aller à l'école. Je veux travailler et gagner de l'argent comme toi et Rabiaa. »

« C'est idiot. » Mouna avait rarement été aussi claire. « Demain, tu vas démissionner. Ce n'est pas pour toi. »

J'ai démissionné dès le surlendemain. Secrètement, je savais que Mouna avait raison. Je n'étais pas faite pour être femme de ménage. Allah, ou qui que ce soit qui déterminait mon destin, avait décidé autre chose pour moi. Mais quoi ?

J'ai travaillé dans une boulangerie comme bonne à tout faire, nettoyé le fournil, transporté des tartes, nettoyé le sol et vendu des croissants. Puis j'ai été serveuse pendant une journée dans un café de notre quartier. Dès le lendemain, on m'a virée parce qu'en fin de service je n'avais pas soigneusement plié mon tablier pour le ranger dans mon casier.

J'avais travaillé d'arrache-pied pendant quinze heures dans ce café et, quand j'ai été congédiée, la patronne n'a pas voulu me donner d'argent.

« Très bien, ai-je dit, c'est vrai que je suis jeune. Mais je n'accepterai pas que vous me trompiez. J'ai travaillé très dur et j'ai honnêtement gagné le maigre salaire que vous m'avez promis. Si je ne le reçois pas, je viendrai tous les jours devant votre café et je raconterai à tous ceux qui passent que vous êtes une mauvaise personne. »

La patronne ne m'a pas crue. Mais dès le lendemain, je me suis trouvée devant sa terrasse. Le surlendemain aussi. Le troisième jour, j'ai obtenu mon salaire. Cinquante dirhams, soit cinq euros. Une petite somme, mais je trouvais que mon combat avait valu la peine. Par principe.

J'avais décidé depuis longtemps de ne plus me laisser faire. J'étais devenue dure et je n'étais plus prête à accepter de compromis. À quoi bon ? Que je sois dure ou douce, grande ou petite, j'étais battue, maltraitée, humiliée et exploitée. Il était devenu clair pour moi que les choses ne pouvaient pas être pires, quel que soit mon comportement. Petit à petit, il me fallait aller de l'avant. Je sentais que j'étais à nouveau prête à me battre pour mon avenir. Je considérais le petit succès dans le café comme un bon début pour ce nouveau chapitre de ma vie.

Le travail suivant m'a mise pour la première fois en contact étroit avec des Allemands. Il s'agissait d'un couple venu du pays lointain, de l'autre côté de la Méditerranée, qui exploitait le plus important salon glacier d'Agadir.

On m'a donné un uniforme, composé d'un pantalon noir et d'un tee-shirt rouge, et cent vingt euros par mois. Je devais faire cuire des gaufres et vendre des glaces. La vente me plaisait, mais la cuisson des gaufres était une vraie torture. Il fallait verser la pâte liquide avec une louche dans le gaufrier, fermer brièvement l'appareil, puis l'ouvrir et former un cornet avec la masse dorée étalée sur l'acier brûlant.

C'était une question de secondes. Quelques-unes en moins, et la pâte était encore crue. Quelques-unes en trop, et elle était si dure qu'on ne pouvait plus la rouler.

Aujourd'hui, l'intérieur de mes avant-bras porte encore les cicatrices des brûlures provoquées par le maniement fébrile du métal brûlant.

Les Allemands étaient des gens bizarres. Dans leur salon glacier retentissait en permanence une musique vigoureuse sur laquelle des hommes criaient d'une voix rauque : « Bon sang, je t'aime. » Ma patronne portait des salopettes et utilisait un parfum capiteux qui me faisait tourner la tête. Le patron dégageait une odeur désagréable de transpiration.

« Tu sens ça ? » me chuchotait ma collègue.

« Bien sûr. »

« Et sais-tu d'où ça vient ? »

« Non. »

« De la viande de porc, disait-elle en ricanant. Les bouffeurs de cochon puent comme ça. Tous les Allemands sont des bouffeurs de cochon. »

J'imaginais mal vivre dans un pays où tout le monde mangeait du porc et sentait comme mon patron.

C'est dans le salon glacier que j'ai vu un travesti pour la première fois. Naturellement, je connaissais des homosexuels, mon cousin Ali continuait à les amener à la maison. On entendait alors des gémissements étouffés dans la pièce voisine, et les hommes quittaient ensuite la chambre avec le visage rouge. Ensuite, Ali avait quelques billets de banque dans la poche.

Mais cet homosexuel était tout à fait différent. Il portait une perruque blonde, avait de longs ongles, des faux cils et une bouche maquillée d'un rouge vif. Je ne me serais pas aperçue qu'il s'agissait d'un homme si mes collègues ne me l'avaient pas dit.

« Vraiment ? ai-je murmuré. Cette femme laide est en réalité un homme laid ? »

« Oui, a répondu le premier garçon. Je le jure par Allah. »

J'y songeais tout le temps. Je passais discrètement près de cette femme qui était un homme. En l'observant de près, j'ai vu que le maquillage était étalé sur des poils de barbe. Je trouvais cela à la fois fascinant et repoussant. Je l'ai fixé si ostensiblement que le chef de rang m'a prise par les oreilles et m'a repoussée derrière le gaufrier.

« Tu es folle de regarder les gens ainsi, a-t-il grondé. C'est impoli ! »

« Mais pourquoi fait-il ça ? ai-je demandé. Est-ce que ce n'est pas beaucoup mieux d'être un homme ? Il est bête de se déguiser en femme. »

« Oui, chez nous, c'est vrai, a admis le chef de rang. Mais en Europe, c'est tout à fait différent. Là-bas, il y a des femmes qui sont patrons. »

L'air dégoûté, il a retroussé la lèvre supérieure. « Des femmes ! a-t-il dit. Patrons ! C'est ridicule ! »

À la fin de l'été, le propriétaire m'a dit : « Je suis désolé, la saison est finie. Tu es licenciée. Si j'ai besoin de toi, je te rappellerai. »

Cela m'arrangeait car, pour la première fois de ma vie, j'étais sérieusement amoureuse. Et l'amour prend du temps et de l'énergie.

Le jeune homme s'appelait Rachid et fréquentait l'école de la Marine. Il avait cinq ans de plus que moi et était en voie de devenir capitaine de la marine royale de commerce. Rachid avait la peau claire et les yeux bruns. Son corps me plaisait, surtout quand il portait des jeans.

Rachid m'avait rencontrée au Rendez-vous, une discothèque. Un après-midi, j'étais allée danser et, à la tombée du jour, je me dépêchais de regagner la maison avant oncle Hassan. Il se mettait facilement en colère quand on rentrait après lui.

Tandis que je courais en direction de Nouveau Talborjt, je me suis aperçue que quelqu'un me suivait. D'habitude, j'étais plus rapide que mes soupirants. Mais, tout à coup, ce jeune homme s'est trouvé devant moi. Il n'était même pas à bout de souffle quand il a demandé : « Alors, c'était bien au Rendez-vous ? »

« Je ne vais pas au Rendez-vous », ai-je menti. Le Rendez-vous était une discothèque sans alcool. J'étais un peu gênée d'y avoir été vue par ce type de belle allure.

« Ah bon, a-t-il dit. J'ai dû me tromper. Tu es une jolie femme. Où étais-tu donc ? »

Cela m'a plu qu'il ne me qualifie pas de « jolie fille », mais de « jolie femme ». Je considérais en effet que j'étais maintenant devenue une femme. Seules les personnes de mon entourage ne semblaient pas le remarquer. Enfin quelqu'un reconnaissait la vérité.

J'ai malgré tout gardé un ton réservé pour répondre : « Je me promenais. »

« C'est très sain de se promener, a fait le jeune homme. Est-ce que je peux t'accompagner un peu ? »

J'ai emprunté mon chemin habituel, les petites ruelles sombres de notre quartier, un raccourci vers la maison.

« Tu n'as donc pas peur ici dans le noir ? » a-t-il demandé.

« Non, pourquoi ? »

« Tu es bien courageuse, jolie femme », a dit Rachid. Avant de tourner dans notre rue, j'ai pris congé de lui.

À partir de ce jour, nous nous sommes rencontrés tous les mercredis et vendredis, les seuls jours de permission de Rachid. Ou bien nous nous donnions rendez-vous sur la plage à six heures du matin avant qu'il regagne son bateau ou l'école.

Nous marchions dans le sable main dans la main et bavardions en nous embrassant.

Un jour, mon cousin Aziz nous a surpris. Aziz, de deux ans mon aîné, était également amoureux de moi. Il me suivait toujours furtivement. Partout où j'étais, Aziz se trouvait aussi. Il était devenu mon ombre. Son comportement n'était pas agressif, mais servile. Il se battait dans les règles pour me conquérir. Je trouvais cela plus respectable que les ennuis permanents que me causait son frère Ali. Mais il m'énervait tout de même. Tous les jours, je m'employais à me débarrasser de lui.

Quand il a compris qu'il y avait un autre homme dans ma vie, il est devenu dépressif. Son chagrin d'amour était aggravé par les drogues qu'il prenait. Je me faisais du souci pour lui, mais ma compréhension s'arrêtait là.

Pour Aziz, cela ne suffisait pas. Il a perdu la tête. Chaque jour, il m'écrivait des lettres d'amour et me les tendait avec des yeux fous, rougis par l'abus de drogues. Plus tard, il a commencé à s'automutiler. Dans la cour intérieure, il se cognait la tête contre le mur quand j'essayais de m'endormir et hurlait comme un loup. Cela m'était très pénible. Finalement, il a tenté de s'ouvrir les veines.

La pression sur moi augmentait. Tante Zaina me rendait responsable des souffrances d'Aziz. « Ouarda, disait-elle. Fiance-toi avec Aziz. Sinon, tu vas détruire sa vie. »

J'avais l'impression que ma tante me demandait d'offrir mon corps à son fils pour le guérir. Je trouvais cette exigence immorale. Qu'avais-je à voir avec les problèmes psychiques de mon cousin ? Ma tante avait échoué dans l'éducation de ses enfants, elle ne leur avait pas donné suffisamment d'amour. Ce n'était pas à moi de payer pour cette négligence.

Non, tante, pensais-je. Je ne peux pas aider Aziz. C'est toi qui l'as démoli, pas moi. Essaie d'y remettre de l'ordre.

Depuis que j'avais du travail et que je contribuais au financement de la famille, je me sentais suffisamment libre et forte pour résister à la terreur psychologique constante.

Quelques semaines auparavant, j'avais montré à ma cousine Habiba que je n'étais plus prête à me laisser battre quasi quotidiennement par elle. Elle m'avait giflée parce qu'elle ne trouvait pas ses petites culottes.

Mais, cette fois, j'avais répliqué. Je lui ai donné un coup de pied, elle est tombée par terre et je me suis jetée sur elle comme si j'avais perdu la tête. Tout le monde a été effaré, y compris moi. Jamais encore je n'avais perdu mon contrôle. Mais cela a produit son effet : Habiba ne m'a plus jamais agressée.

Depuis ce soir-là, mon surnom était « Championne du monde de karaté ».

Finalement, Aziz a abandonné. Il a compris qu'il n'avait aucune chance. La froideur que j'avais développée pour me protéger l'a découragé.

Une fois débarrassés d'Aziz, Rachid et moi n'étions toujours pas à l'abri des poursuites. Désormais, c'étaient les policiers. Nous étions souvent contrôlés parce que Rachid avait l'air très européen. Au Maroc, il n'est pas bien vu qu'une fille du pays sorte avec des étrangers.

Rachid montrait alors sa carte de cadet de la Marine, sur quoi les policiers saluaient : « Nos excuses, *sidi*, je vous souhaite une bonne journée, à vous et à votre compagne. »

Je trouvais ça super. J'avais un ami devant lequel les policiers claquaient les talons ! Je n'avais encore jamais connu une telle personne. Dans le meilleur des cas, les hommes que j'avais rencontrés jusqu'alors étaient chassés par la police, et, dans le pire des cas, ils étaient conduits en prison.

En revanche, je trouvais moins bien que Rachid se promène avec d'autres filles sur la digue. Son penchant pour les blondes me dérangeait.

Il m'a donné des explications. « Tu sais, a-t-il dit, je n'aime pas ces femmes. C'est toi que j'aime. Mais tu es vierge et tu dois le rester jusqu'à ta nuit de noces. C'est la raison pour laquelle je n'ai pas de relations sexuelles avec toi, mais avec ces blondes. Elles n'ont pas d'importance. Tu es ma fleur vierge. »

J'ai avalé ma salive. Est-ce que je voulais être une fleur vierge ? J'ai compris que je ne pouvais pas faire autrement. L'amour que j'éprouvais ne changeait rien à mon opinion. Je n'aurais de relations sexuelles qu'une fois mariée. J'ai décidé d'accepter cette situation. Je souffrais de savoir que Rachid couche avec d'autres femmes. Mais j'étais déterminée.

Il me suffisait que son cœur m'appartienne. Qu'il revienne toujours vers moi et me prouve que j'étais digne d'être aimée telle que j'étais.

Cette relation a duré un an. Puis, un jour, sur la route du Nouveau Talborjt à la plage, Rachid m'a prise dans ses bras et a annoncé : « J'ai décidé de rompre avec toi. »

Mon cœur s'est arrêté de battre, quelqu'un a éteint le soleil, l'air est devenu visqueux comme du chewing-gum. Comme à travers de l'ouate, je l'ai entendu dire : « Tu es une femme formidable. Mais je ne peux pas rester avec toi. Je vais partir en mer, rencontrer des femmes dans d'autres ports, je veux profiter de la vie et je ne suis pas encore prêt à me marier. »

« Comment ça, te marier ? ai-je balbutié. Je ne voulais pas du tout me marier. »

J'espérais qu'il dirait : « Ah bon, alors... »

Mais il a répondu : « Quand même, je ne peux pas te donner ce que tu souhaites. Je ne ferais que te rendre malheureuse. »

Mes genoux ont fléchi, il m'a fallu quelques minutes pour me reprendre.

« Reste pure, a fait Rachid. Adieu, *bislama*. »

Puis il m'a quittée.

J'ai essayé de ne pas montrer ma faiblesse et mon désespoir. J'ai repris tête haute la direction du Nouveau Talborjt. Discrètement, je me suis retournée : les épaules basses, Rachid se dirigeait vers la plage en traînant les pieds.

Quand il a été hors de ma vue, mon corps s'est mis à trembler. Mes jambes ont refusé d'obéir, bien que je leur ordonne de faire un pas devant l'autre. Mes yeux se sont mouillés. Je me suis écroulée. Assise sur le bord de la route, la tête entre les bras, j'espérais un miracle. J'espérais sentir sa main sur mon épaule, entendre sa voix me dire : « Chérie, je suis revenu. Je ne peux pas vivre sans toi. »

Quand enfin une main a touché mon épaule, c'était celle d'un vieil homme.

« Que se passe-t-il, jeune fille ? a-t-il demandé. Tu as besoin d'aide ? »

J'ai secoué la tête et suis partie en courant.

Le travail

À dix-sept ans, j'ai eu mes premières règles. Je n'étais pas précoce. Mais, au cours des mois suivants, mon corps s'est transformé tellement vite qu'on aurait dit qu'il voulait rattraper ma maturité psychologique. Dans mon esprit, je savais en effet depuis longtemps que mon enfance avait pris fin.

Mes petits seins ont grandi jusqu'à ce que les hommes ne regardent plus que de ce côté, alors que j'avais de grands yeux expressifs que je trouvais bien plus séduisants que mon décolleté.

Je me contemplais maintenant plus souvent dans le miroir avec satisfaction, même si je ne correspondais pas à l'idéal de beauté des Marocains. Ils aiment les filles grandes, au maquillage clair, avec de grosses fesses dans des jeans si étroits qu'on ne peut même pas porter de slip. En plus, les cheveux ne devaient en aucun cas être foncés et bouclés. La plupart des filles se faisaient décolorer et défriser en payant une fortune chez le coiffeur.

J'avais des boucles noires qui m'arrivaient aux épaules, je ne me maquillais pas, je portais un slip sous mon pantalon, et j'étais plutôt du genre naturel. J'avais un corps sportif avec des rondeurs féminines. Mon visage aux lèvres pleines était aimable et ouvert. Les cicatrices que tante Zaina m'avait infligées étaient encore visibles. Mais elles s'atténuaient. Seul le sourire m'était impossible, car j'avais de vilaines dents cariées. Plus tard, un dentiste m'a expliqué que ce n'était pas surprenant chez les personnes qui avaient souffert de la faim dans leur enfance.

Je faisais désormais très attention à ma santé. Chaque matin, je me levais à six heures et descendais à la plage, même quand Rachid ne m'y attendait plus. J'enfilais mes chaussures de sport et courais pendant presque une heure le long de la mer avant de sauter dans l'eau et de nager au large dans l'Atlantique. À neuf heures, fraîchement douchée, je prenais mon service.

Je travaillais maintenant dans un restaurant appelé Golden Gate. C'est l'un des plus grands et des plus célèbres d'Agadir, dirigé par un Marocain du nom de Khassim, longtemps expatrié en Allemagne.

Khassim m'avait engagée incidemment, en quelque sorte. Je portais une salopette et des baskets quand j'étais passée devant son restaurant. J'allais voir ma sœur Rabiaa qui travaillait à l'époque à la laverie du Club Valtur. Peut-être y avait-il là du travail pour moi aussi.

Khassim m'a suivie du regard. Il était connu pour avoir l'œil s'agissant des jolies filles. J'ai d'abord pensé qu'il ne s'adressait pas à moi, mais à l'une des blondes de l'autre côté de la rue. J'ai regardé tout autour, mais il n'y avait personne. Il était clair que c'était bien moi que Khassim, le propriétaire d'un des restaurants les plus renommés d'Agadir, suivait ainsi des yeux.

Je me suis dit : « Ouarda, voilà ta chance. Tu vas faire demi-tour et parler avec cet homme. Peut-être auras-tu bientôt un nouvel emploi. »

Je me suis retournée et dirigée vers Khassim. Il était un peu surpris de la vitesse à laquelle j'avais freiné et j'étais revenue sur mes pas.

« D'où viens-tu donc ? » a-t-il demandé.

Il ne me connaissait pas, je ne faisais pas partie des filles qui traînaient dans les quartiers touristiques d'Agadir. C'est pourquoi personne ne m'avait encore invitée au Golden Gate. Et je ne pouvais pas me permettre moi-même d'y manger ou d'y boire quelque chose.

« Du Nouveau Talborjt », ai-je répondu.

« Ah bon. Je ne t'ai encore jamais vue par ici. »

« Mais j'ai travaillé dans le salon glacier à côté. »

« C'est bien. » Khassim ne pouvait pas supporter les propriétaires du salon, agacé que ces deux Allemands possèdent une recette secrète pour leurs gaufres et que la cuisson dégage dans les rues une odeur à vous faire saliver. Khassim fabriquait aussi des gaufres pour les glaces, mais elles ne sentaient pas aussi bon que celles d'à côté.

« Tu sais cuire des gaufres ? » a-t-il demandé.

« Bien sûr », ai-je dit, et je lui montrai pour preuve mes avant-bras brûlés.

Khassim a souri : « Si tu veux, tu peux commencer chez moi demain matin à neuf heures. Sois ponctuelle, s'il te plaît. Sur la terrasse. »

J'ai avalé ma salive, car je ne m'étais pas attendue à un succès aussi rapide.

« Que dois-je porter ? »

« Chemisier blanc, minijupe noire. »

J'avais une jupe noire courte, mais pas de chemisier blanc. J'ai donc filé à la maison et demandé à mes voisines. L'une d'elles, Fatima, possédait un élégant chemisier blanc, en tissu épais et avec des épaulettes, que j'ai pu emprunter.

Le lendemain matin, ainsi vêtue, je suis arrivée fièrement au travail. Mais Khassim n'était pas satisfait. « Qu'est-ce que c'est que ça ? » a-t-il demandé en montrant le chemisier blanc bouffant. « Une armure de chevalier ? »

Je suis restée muette.

« Crois-tu que je t'engage pour que tu viennes exhiber ici le plus grand et le plus large chemisier d'Agadir ? »

Il a disparu dans son bureau. Peu après, il est revenu avec deux cents dirhams et une quittance portant l'inscription « Acompte ».

« Prends cet argent, a-t-il dit. Signe ici, et reviens demain avec un chemisier qui te donne l'air sexy. Entendu ? »

« D'accord », ai-je murmuré, me sentant mal à l'aise dans la chemise bouffante de Fatima. Le soir, je me suis acheté une chemise d'un tissu si léger qu'il était presque transparent. Je me trouvais très féminine dans cette tenue. Je me suis longtemps tournée devant le miroir du magasin. Je jugeais un peu osé de me promener ainsi, mais c'était pour une bonne cause.

Visiblement, j'avais fait le bon choix, car Khassim a fait claquer sa langue avec gourmandise en me voyant arriver le lendemain matin.

« Comme ça, c'est très bien », a-t-il fait.

Je n'étais pas sûre que ce soit vraiment bien. Les yeux de Khassim me paraissaient un peu trop avides. Il avait la réputation d'être un homme à femmes. Et je ne voulais pas me trouver en situation de devoir repousser ses avances, puis de perdre mon emploi.

Effectivement, les problèmes n'ont pas tardé pas à survenir. Un jour, ma collègue Hayat m'a tendu une enveloppe contenant trois cents dirhams et un petit mot : « Ce soir, après le travail, devant l'hôtel Untel. » J'ai oublié le nom de l'hôtel, situé dans une rue calme, qui n'existe plus aujourd'hui.

« Merde », ai-je murmuré.

« Désolée, a dit Hayat, mais il a flashé sur toi. C'est ton tour, ma petite. »

Pendant toute la journée, j'ai évité mon patron et réfléchi à ce que je devais faire. J'avais l'impression que tous mes collègues m'observaient. Pour moi, pas d'autre alternative que celle de garder mon travail ou de me retrouver dans la rue.

J'ai résolu malgré tout de ne pas accepter de compromis et de rester fidèle à ma ligne de conduite. Si j'avais retrouvé Khassim devant l'hôtel, je n'aurais pas été très différente de mes cousines que je méprisais. J'ai restitué les dirhams et, le soir, en rentrant à la maison, j'ai fait un grand détour pour éviter l'hôtel.

Le lendemain, l'atmosphère du Golden Gate avait changé. Khassim n'a pas fait mention de la soirée de la veille, mais il est devenu plus strict. Je ne pouvais me permettre aucune erreur. Sinon les ennuis ne manqueraient pas. Khassim n'attendait que l'occasion de me mettre à la porte.

Mais il y avait tant de jolies filles au Golden Gate que mon patron n'a pas tardé à s'intéresser à une autre et à me perdre de vue. Peut-être même respectait-il mon digne refus. Toujours est-il qu'il ne m'a plus importunée et que j'ai pu continuer à travailler en paix.

C'était un emploi correct, même si le salaire n'était pas mirobolant. Au départ, j'étais payée mille dirhams par mois. Plus tard, quand je suis passée du comptoir à glaces à la pizzeria, j'ai reçu mille cinq cents dirhams plus les pourboires. Il ne me restait pas grand-chose de mon argent. Je devais en remettre la majeure partie à tante Zaina.

Peu à peu, j'ai découvert que j'étais compétente dans mon travail. Les collègues me respectaient et les clients m'aimaient bien. J'avais des contacts avec des Européens qui venaient en nombre, surtout en été. Bien que leur comportement me paraisse souvent bizarre, je les admirais pour leur assurance et les relations franches qui semblaient régner entre les sexes.

Je sentais grandir ma propre assurance, surtout lorsque Khassim a engagé une Marocaine de Düsseldorf pour diriger le restaurant. Cette femme avait tellement d'énergie et de courage que, très vite, aucun des collègues masculins n'a plus osé la contredire.

Au début, le porte-parole des employés, un grand Arabe, lui avait lancé au visage avec insolence : « Écoute, je n'ai pas envie de me laisser commander par des bonnes femmes. Retourne en Allemagne si tu veux jouer au chef. Ici, ce sont les hommes qui ont la parole. »

Il n'avait pas fini de parler que la nouvelle venue de Düsseldorf s'est dressée sur la pointe des pieds et lui a balancé une gifle qui l'a laissé la bouche bée.

Nous sommes restés silencieux. Qu'est-ce que l'homme allait faire, maintenant ? Je comprenais qu'il s'agissait d'un conflit de pouvoirs dans lequel il n'était pas seulement question de deux personnes, mais de principe. Cette femme serait-elle capable de s'imposer face aux hommes ? Ou échouerait-elle comme tant d'autres avant elle ?

La question a été vite tranchée. Le serveur, l'air idiot et la marque de la main sur sa joue, s'est retiré. Je crois même qu'il s'est excusé. On savait maintenant qui l'emporterait : la femme d'Allemagne.

Pour moi, la vitesse à laquelle la nouvelle venue avait gagné le respect relevait du miracle. Elle n'avait pas reculé, mais défendu sa position, et avec succès. Je me suis promis d'être comme elle.

J'aimais bien mes collègues féminines. Toutes devaient prendre en charge leur propre destin. Hadda, notre dame des toilettes, par exemple, élevait seule ses trois enfants depuis le décès de son mari. Elle avait le métier le plus pénible du restaurant. Elle devait garder les toilettes propres jusqu'à la fermeture, à cinq heures du matin. Nos clients buvaient énormément et vomissaient dans les lavabos. Toute la nuit, Hadda nettoyait leurs cochonneries. Mais elle n'abandonnait jamais sa dignité. Elle prenait et quittait son service fière et droite. Je l'admirais.

Ma collègue Rheno avait un autre problème. Elle habitait en dehors de la ville et arrivait chaque matin par le bus. Sa mère vivait avec ses frères qui étaient au chômage et avaient mal tourné. Ils buvaient, fumaient du haschich et les battaient toutes les deux.

Rheno était malgré tout une personne joyeuse. Le matin, quand nous préparions le restaurant, nous chantions les chansons de Najat Aatabou, une célèbre artiste berbère. Notre chanson préférée était *J'en ai marre !,* une critique de notre société dominée par les hommes. L'influence de Najat faisait d'elle une sorte d'Alice Schwarzer[14] du Maroc. Elle avait enlevé son voile et, de sa voix incomparable, invitait les femmes à ne plus se laisser faire. Ses chansons étaient interdites d'antenne sur la radio nationale, mais les cassettes se vendaient par millions dans les souks du pays.

Plus tard, Rheno est tombée amoureuse d'un garçon de Casablanca qui voulait l'épouser. Mais sa mère ne lui a pas donné son accord.

« Si tu me laisses seule avec tes frères, je te maudirai à jamais », a-t-elle menacé.

Rheno rencontrait tout de même son ami, mais le fardeau de la malédiction a pesé sur elle quand elle a fini par l'épouser en cachette. Quelques mois plus tard, on lui a diagnostiqué un cancer du sein.

J'avais déjà remarqué depuis longtemps que, le matin, ma collègue tenait toujours une main sur sa poitrine quand elle courait de la station d'autobus au travail.

« Rheno, lui avais-je dit. Il y a quelque chose qui ne va pas. Va voir le médecin. »

« Ah, avait-elle répondu, ce n'est rien. La vie est bien trop courte pour l'encombrer de soucis. »

---

[14] Célèbre féministe allemande contemporaine.

Mais en réalité, comme beaucoup de Marocains pauvres, elle ne pouvait pas se payer de consultation. Quand elle s'est rendue à l'hôpital, il était trop tard pour engager une thérapie efficace.

Peu de temps après, elle est morte. Je crois qu'elle ne pouvait plus supporter la pression de sa famille.

Le cheik

En décembre, nous avons reçu un client du Koweït qui m'a observée pendant quelques jours avant de m'adresser la parole.

« Excusez-moi, a-t-il dit. Je ne voudrais pas tourner longtemps autour du pot. Mais vous me plaisez tant que je veux demander votre main. »

« Pardon ? » ai-je fait. L'homme parlait arabe avec un étrange accent. J'avais peut-être mal entendu.

« Je voudrais vous épouser », a-t-il répété.

Je l'ai examiné de plus près. Il était jeune, peut-être vingt-six ans, et venait manifestement du Proche-Orient, bien qu'il porte jeans et chemise au lieu du caftan et du turban. Je ne pensais pas grand bien des Orientaux. Avec leur argent, ils avaient favorisé la prostitution à Agadir. Tout ce qui était interdit chez eux, ils le pratiquaient dans notre pays. Ils s'achetaient les plus jolies filles. Cela me faisait mal au cœur de voir ces vieux dégoûtants flatter les filles et les inviter dans leurs grosses Mercedes pour les emmener dans une villa discrète où ils prenaient leur plaisir avec elles.

Ce jeune homme avait pourtant un sourire sympathique. J'ai décidé de poursuivre la conversation. Il travaillait dans son pays comme policier et passait ses vacances au Maroc. Manifestement, il cherchait une épouse. Dans le monde arabe, on dit que les plus belles femmes vivent au Maroc.

L'homme a toutefois interrompu la conversation avant qu'elle ait vraiment démarré. « Excusez-moi, a-t-il dit poliment. Mais je ne voudrais pas m'entretenir plus longuement avec vous avant d'avoir officiellement demandé votre main. C'est l'usage dans mon pays. Quand puis-je rencontrer vos parents ? »

Ce type m'a paru un peu original. Mais si je me fiançais avec lui, il me protégerait des poursuites de mes soupirants marocains. Je lui ai demandé de repasser le lendemain.

Le matin, j'ai dit en partant : « Oncle Hassan, ce soir, un homme va peut-être passer pour demander ma main. »

« Ta main ? a pouffé tante Zaina. Ne te moque pas de nous. »

« Je ne me moque pas de vous. Il est possible qu'il vienne ici ce soir. »

« Quel genre c'est ? a demandé oncle Hassan avec méfiance. Un Nègre ? »

Il ne pouvait pas imaginer que quelqu'un d'autre s'intéresse à une fille à la peau aussi brune que la mienne. En réalité, il était raciste. Petite, il m'avait battue pour avoir joué avec des enfants qui avaient la peau plus foncée que la mienne.

« Ne joue pas avec les olives noires ! s'était-il écrié. Sinon tu vas en devenir une toi-même ! »

Oncle Hassan ne pouvait pas non plus supporter les Juifs. On nous répétait constamment que ces gens n'étaient pas bons. On nous disait que si, par mégarde, on avait tendu la main à un Juif, il fallait se baigner tout nu dans de l'huile d'olive. Sinon, Allah ne pardonnerait pas ce péché. Il était même interdit de parler à ces gens-là.

Je n'en connaissais qu'un seul, le propriétaire du supermarché voisin du Golden Gate. Je trouvais cet homme très gentil et n'arrivais pas à comprendre ce que tout le monde avait contre lui.

« Non, ai-je dit. L'homme qui veut nous rendre visite ce soir est koweïtien. »

Oncle Hassan a dégluti. « Un cheik ? »

Dans les yeux de mes cousines, on pouvait voir cligner les dollars à l'évocation du Koweït.

« Non, je crois qu'il est policier. Est-ce que les policiers sont aussi des cheiks ? »

Personne n'avait de réponse à cela. Mais, ce jour-là, la tension a été grande dans la rue El Ghazoua.

J'ai eu tant à faire au Golden Gate que j'en avais presque oublié le Koweïtien. Soudain, il est arrivé et a demandé poliment : « Mademoiselle, excusez-moi, avez-vous parlé à votre père ? »

« Non, mon père n'est pas là, ai-je répondu. Mais vous pouvez parler à mon oncle. C'est le maître de maison et il vous attend ce soir. »

J'espérais qu'oncle Hassan serait bien là.

« Très bien, a fait le Koweïtien. Je viendrai vous chercher à neuf heures devant le restaurant. »

Je ne savais pas très bien si je devais rire ou pleurer. Cette histoire prenait un drôle de tournant. Qu'est-ce que cet homme voulait vraiment de moi ? Voulait-il réellement m'épouser ? Ou était-ce quelqu'un qui se permettait de me faire une mauvaise blague ? L'affaire commençait à m'inquiéter.

À neuf heures pile, un taxi s'est arrêté devant le Golden Gate. Le Koweïtien a ouvert la portière arrière et m'a invitée à monter.

« Excusez-moi, il faut encore que j'achète des pâtisseries pour votre famille, a-t-il dit. Pour vous, j'ai déjà choisi un très bon parfum. »

Il m'a remis un paquet cadeau avec un ruban. Jamais de ma vie je n'avais rencontré quelqu'un qui parlait de manière aussi pompeuse. Ou alors était-ce la vraie politesse arabe ?

Le Koweïtien s'est occupé des gâteaux, puis nous sommes partis à la maison. Mes cousines s'étaient pomponnées comme si c'était le roi d'Arabie Saoudite en personne qui nous rendait visite. Alors qu'il n'était qu'un simple policier du désert. Oncle Hassan portait sa plus belle djellaba et tante Zaina son précieux caftan de fête. La maison était d'une propreté étincelante, la famille avait dû faire le ménage toute la journée.

Le Koweïtien s'est présenté et a dit : « Je trouve votre nièce ravissante et j'aimerais en faire ma femme, si vous n'y êtes pas opposés. »

Oncle Hassan a acquiescé avec majesté. Mais on voyait qu'il était content de se débarrasser de moi de façon si élégante. On a continué à parler de choses et d'autres. Je devais traduire pour l'oncle et la tante, car le Koweïtien ne parlait que l'arabe classique et non le marocain. Puis notre hôte a demandé poliment s'il pouvait manger un gâteau. Il en a grignoté deux avant de prendre congé, non sans avoir auparavant récité quelques vers du Coran et convenu avec oncle Hassan d'un rendez-vous pour discuter du mariage.

La porte s'est refermée derrière lui comme sur un spectre étrange venant de quitter la maison. Mes cousines m'ont assaillie de questions sur mon fiancé, auxquelles je n'avais aucune réponse, puisque je ne connaissais pas du tout cet homme.

Ce soir-là, j'ai eu du mal à m'endormir. Dans quoi m'étais-je embarquée ? Je prenais cette histoire à la plaisanterie. Mais il semblait que le Koweïtien prenne cette affaire très au sérieux.

Les derniers jours avant son retour pour le Koweït, il a voulu me rencontrer régulièrement, pas en jupe courte ni chemise transparente, mais en djellaba opaque et foulard de soie. Malheureusement, je ne disposais pas de ce genre de vêtements. Il s'est donc présenté un jour avec un paquet qui, de son point de vue, contenait les vêtements adéquats. Il y avait en plus une paire de chaussures, il aimait que les dames portent des talons hauts.

Je ne m'étais pas attendue à autre chose de la part d'un Arabe. Mais je m'étonnais quand même qu'il ait proposé le mariage à une femme comme moi. Minijupe, cheveux en liberté, pas de parents. Il n'avait même pas demandé si j'étais encore vierge. J'avais donc répondu de moi-même à la question non posée.

« Au cas où vous vous demanderiez si je suis encore vierge, avais-je dit, je peux vous assurer que la réponse est positive. »

Avec lui, je parlais de manière un peu ampoulée.

J'ai porté une fois ses vêtements, mais je n'ai pas noué le foulard autour de ma tête. Je m'en suis juste couvert les épaules avec élégance. Je les ai ensuite offerts à ma tante qui, dès lors, trouva le Koweïtien encore plus sympathique.

Nos rencontres n'étaient pas vraiment piquantes. Je lui montrais le souk, et il m'invitait à prendre un Coca. Conformément aux circonstances, je portais une robe jusqu'aux genoux. Il me racontait sa vie au Koweït. Depuis son divorce, il habitait encore dans la grande propriété de ses parents. Il occupait une aile de la maison et était persuadé que je m'entendrais bien avec sa mère.

J'espérais toujours qu'il m'embrasse afin de me convaincre de son désir. Mais les baisers avant le mariage ne semblaient pas faire partie de son programme. Ses sentiments s'exprimaient par de petits baisers réservés sur le front.

Puis il lui a fallu repartir au Koweït.

Je savais qu'il n'était pas mon grand amour. Son comportement me paraissait trop froid. Mais il était sympathique, intéressant, et pouvait représenter mon salut. Tout valait mieux que de vivre avec ma famille.

Il était prévu qu'il m'épouse quelques mois plus tard à Agadir. Il envisageait un grand mariage et voulait présenter ses parents à ma famille. Cette rencontre me causait des soucis. Je lui avais bien dit que ma mère était décédée, mais je n'avais pas précisé que mon père avait provoqué sa mort et payait sa dette en prison.

J'ai été soulagée quand le Koweïtien est parti. Je gagnais du temps pour réfléchir. Désormais, il envoyait des lettres. Il y joignait des photos et m'écrivait des poèmes. Dans l'une d'elles, il a mentionné qu'il avait déjà peint en rose et mauve les pièces que j'occuperais dans la propriété familiale. Je devais vivre comme une princesse. Jusqu'à présent, je ne m'étais jamais vue dans des pièces peintes en rose et mauve, mais je m'y habituerais. Pendant les vacances, il voulait voyager avec moi à Paris et en Italie, des lieux dont je n'avais même pas osé rêver. Mais il a eu ensuite des exigences. Est-ce que je pourrais porter des jupes qui me couvrent les genoux ? Il était aussi extrêmement important que je connaisse la cuisine arabe, française et allemande. Il était prêt à me payer des cours si nécessaire.

Ces propositions m'agaçaient tout en me flattant. Que pouvait-il m'arriver de mieux que d'être épousée par un musulman pieux, quelque peu aisé et attentionné ? Cependant, on entendait beaucoup parler des harems arabes en Orient, il ne fallait pas que je finisse comme troisième ou quatrième épouse à l'étranger.

Toutefois, ce genre de question me préoccupait peu. Mon travail m'absorbait tellement que je n'avais pas le temps de spéculer sur mon avenir. En outre, j'avais plusieurs correspondants. Un Italien, qui se précipitait à la poste pour m'envoyer du courrier, un Français et un Marocain. Plus le départ du Koweïtien s'éloignait dans le temps, plus la fascination pâlissait.

Elle s'est effacée définitivement lorsqu'un certain Walter de Munich est devenu un habitué du Golden Gate.

L'homme venu d'Allemagne

Walter logeait à l'hôtel Safir-Europe, de l'autre côté de la rue. Chaque matin, à dix heures précises, il s'installait à la terrasse du Golden Gate et commandait un jus d'orange pressée et un espresso. Walter était mon client. Il voulait être servi par celle qui préparait le meilleur jus d'orange, c'est-à-dire moi. Je ne le prenais pas dans la carafe mais le servais tout frais sans y ajouter d'eau.

Nos conversations se limitaient au nécessaire.

« Bonjour, monsieur », disais-je.

« Bonjour, mademoiselle », répondait-il.

Puis il passait sa commande, et je le servais.

« Merci, au revoir. »

Et il partait.

Il en a été ainsi pendant quelques jours, jusqu'à ce qu'un incident survienne en février.

Des policiers ont pris le restaurant d'assaut et demandé à voir les papiers des employés. Ils voulaient s'assurer qu'aucune personne âgée de moins de vingt-deux ans ne soit en contact avec de l'alcool. Au Maroc, c'est interdit.

Bien entendu, j'étais concernée. Je venais d'avoir dix-neuf ans et servais de la bière en terrasse.

« Vous n'avez pas le droit de travailler ici », ont dit les policiers.

« Pourquoi pas ? » ai-je demandé.

« Parce que vous n'avez que dix-neuf ans et que l'on vend de l'alcool dans cet établissement. »

« Et alors ? Je sers peut-être de l'alcool aux clients, mais je n'en ai encore jamais bu une gorgée. »

Les fonctionnaires s'en moquaient. « S'il vous plaît, prenez vos affaires et quittez l'établissement. »

J'étais outrée. « Pardon ? »

« S'il vous plaît, prenez vos affaires et quittez l'établissement, ont répété les policiers. Et tout de suite, ou bien nous vous embarquons. »

Je me suis mise à pleurer.

« Vous me privez de travail. Et ensuite, vous vous demandez pourquoi nous, les jeunes filles, nous faisons le trottoir. C'est quand même absurde. »

Le mot « absurde » n'a pas plu à ces hommes. « Faites attention à ce que vous dites, sinon vous serez en plus accusée d'injures à agents. »

L'affaire risquait de mal tourner. Tous les clients de la terrasse, dont Walter, nous regardaient avec curiosité.

Les serveurs m'ont entraînée à l'intérieur du restaurant. Khassim s'en est mêlé, les autres filles ont poussé de grands cris. J'étais désespérée. Sans bakchich, je perdrais mon travail. Mais Khassim était-il prêt à graisser la patte des policiers ? Je n'en étais pas convaincue.

Soudain, j'ai entendu une voix : « Excusez-moi, ne vous faites pas de souci, je vous en prie. J'ai un travail pour vous. »

J'ai levé les yeux. Devant moi se tenait Walter, le client allemand.

« Connaissez-vous La Fiancée du Sud ? » a-t-il demandé.

« Bien sûr, ai-je fait. C'est la grande usine de textile près du souk. »

« Les propriétaires sont de bons amis à moi, a dit Walter. Je peux leur parler. Si vous êtes intéressée, nous nous retrouverons demain. Même heure, même endroit. »

Et le monsieur venu d'Allemagne a disparu.

Les policiers m'ont obligée à quitter ma place. Khassim n'a fait aucun effort pour me garder.

Je me retrouvais une nouvelle fois au chômage.

Le lendemain, je suis allée au rendez-vous de Walter, accompagnée de Rabiaa. Cette histoire me paraissait un peu louche. Ma sœur avait pris un jour de congé pour éviter que je m'y rende seule.

Walter a appelé un taxi et est venu avec nous à La Fiancée du Sud. Les propriétaires étaient deux jeunes frères avec de longues barbes, des hommes si pieux qu'ils ont refusé de me tendre la main. J'étais surprise que ces hommes soient en relation avec un Allemand. Des islamistes stricts qui s'entretenaient avec un non-musulman !

Les deux barbus parlaient allemand et ont traduit ce que Walter voulait me dire.

« Sœur, ont-ils dit, cet homme est un bon ami. Il a aidé des membres de notre famille à venir en Allemagne. Il a un si grand cœur que c'est toi qu'il veut aider maintenant. Accepte son aide : il est allemand, mais c'est un frère. Il est évident que nous avons un emploi pour toi, si M. Walter le souhaite. »

J'étais comme dans un rêve, mais avec la désagréable sensation qu'il ne durerait pas. J'étais sûre de me réveiller et de retrouver une situation aussi désespérée que celle qui avait été la mienne.

Discrètement, je me suis pincé le bras gauche. Et Walter a disparu. Mais il a vite été de retour… avec une montre Swatch.

« C'est pour vous », a-t-il dit.

« Pour moi ? Pourquoi faites-vous tout cela ? »

Les deux frères de La Fiancée du Sud ont répondu : « Il fait cela, sœur, parce que c'est une bonne personne. Tu peux lui faire confiance, nous t'assurons que tout cela est sérieux. Il a beaucoup d'argent et soutient les enfants dans différents pays du monde. Tu n'es pas la seule. Il voudrait que tu apprennes l'allemand. »

L'allemand ? Je ne comprenais plus rien. Pourquoi cet inconnu souhaitait-il que j'apprenne l'allemand ? Pourquoi s'intéressait-il à moi ? Quelque chose clochait.

J'ai jeté un regard implorant à Rabiaa. Ma sœur semblait trouver tout cela complètement normal. Elle m'a fait un clin d'œil encourageant.

« L'allemand ? » ai-je fait.

« Naturellement, ont déclaré les deux hommes barbus. Notre frère Walter est très intelligent. Il sait que tu parles le tashl'hit, le marocain, le français et même l'arabe classique. Et nous trouvons que c'est une bonne idée, sœur. »

Tout en me parlant, ils fixaient leurs pieds et évitaient de me regarder. L'usage veut que les musulmans pieux détournent les yeux d'une femme étrangère.

Je trouvais cette attitude désagréable. Je préfère pouvoir regarder en face les gens qui s'adressent à moi. J'ai donc pris la décision de ne pas travailler pour La Fiancée du Sud, redoutant le fondamentalisme. Toutes les femmes que je voyais dans l'entreprise portaient des foulards, et les hommes, l'air coincé, évitaient de regarder notre groupe. Je ne voulais rien avoir à faire avec cela.

« Merci beaucoup, frères, ai-je dit. Votre proposition est très généreuse. Mais je voudrais trouver un travail moi-même. *Salam aleikum*, la paix soit avec vous. »

Walter nous a ramenées en ville et s'est envolé bientôt pour l'Allemagne. Par l'intermédiaire des deux barbus, il est resté en contact avec moi. Nous avions désormais le téléphone à la maison. Au moins trois fois par semaine, les frères de La Fiancée du Sud appelaient pour me transmettre les amitiés de Walter.

« Comment se passe ton cours d'allemand, sœur ? » se sont-ils informés.

Je n'osai pas leur dire que je n'y étais allée qu'une seule fois. Le professeur était un Palestinien qui ne parlait pas un arabe compréhensible. Comment cet homme pouvait-il m'enseigner une langue étrangère ?

J'ai répondu : « Ce n'est pas si simple avec l'allemand, frères, mais avec l'aide d'Allah, ça finira bien par marcher. »

« Walter propose que tu te fasses arranger les dents, dirent les frères. Il nous a déjà viré de l'argent pour cela. Est-ce que nous pouvons te recommander un dentiste, sœur ? »

Mes sept caries ont immédiatement commencé à me faire souffrir. Je trouvais que ce Walter allait un peu trop loin. Il semblait vouloir prendre complètement ma vie en main. Que pouvais-je encore décider seule ?

Mais les maux de dents sont un argument convaincant. Je me suis rendue chez le dentiste des frères. Il avait à peine vingt ans. Le cabinet était petit, mais propre, et les instruments étincelaient. Plus tard, j'ai appris que Walter les avait rapportés d'Allemagne. Le dentiste employait un prothésiste édenté, c'était le comble ! Mais l'homme était un bon artisan et m'a confectionné des couronnes plus belles que l'avaient été mes dents avant d'être cariées.

Le jeune dentiste m'a examinée avec les instruments de Walter, a établi un devis et a remis mes dents en état pour le compte du même Walter. Il est même venu chez nous rue El Ghazoua et, à la lumière du soleil, devant notre porte, avec la participation du voisinage, il a placé de petites plaquettes contre mes dents afin d'en déterminer la couleur. J'étais très fière de toute cette attention.

Ma famille s'étonnait. Walter pouvait devenir une poule aux œufs d'or, mais j'étais fiancée avec le Koweïtien, qui, il est vrai, ne réglait pas les notes du dentiste et se contentait d'envoyer des lettres. Il n'avait même probablement pas remarqué à quel point mes dents étaient abîmées.

Oncle Hassan a eu un problème de conscience. En tant que chef de la famille, il pouvait difficilement approuver qu'un homme étranger, et allemand en plus, paie la remise en état de mes dents.

Il m'a prise à l'écart et m'a dit : « Ouarda, que signifie ce comportement ? Que veut de toi l'*almani*, l'homme d'Allemagne ? As-tu déjà oublié que tu es fiancée ? »

« C'est quelque chose de tout à fait différent, ai-je expliqué. Cet homme est très âgé et riche. Il aide beaucoup d'enfants. »

Walter avait à peine quarante-huit ans mais, pour une jeune fille de dix-neuf ans, cela semblait vieux.

Oncle Hassan a froncé les sourcils : « Il aurait juste l'intention d'aider les pauvres gens du Maroc ? »

« Je crois bien. »

« Alors invite l'*almani* à la maison. J'aimerais bien faire la connaissance de cet homme. »

Quand Walter est revenu à Agadir, je lui ai demandé s'il voulait venir chez nous. Il a accepté.

Tante Zaina a préparé un dîner copieux avec de l'agneau et du tajine. La soirée s'est déroulée agréablement, jusqu'à ce qu'*ammi* Hassan oriente la conversation vers un sujet précis qui, visiblement, lui tenait très à cœur.

« Monsieur Walter, a-t-il commencé, un peu cérémonieux. Vous savez certainement que je suis mécanicien automobile. »

Walter a acquiescé.

« Et savez-vous aussi ce que je constate en permanence ? »

Walter a secoué la tête.

« Qu'il manque des pièces de rechange. Je veux réparer une voiture, mais ce n'est pas possible, parce qu'il n'y a pas de matériel. »

Je n'ai pas compris où il venait en venir, mais je n'ai pas tardé à le savoir.

« Depuis un certain temps, je me demande comment me procurer ces pièces de rechange », a déclaré l'oncle.

Walter n'a pas réagi.

« Je crois qu'il faudrait que j'en importe d'Europe. »

La conversation devenait ennuyeuse pour moi. Je ne m'intéressais pas aux pièces de rechange de voitures.

Quant à mes cousines, elles étaient en pleine forme. Elles n'arrêtaient pas de glousser et chuchotaient en berbère : « Il n'est pas si vieux que ça », « il en a encore assez dans le pantalon. »

Elles regardaient impudemment entre les jambes de Walter. Il portait un pantalon de fine toile beige et, comme beaucoup d'étrangers qui ne sont pas habitués à nos canapés bas, il était assis, les jambes écartées.

« Peut-être qu'il veut seulement l'aider, ont-elles dit en ricanant. Ou bien il veut aider, mais pas du tout comme Ouarda l'imagine. »

« S'il veut te soutenir en tant qu'enfant, Ouarda, c'est très bien. Mais moi, je suis une femme. »

« Mais il en a que pour Ouarda. Comme il la regarde ! »

Oncle Hassan continuait à parler de ses problèmes. « Cher monsieur Walter, peut-être voulez-vous prendre part à ce commerce lucratif ? »

Oncle Hassan voulait de l'argent. Mes craintes se confirmaient. J'étais curieuse de savoir comment Walter allait réagir.

Il a fait un signe de tête. « Pourquoi pas ? »

L'oncle a semblé satisfait, et tante Zaina était étrangement excitée. Elle a ri et m'a embrassée, m'a pincé les joues, caressé les cheveux, faisant comme si j'étais sa préférée.

J'étais un peu surprise et remarquais naturellement que la tante jouait la comédie. Mais j'appréciais cette attention affectueuse. Je me sentais comme une reine. J'avais rencontré quelqu'un qui pouvait nous aider. Même si je ne nourrissais pas de sentiments d'attachement pour ma famille, je souhaitais pourtant qu'elle s'en sorte. Walter pourrait peut-être nous sortir de la misère et des soucis.

Peu avant minuit, Walter s'en est allé. Mais nous n'avons pas pu dormir. Oncle Hassan, la tante, les cousins étaient euphoriques.

Je l'étais aussi. J'avais l'impression que, sous les traits de Walter, Allah m'avait envoyé un ange. Grâce à lui, j'avais gagné le respect de ma famille, pour lequel je m'étais toujours battue. En m'endormant, j'ai senti que Walter avait envahi mon cœur. Ce n'était pas de l'amour. Mais une sensation agréable...

Le lendemain, oncle Hassan et tante Zaina ont encensé Walter, le déclarant sympathique, riche, aimable.

La tante est venue me trouver dans la cour. Je m'occupais de la lessive.

« Ce M. Walter est une personne très chaleureuse et très agréable, a-t-elle dit. Je le trouve bien plus respectable que le Koweïtien. Tu ne seras que l'une de ses épouses, il en prendra d'autres, et tu te retrouveras parmi elles. En Allemagne, il n'y a pas de harem, je le sais, tu es l'unique épouse. Je connais des femmes qui se sont mariées à des Allemands. Maintenant, elles ont des villas ici à Agadir. L'*almani* me plaît beaucoup plus que le Koweïtien. »

« Mais ce n'est pas un musulman », ai-je rétorqué.

« Et patati et patata ! Musulman par-ci, musulman par-là, a répliqué la tante. C'est une bonne personne. » Ce qui, pour elle, voulait dire : il a de l'argent.

Je sentais que Walter prenait de plus en plus d'importance, non seulement pour moi, mais pour toute ma famille. Il m'accordait une considération que je n'avais jamais connue. Il m'emmenait faire de bons repas, il était poli et attentionné, il s'était occupé de mes dents, m'achetait de beaux vêtements, m'avait offert une montre Swatch. Il impressionnait ma famille et ne me harcelait pas sur le plan sexuel. Je n'étais pas habituée à un tel comportement.

Une fois, il m'a invitée à la piscine de l'hôtel. Ce qui a posé des problèmes à la réception, car la direction ne voulait pas que les clients soient importunés par des jeunes filles du pays.

Walter s'est mis très en colère. Une dispute s'est ensuivie avec le directeur. Il m'a défendue. « Ne voyez-vous pas qu'il s'agit d'une jeune fille vertueuse ? Vous ne pouvez tout de même pas discriminer toutes les femmes dans votre pays. Je trouve cela inouï ! »

Puis il m'a dit : « Tu sais quoi, Ouarda, j'en ai assez de cette mentalité arabe. Je vais repartir en Allemagne et, à l'avenir, j'irai passer mes vacances en Asie. Les gens y sont bien plus ouverts et polis. »

Ç'a été pour moi un choc. J'ai brusquement senti tout ce que j'éprouvais pour cet *almani*. Sans lui, ma vie serait terne. J'avais peur de le perdre. Il était entré dans mon univers de manière à la fois surprenante et délicate, comme le soleil qui se lève le matin à l'est au-dessus des montagnes et réchauffe le pays et les cœurs. À présent, il menaçait de disparaître aussi soudainement qu'il était venu.

« Ne te fais pas de soucis, a dit Walter. Je m'occuperai encore de toi. Si tu veux continuer à aller à l'école, je paierai, naturellement. »

Je crois que je suis devenue toute pâle.

« Mais je ne veux pas que tu partes, ai-je dit. Si tu t'en vas, il faut que tu m'emmènes. »

J'avais failli ne pas prononcer cette phrase. Je me revois, assise au bord de la piscine dans mon maillot de bain mouillé, essayer de rassembler mon courage pour dire : « Si tu t'en vas, il faut que tu m'emmènes. »

Mais les mots avaient été prononcés. Comment Walter allait-il réagir ? Mon cœur battait à en faire éclater ma poitrine. Le sang bruissait dans mes oreilles. C'est pourquoi j'ai eu du mal à comprendre sa réponse.

« T'emmener ? Comment ça ? » Walter avait été pris de court. « Ce n'est possible que si je t'adopte. Mais comme tu as déjà plus de dix-huit ans, il faudrait que je t'épouse. »

À ma propre surprise, je me suis entendu dire : « Eh bien, épouse-moi alors. »

Walter semblait aussi surpris que moi. « Tu es donc amoureuse de moi ? »

J'ai hésité, j'ai rougi et écouté encore une fois ce qui se passait au plus profond de mon cœur. « Oui, je suis amoureuse de toi. Et toi ? Tu m'aimes ? »

« Dès le premier instant ! a reconnu Walter. Je t'aime depuis que je t'ai vue pour la première fois. »

Le maillot de bain humide est brusquement devenu tout froid. Qu'avais-je fait ? Je m'étais comportée exactement comme une jeune fille respectable de notre société ne doit le faire en aucune circonstance. Je n'avais pas modestement et humblement attendu sa demande, mais j'avais pris les devants alors que j'étais une femme. J'avais demandé à un homme que je connaissais de m'épouser, à un homme qui aurait pu être mon père. Un *almani*, un non-croyant, un étranger. Cela pouvait-il bien se passer ?

J'étais fière de mon courage et, à la fois, honteuse de mon comportement.

Walter a semblé un peu nerveux. Dans son maillot de bain mouillé, il s'est mis à arpenter fiévreusement le bord de la piscine. Mais, au préalable, il m'a embrassée sur les lèvres. C'était un baiser chaud, doux, agréable. Entre ses bras, mon excitation s'est relâchée.

Walter a eu tout à coup beaucoup de questions à poser.

« Qu'est-ce que nous allons faire maintenant ? » a-t-il demandé.

« Eh bien, je crois que tu devrais demander ma main officiellement. »

« À qui donc ? »

« À mon oncle. »

« D'accord, pas de problème. Mais tu as besoin d'un passeport si tu veux m'accompagner en Europe. »

« Oui », ai-je approuvé. Je n'avais pas encore du tout pensé à ça.

« Je vais en charger les frères de La Fiancée du Sud. Je dois bientôt rentrer en Allemagne. Ils s'occuperont de tout. »

Il est parti téléphoner aux frères. Je suis restée seule au bord de la piscine. Les pensées se bousculaient dans ma tête. Est-ce que tout cela était bien ? Est-ce que je ne commettais pas une grosse erreur ? Ou était-ce mon salut ? Comment allais-je annoncer la nouvelle à ma famille ? Et au Koweïtien ?

La tête me tournait un peu. J'ai plongé et suis restée sous l'eau jusqu'à ce que je n'aie plus d'air. Puis j'ai émergé à la surface et nagé jusqu'à l'épuisement. Je savais que ma vie ne serait plus jamais comme avant. J'avais confiance en Walter. Je faisais confiance au destin. J'avais confiance en ce nouvel avenir qui était à portée de main.

Le soir, j'ai parlé avec oncle Hassan, tante Zaina et ma fratrie. Je redoutais leur réaction.

« L'homme d'Allemagne, ai-je commencé, veut m'épouser. »

Oncle Hassan n'a rien dit, mais tante Zaina a réagi aussitôt, tout à fait différemment de ce à quoi je m'étais attendue. « Qu'Allah soit remercié, a-t-elle dit. Mes vœux les plus secrets ont été exaucés. »

« Tes vœux ont été exaucés ? »

« Oui, c'est un beau-fils idéal, a fait tante Zaina. Il semble avoir beaucoup d'argent. »

Oncle Hassan a retrouvé la parole.

« Tu sais, a-t-il dit, cet homme est un homme bien. Je me doutais que cela se passerait ainsi. J'ai déjà annulé avec le Koweïtien. »

« Tu as quoi ? » ai-je demandé, étonnée.

« Oui, je suis allé voir un écrivain public et je lui ai dicté une lettre pour le Koweïtien. »

En réalité, l'oncle avait décidé, dès la première visite de Walter, que l'*almani* était bien mieux que le Koweïtien. Comme il ne savait pas écrire, il avait fait savoir, par l'intermédiaire d'un écrivain public, qu'il n'avait pas donné son consentement au Koweïtien désirant m'emmener au Proche-Orient. Les fiançailles et le mariage étaient donc annulés. Qu'Allah, dans sa grandeur et sa miséricorde, veuille en prendre connaissance avec plaisir.

Mes sœurs et mon frère étaient d'avis différents. Mouna était opposée à ce choix, ce qui a amené tante Zaina à dire qu'elle était jalouse de ma chance. Mais je ne le crois pas. Rabiaa me soutenait. Les jours précédents, elle avait beaucoup discuté avec Walter pour le sonder. Elle le trouvait sympathique et digne de confiance. Je ne pouvais pas interroger Jamila, qui habitait avec son premier mari à Tiznit. Et Jaber était content pour moi.

Pourtant, plus tard, il a prétendu : « Si j'avais déjà été adulte à l'époque, je n'aurais jamais accepté que tu partes avec un tel type. »

Mais je vivais alors depuis longtemps en Allemagne.

Le lendemain, Walter a été très occupé. Dès le lever du soleil, il s'est rendu à la mosquée et a prononcé la *shahada*, la phrase qui fait de toute personne un musulman : « Je fais foi qu'il n'y a pas de divinité en dehors d'Allah. Je fais foi que Mahomet est l'envoyé d'Allah. » Les deux frères barbus de La Fiancée du Sud étaient ses témoins.

Lorsque Walter m'a retrouvée à dix heures, il s'appelait désormais Oualid et était musulman. Il avait même un certificat de l'imam avec tampon et signature.

J'étais un peu surprise. Personne ne le lui avait demandé, moi encore moins que les autres. À présent, il s'appelait donc Oualid. Pour moi, cela ne faisait aucune différence, tant que, pour le reste, tout restait comme avant.

Ce jour-là, il est venu avec moi au souk à Inezgane et m'a acheté des bijoux. Des boucles d'oreilles créoles, un bracelet de deux mille cinq cents dirhams, une grosse bague avec une tête de chat et une bague de fiançailles. Jamais de ma vie je n'avais possédé de choses aussi précieuses. Tout cela m'inquiétait un peu. J'ignorais d'où Walter tenait son argent. Je savais seulement qu'il avait hérité de quelques maisons à Munich et qu'il vivait des loyers. Je ne pouvais pas me représenter grand-chose. Mais je ne voulais pas non plus refuser ses jolis cadeaux. D'autant qu'au Maroc, il est d'usage que le fiancé montre par des dons de valeur qu'il est capable de subvenir aux besoins de sa future épouse. Plus tard, oncle Hassan a affirmé que, pour la situation marocaine, ses cadeaux avaient été plutôt modestes.

Cela m'était égal. Par ses généreux cadeaux, Walter m'avait prouvé ce que je signifiais pour lui. Enfin, ma famille me prenait au sérieux.

Les fiançailles ont eu lieu le soir. Tante Zaina et les cousines avaient de nouveau cuisiné. Tous les membres féminins de la famille étaient allés chez le coiffeur, et moi aussi. J'étais assise dans mon plus beau caftan et mes cheveux étaient lisses comme ceux des filles d'Europe. Pour nous, cette coiffure est un idéal de beauté.

Quand Walter est enfin paru, avec les deux frères à sa suite, il régnait chez nous une grande tension. Depuis des heures, oncle Hassan faisait les cent pas devant la maison. Les cousines n'arrêtaient pas de vérifier leur maquillage. Jaber réglait sans arrêt le téléviseur pour obtenir une image optimale. Au Maroc, celui qui possède un poste de télévision le fait fonctionner pendant les visites importantes.

D'abord, les hommes ont disparu dans la cour et discuté des conditions financières. Une enveloppe a changé de propriétaire. Oncle Hassan était très content et s'est mis à appeler Walter son « fils ». Tante Zaina m'a embrassée si affectueusement que j'en ai presque eu le vertige. Les frères de La Fiancée du Sud ont prononcé plusieurs *duaa*, des prières. Quand ils ont été partis, les cousins ont mis de la musique, et on a dansé.

J'étais à nouveau fiancée. Avec un Allemand, cette fois. Et ce n'était pas un jeu comme avec le Koweïtien, c'était sérieux.

La nuit, je me suis agitée dans tous les sens sur le mince matelas que je m'étais acheté avec mon salaire. Je sentais qu'un chapitre important de ma vie était terminé. Je n'étais plus une enfant, mais une future épouse. Les choses allaient changer. Je quitterais le Maroc pour l'Allemagne. J'allais me livrer à un homme qui m'était étranger, bien que je crus l'aimer. J'allais perdre ma virginité et devenir adulte.

Je m'en réjouissais, tout en ressentant un certain malaise. Est-ce que je n'avais pas été vendue comme un agneau ? Ma famille était-elle, grâce à moi, sur le point d'escroquer et de plumer cet *almani* ? Ne s'agissait-il que d'argent quand je pensais éprouver des sentiments ?

Lorsque je me suis enfin endormie, le soleil se levait déjà au-dessus de l'horizon.

Les adieux

Walter est reparti pour l'Allemagne. Les frères de La Fiancée du Sud servaient d'intermédiaires entre lui et moi. Ils géraient l'argent dont j'avais besoin pour les formalités administratives. On devait m'établir un passeport et, comme le gouvernement, mon père avait donné son accord pour le mariage. Il fallait préparer les noces.

Ma famille était dans tous ses états. Ils avaient l'impression qu'une manne telle qu'ils n'auraient jamais osé en rêver allait s'ouvrir. L'*almani* leur semblait infiniment riche. Et j'étais le levier grâce auquel on accédait à sa fortune. Oncle Hassan, tante Zaina et les cousines passaient des soirées entières à s'imaginer tout ce qu'ils allaient désormais recevoir. Ils rédigeaient des listes de souhaits plus ou moins pressants, les rejetaient, prenaient de nouvelles notes. Les listes de souhaits devenaient de plus en plus longues. Un appartement à Agadir. Un camion pour l'oncle. Une robe de fête pour la tante. Un compte bancaire pour tous. Des noces telles que la ville n'en avait encore jamais vues...

Toutes les requêtes que j'entendais me faisaient tourner la tête. Dans la rue, des gens m'adressaient la parole, me félicitaient d'avoir un fiancé aisé et évoquaient discrètement leurs propres besoins. Les autorités exigeaient des taxes pour chaque document qu'elles devaient établir en vue du mariage et de mon départ. Le passeport coûtait deux mille dirhams. Mais il fut prêt en deux semaines. D'habitude, la procédure prenait plusieurs mois.

Tout marchait comme sur des roulettes. Je trouvais cela miraculeux. Mais l'agitation que je suscitais dans ma famille et dans le voisinage me rendait de plus en plus mal à l'aise. L'espoir d'un avenir mettait la rue en ébullition.

Et moi ? Je n'étais rien d'autre qu'un moyen de parvenir à leurs fins.

Un jour, j'en ai eu assez. J'ai emprunté aux frères barbus un peu de l'argent de Walter pour lui téléphoner. « Walter, ai-je dit, tout cela est trop pour moi. Je ne veux pas me marier au Maroc. Tu n'as pas à m'acheter à ma famille comme un chameau. Tu m'as déjà. Je t'aime. Emmène-moi en Allemagne avant que je perde la tête. »

Walter a réfléchi brièvement. Ses décisions étaient généralement rapides.

« Entendu, a-t-il dit. Nous nous marierons à Munich. Je vais te procurer un contrat de travail au Maroc et une invitation en Allemagne pour qu'on te donne un visa. Accorde-moi quelques jours, je m'en occupe. »

Les dernières semaines au Maroc ont été un enfer. Oncle Hassan tenait tellement à l'argent de Walter qu'il perdait toute inhibition, et son avidité me faisait horreur.

Walter avait ouvert un compte bancaire à mon nom et déposé quelques milliers de dirhams. Une mesure nécessaire pour certifier aux autorités allemandes que j'avais suffisamment d'argent pour aller en Europe et revenir. En tant que chef de famille, oncle Hassan estimait qu'il pourrait dépenser cet argent. J'étais d'un autre avis. L'argent appartenait à Walter, il devait le récupérer intégralement.

Une méchante dispute s'est ensuivie.

« Donne-moi le numéro du compte ! » a fait l'oncle.

« Non, ai-je répondu. Il n'est pas à toi, c'est l'argent de Walter. »

« Je suis ton oncle et je te l'ordonne : donne-moi le numéro du compte. Nous avons besoin de l'argent. »

Il n'avait plus osé me frapper depuis longtemps, mais il était à deux doigts de le faire.

« Oncle Hassan, ai-je répliqué, quoi que tu fasses, je ne te donnerai pas l'argent. Il ne nous appartient pas et il serait malhonnête de le dépenser. »

La tension a augmenté, et j'ai déchiré le papier portant le numéro du compte en tout petits morceaux que j'ai jetés dans la rue.

À partir de ce moment, Walter n'a plus été le « fils » d'Hassan. L'oncle nous a déclaré la guerre, à mon fiancé et à moi.

« Tu es bête, tu te vends à trop bon prix, m'a-t-il reproché. Ton mari est si vieux qu'il peut être content de trouver une si jeune fille. Mais pour ça, il doit payer. Ne t'abaisse pas pour quelques milliers de dirhams. Nous t'avons élevée. Maintenant, tu as l'occasion de tout rembourser. Tu es une égoïste et tu ne penses qu'à toi et à ton petit bonheur, mais pas à ta famille qui t'aime. »

J'en avais assez de ces querelles. Je n'avais jamais été aimée par cette famille, ils n'avaient fait que m'humilier et me maltraiter. Pendant des années, ils avaient piétiné mes sentiments et m'avaient exploitée. À présent, je n'étais plus prête à l'accepter. Je me sentais forte et fière, et je n'avais plus l'intention de renoncer à mon honneur.

Tout à coup, j'ai eu une idée précise du bien et du mal. J'avais le courage de me défendre. Je ne voulais pas me laisser entraîner par l'immoralité de ma famille.

Ça suffisait ! J'en avais vraiment assez !

Je me suis rendue avec Rabiaa chez une gynécologue. Elle a certifié que j'étais vierge. Aujourd'hui, cela me paraît ridicule, mais, à cette époque, c'était important pour moi. Une jeune fille devait être intacte en quittant sa famille. Je voulais montrer à l'oncle, à la tante et aux cousines que j'étais respectable. J'ai laissé traîner le papier du médecin à la maison sur le rebord de la fenêtre.

Quand Walter est revenu au Maroc, nous avons décidé de partir pour Casablanca chercher mon visa. L'oncle a refusé de me laisser voyager seule avec cet homme.

« Vous allez devoir y passer la nuit, a-t-il protesté. Je sais déjà ce qui va se passer : vous allez dormir dans une même chambre et vous allez avoir des relations sexuelles. Luxure. Déshonneur. Je ne le permettrai pas. Il faut que vous m'emmeniez avec vous. »

Je comprenais qu'il s'agissait pour lui de tout autre chose. Il voulait être là pour extorquer de l'argent à Walter.

Nous avons pris la décision de tenter l'impossible et de nous procurer le visa en une seule journée.

Walter a réservé le premier et le dernier vol pour Casablanca. Il nous restait dix heures pour nous rendre à l'ambassade. Il a présenté les billets à l'oncle qui nous a laissés partir en grinçant des dents. Aucune nuit d'hôtel n'était prévue.

C'était mon premier vol. J'avais les mains humides en m'agrippant aux accoudoirs, lors du décollage de l'appareil de la Royal Air Maroc. Dans l'ensemble, le vol s'est bien passé, jusqu'à ce que l'on nous serve le petit déjeuner. Je ne savais pas qu'il existait des petites boîtes de lait en plastique. J'en ai ouvert une avec entrain, et tout le contenu a éclaboussé la chemise de Walter.

Il m'a regardée d'un air surpris : « Pourquoi fais-tu ça ? »

« Je ne sais pas, ai-je balbutié. Je croyais que c'était de la confiture. »

Lorsque l'avion a atterri avec fracas, je lui ai tenu la main. Le délicieux sentiment de sécurité que j'avais si longtemps cherché m'a envahie.

À l'aéroport, nous sommes montés dans un taxi, conduit par un homme d'un certain âge. « Puis-je te demander où tu vas aller en Allemagne, ma fille, quand tu auras obtenu ton visa ? »

« À Munich, *sidi*. »

Le chauffeur de taxi a dirigé sa voiture vers le bord de la chaussée et s'est arrêté. Il s'est tourné vers moi. « À Munich ! s'est-il exclamé avec enthousiasme.

Tu en as de la veine ! Munich, c'est le paradis, ma fille. Une fois que tu es là-bas, il ne peut plus rien t'arriver. Allah doit beaucoup t'apprécier pour t'envoyer directement au paradis de ton vivant. Qu'il soit bienveillant envers toi à l'avenir. Amen. »

« Amen », ai-je répondu.

J'ai considéré cette explosion de joie comme un bon présage pour le futur.

Devant l'ambassade allemande, la file d'attente s'étirait du trottoir jusqu'à l'escalier qui menait au service consulaire. La queue ne semblait pas diminuer.

Beaucoup de gens étaient là depuis des jours. En majorité des hommes jeunes, leur nouveau passeport à la main, épuisés par l'attente mais emplis d'espoir d'un avenir meilleur.

Walter n'a pas fait la queue, et je l'ai suivi avec fierté. Les hommes me regardaient avec de grands yeux, envieux de me voir en compagnie d'un étranger.

À l'accueil se trouvait un Arabe avec une énorme moustache.

« *Salam aleikum,* ai-je dit. J'aimerais avoir mon visa, s'il vous plaît. »

Le secrétaire a à peine levé les yeux. « Bienvenue, belle dame, c'est tout à fait possible. Mais vous devez vous placer derrière. »

Je me suis retournée et j'ai vu les gens qui attendaient. « Vous voulez dire que je dois descendre l'escalier et retourner dans la rue, au bout de la queue ? »

« Exactement, belle dame, a fait le secrétaire. Comme tout le monde. »

Walter s'est aperçu que les choses ne se déroulaient pas comme il l'avait prévu.

« Que se passe-t-il ? »

J'ai traduit la conversation : « Nous devons nous placer derrière. »

« Il plaisante ? » a murmuré Walter. Il s'est tourné vers le secrétaire. Il avait tout préparé soigneusement. Pour chaque petit tracas, il avait l'habitude d'élaborer des stratégies qu'il conservait sur des petits bouts de papier. Pour se procurer le visa, il avait aussi établi un plan.

Le moment était venu de le mettre en œuvre. Walter s'est penché sur le secrétaire moustachu. Bien qu'il ne soit pas fumeur, un paquet de cigarettes est brusquement apparu dans sa main. L'enveloppe de cellophane était ouverte, avec un billet de cinq cents dirhams glissé à l'intérieur.

« Excusez-moi », a-t-il dit en déposant son passeport allemand et le paquet de cigarettes sur la table du secrétaire. J'ai trouvé cette manœuvre un peu grossière. « Je suis allemand et je voudrais parler tout de suite à mon consul. »

Le secrétaire a regardé Walter. La situation était déplaisante. D'un geste lent, il a retiré le billet du paquet et l'a négligemment jeté sur la table.

« Merci beaucoup pour les cigarettes, a-t-il dit, mais vous avez laissé quelque chose dans le paquet. »

J'étais fière de mon compatriote qui ne s'était pas laissé soudoyer. Il avait dignement rejeté la tentative de corruption de mon fiancé. Un à zéro pour le Maroc, ai-je pensé, tout en étant un peu gênée de désavouer ainsi mon futur mari qui ne faisait qu'agir dans mon intérêt.

Cependant, l'intervention de Walter a été fructueuse. Une dame de langue allemande est apparue, et tous deux ont discuté pendant quelques minutes.

Puis Walter a dit : « Viens, allons manger quelque chose. Dans deux heures, le visa sera prêt. »

Nous avons pris place dans un restaurant et nous sommes retournés à l'ambassade en début d'après-midi. Le visa était effectivement prêt. Il m'autorisait à séjourner en Allemagne pendant trois semaines.

Le secrétaire m'a tendu le passeport. « D'après ce visa, a-t-il dit, vous serez de retour dans trois semaines. Mais vous êtes bien trop jolie pour revenir. Qu'Allah vous protège dans votre nouvelle patrie. Je vous souhaite bon voyage. La paix soit avec vous. »

Il m'avait percée à jour. En redescendant l'escalier et en passant à côté de tous les gens qui, passeport à la main, espéraient de tout cœur obtenir l'accès à une vie meilleure, j'ai ressenti plus clairement que cette attente faisait désormais partie de mon passé. J'avais grandi au Maroc et une nouvelle vie m'attendait. Elle me faisait peur, mais, en réalité, elle ne pouvait être que plus douce.

« Ça ne peut qu'aller mieux », ai-je chuchoté en arabe en quittant l'ambassade. « Ça ne peut qu'aller mieux. »

« Qu'est-ce que tu dis ? » a demandé Walter.

« Ça ne peut qu'aller mieux », ai-je répété en français. C'était notre langue commune. Je n'apprendrais l'allemand qu'après mon arrivée à Munich.

« Ça *va* aller mieux », a fait Walter, en saisissant ma main gauche. La droite serrait toujours le passeport muni du précieux visa qui m'avait été si vite accordé.

À Agadir, Walter m'a demandé : « Donne-moi le passeport, je vais le garder pour toi. »

Je lui avais déjà confié tant de choses, j'avais mis entre ses mains mon avenir, toute ma vie. Je voulais au moins conserver la preuve de mon identité. En outre, j'étais si fière du visa que je tenais absolument à le montrer à ma fratrie. Si le chauffeur de taxi de Casablanca avait raison, le petit carnet vert avec ma photo et le tampon allemand était mon billet d'entrée pour le paradis.

À la maison, tout le monde m'attendait. La pièce était plongée dans l'obscurité ; comme d'habitude, le poste de télévision était allumé. Allongé sur le canapé, l'oncle fumait sa cigarette du soir en toussant. Sur le sol se trouvait la théière contenant le thé doux-amer des habitants du désert.

« Tu l'as ? » ont-ils demandé.

J'ai fait planer le suspense. « Quoi donc ? »

« Eh bien, le visa ! »

Je tenais discrètement le passeport dans la main en savourant leur curiosité.

« Hum, ai-je fait. C'est que… » J'ai marqué une pause.

« Allez ! » se sont écriés les autres.

« C'est que… » Je ne pouvais plus attendre davantage. « Oui, j'ai le visa. »

Rabiaa, Jaber et Mouna rayonnaient. Mon cousin Ali m'a regardée avec envie. Il avait essayé plusieurs fois d'obtenir un visa pour l'Europe. Les cousines et tante Zaina se sont mises à rire, feignant la sympathie.

Oncle Hassan s'est emparé du passeport. « Montre un peu ! »

Il a lentement tourné les pages et découvert le tampon du visa.

« Très bien », a-t-il dit, en fourrant le passeport dans la poche de son pantalon. « Mais ça ne te servira à rien, puisque ton fiancé ne nous a pas donné suffisamment d'argent. Il a rompu les accords. Malheureusement, il ne peut pas t'emmener. »

J'étais complètement déconcertée et me sentis blêmir. Les larmes me sont montées aux yeux, mais je me suis efforcée de ne pas pleurer. Mes mains tremblaient.

« Rends-moi mon passeport ! ai-je crié. Il est à moi, c'est mon passeport et c'est ma vie. »

L'oncle n'a fait que sourire avec méchanceté, puis il est sorti de la pièce. Personne ne disait mot. Ma fratrie se taisait, indignée, les autres se réjouissaient. C'était comme si le sol se dérobait sous mes pieds. En l'espace d'une seconde, oncle Hassan avait détruit le bonheur qui semblait déjà à portée de main.

Cette nuit-là, une fois encore, le désespoir m'a empêchée de dormir. Mes parents m'avaient interdit de revoir Walter. Les cousins me surveillaient. J'étais à nouveau prisonnière de ma famille.

Puis, je me suis rassurée en pensant que c'était peut-être la dernière démonstration du pouvoir de l'oncle, un dernier effort pour m'humilier et me faire souffrir moralement. J'ai décidé de ne pas l'admettre. Je partirais, avec ou sans passeport. Cette nuit-là serait la dernière que je passerais à la maison.

Le lendemain, j'ai réussi à m'enfuir. J'ai téléphoné à Walter pour tout lui raconter.

« Bon sang de bonsoir ! a-t-il juré, furieux. J'en ai plus qu'assez de ce petit jeu avec ta famille. Ça suffit.

Oublie tout ça. Oublie le mariage. Oublie l'Allemagne. Oublie-moi. Tant pis, je rentrerai tout seul. »

Je me suis mise à pleurer. Walter était mon dernier espoir, je m'étais encore fiée à lui pour sauver une situation mal engagée. Et voilà qu'il me laissait tomber à son tour.

Finalement, Walter s'est calmé et, comme à son habitude, a mis au point une nouvelle stratégie. Bien entendu, les propriétaires barbus de La Fiancée du Sud y jouaient un rôle.

« Va les voir à l'usine, s'il te plaît, a-t-il dit. Ils te cacheront là jusqu'à ce que je trouve une idée. »

Les frères ont mis une petite pièce à ma disposition. Ils ont prié Allah avec moi, et, pour ce faire, je me suis noué un foulard autour de la tête afin de ne pas blesser leur sentiment religieux.

Oncle Hassan est venu me chercher à l'usine, mais les frères l'ont renvoyé. Il s'est rendu même à la police et a porté plainte contre Walter pour enlèvement de mineure. Il est allé jusqu'à faire la copie d'une photo de moi pour la déposer à la police de l'aéroport. Un avis de recherche serait lancé au cas où je tenterais de voyager illégalement. Manifestement, il prenait l'affaire au sérieux. Il ne reculait devant rien pour soutirer plus d'argent à Walter.

Tandis que je me trouvais en sécurité à La Fiancée du Sud, des tractations se sont engagées entre l'oncle Hassan et mon futur époux, ainsi qu'entre celui-ci et les frères barbus. Je n'en ai entendu parler que le lendemain, quand les frères m'ont emmenée en voiture pour passer prendre Walter et que nous nous sommes rendus ensemble rue El Ghazoua.

Walter a remis à l'oncle Hassan une nouvelle enveloppe contenant de l'argent. L'oncle a compté les billets, puis il a donné le passeport à Walter et a quitté la pièce sans m'accorder le moindre regard.

Mes sœurs et mon frère m'ont embrassée en pleurant. Mais il restait peu de temps pour les adieux. Walter pressait le départ, ne voulant pas courir le risque qu'oncle Hassan imagine d'autres tracasseries. En prenant congé, tante Zaina m'a mis dans la main un petit paquet ficelé.

« C'est ce que toutes les mères donnent à leurs filles quand elles quittent la maison, a-t-elle murmuré. Cela doit te porter chance. »

Je me méfiais de son cadeau. C'était probablement un méchant sortilège vaudou. Je l'ai jeté par la fenêtre de la voiture, alors que nous nous trouvions encore dans la rue El Ghazoua, dans laquelle j'avais connu tant de souffrances et perdu tant d'espoirs.

En passant devant l'olivier planté au coin de la rue, je me suis retournée une dernière fois. Mon regard s'est promené sur la place poussiéreuse face à notre maison, la porte d'entrée bleue, la literie qui s'aérait aux fenêtres, le magasin du menuisier Saidi et les voisins en djellaba.

Je n'ai pas pleuré. Je n'ai pas fait de signe de la main. Je ne savais pas si je reviendrais. Pourtant, je n'éprouvais aucun chagrin. Toutefois je ne me sentais pas non plus heureuse, tant j'ignorais ce qui m'attendait dans ce pays froid, par-delà la mer et les montagnes.

En Allemagne, cela ne serait pas simple pour moi. De dures épreuves m'attendaient, mais aucune d'elles ne serait de près ou de loin aussi dure que le malheur qui avait détruit mon enfance. Et je finirais par trouver la paix intérieure et le bonheur.

Quand, trois ans plus tard, je reviendrais au Maroc pour la première fois, je serais quelqu'un d'autre. J'aurais divorcé de Walter, le mariage n'aurais pas marché. J'aurais un petit garçon, et je serais devenue adulte, sûre de moi, forte. Une Européenne avec un cœur arabe.

Le jour de notre départ, un jeune homme attendait notre voiture au croisement de la grand-route. C'était Mohssin, mon premier amour. Je ne m'étais pas attendue à cela. J'étais à la fois surprise et émue.

« Ouarda, a-t-il dit, j'ai appris que tu vas quitter notre pays. Je te présente tous mes vœux. »

Il m'a donné un baiser sur la joue. Mais deux grandes filles minces de notre voisinage l'ont écarté. Elles avaient de la famille en Allemagne et m'ont avertie : « Tu dois faire bien attention de ne pas devenir grasse. Les gens en Allemagne mangent tout le temps du fromage, de la saucisse et de la viande de porc, et si tu es grosse, ton mari te renverra au Maroc. C'est ce que font tous les hommes allemands. »

« C'est vrai ? » ai-je demandé à Walter, effarée.

Il a ri : « Ne crains rien. Tu auras un abonnement annuel dans une salle de gymnastique. Je veillerai à ce que tu restes belle. »

Nous avons passé la nuit dans des lits séparés chez des amis allemands de Walter. Ç'a été une soirée paisible, et j'ai eu le temps de réfléchir à tout ce qui s'était passé durant les derniers jours. Walter. Les fiançailles. Le visa. Le stress avec oncle Hassan. L'argent qui avait changé de main. Mon rôle dans cette affaire…

Cette dernière question me taraudait plus particulièrement. Est-ce que je m'étais mal comportée ? M'étais-je vendue ? S'agissait-il de sentiments véritables ? Ou les avais-je imaginés ? N'était-ce, au fond, rien d'autre qu'un marché mesquin ?

J'en arrivai à la conclusion que je n'avais rien à me reprocher. Je ressentais une forte attirance pour cet homme d'Allemagne. Je n'avais pas perdu ma dignité, bien que les circonstances auraient pu m'y conduire. J'avais pris ma vie en main. Et peu importait le risque de changements que je venais de mettre en œuvre, ça ne pouvait qu'aller mieux.

« Ça ne peut qu'aller mieux. »

C'était mon mantra à cette époque.

« Ça ne peut qu'aller mieux. »

Je me suis endormie avec cette phrase sur les lèvres.

Le lendemain matin, nous sommes partis pour l'aéroport. Nous devions voyager séparément, au cas où l'oncle n'aurait pas encore retiré sa plainte. Walter s'est envolé avec la Lufthansa à destination de Munich. Moi, avec la Royal Air Maroc, j'effectuais une escale à Francfort.

J'étais vêtue du tailleur en daim bordeaux que les frères de La Fiancée du Sud m'avaient offert pour le départ. Une veste boutonnée et une minijupe étroite que Walter avait choisie. Comme accessoires, je portais des chaussures à talons et un sac à main noir. Je me sentais un peu guindée, mais très européenne.

Je n'étais pas encore sûre que le départ ait lieu sans encombre, craignant qu'oncle Hassan imagine une nouvelle méchanceté. Mais le passage à la douane s'est déroulé sans incident, j'ai fait enregistrer ma petite valise contenant les quelques vêtements que je voulais emporter en Allemagne. J'avais comme souvenirs quelques photos de ma famille. Il n'y avait pas de portraits des membres de la famille de mon oncle, seulement un cliché de mon père et de ma mère, pris quelque temps avant sa mort. J'avais fait disparaître mon père de la photo avec une paire de ciseaux.

Au contrôle des passeports, deux fonctionnaires ont vérifié attentivement mon visa.

« Dommage, dommage, a murmuré l'un d'eux. Ce sont toujours les plus jolies femmes qui quittent le pays. »

« Sœur, a dit l'autre. Nous savons que tu ne reviendras plus. Reste pure dans le pays étranger que tu as choisi. »

« Tous mes vœux, a fait le premier. Qu'Allah te protège. »

J'ai eu l'impression d'être prise la main dans le sac, mais cela ne me gênait plus. J'en avais fini avec le passé, c'était mon avenir qui commençait.

Dans l'avion, on m'a attribué une place près du hublot. L'appareil a pris de la vitesse sur la piste, puis a décollé. Au-dessous de moi s'étendaient la mer que j'aimais tant et la ville où j'avais tellement souffert. Nous avons survolé la kasbah avec le sanctuaire dans lequel mon cousin Ali avait dû se faire guérir par le *gnaoua*. Avant que l'avion s'enfonce dans la brume qui recouvre toujours Agadir à la fin de l'été, j'ai encore aperçu le terrain aride du pied de la montagne où ma mère avait été enterrée.

Puis le gris du ciel a commencé à envelopper notre appareil. Il se rapprochait de plus en plus et me serrait le cœur. Mais avant que la mélancolie du départ ait eu le temps de m'envahir, l'avion a percé la couverture de nuages, et la lumière vive a dissipé mes idées tristes.

Le 17 juillet 1993, un samedi, vers midi, l'avion de la Royal Air Maroc a traversé la Méditerranée. Je regardais la surface de l'eau. Je voyais les petits bateaux, aussi minuscules que des jouets. Et je me suis rappelé une croyance traditionnelle prétendant que les mauvaises pensées des gens et des djinns ne peuvent pas traverser l'océan : elles restent prisonnières de leur patrie. De l'autre côté de toute cette eau, une vie nouvelle et pure commençait. Cette image spirituelle d'un nouveau départ me réconfortait.

J'ai jeté un coup d'œil en arrière, vers le Maroc qui disparaissait dans la brume. Puis j'ai regardé vers l'avant, vers l'Europe qui pointait à l'horizon.

C'est alors que je me suis mise à pleurer.

Épilogue
La souffrance des enfants

Le travail sur ce livre m'a ramenée en arrière, dans cette vallée des larmes traversée au cours de mon enfance et de ma jeunesse. J'ai revécu les frayeurs, les peurs et les douleurs de mes jeunes années en rappelant les souvenirs des profondeurs de ma conscience. Tout était là, même ce que je croyais avoir oublié. Une fois ouverte la porte du passé, je ne pouvais plus la refermer, bien que j'en aie eu envie à plusieurs reprises.

J'ai été bouleversée par les émotions refoulées qui refaisaient surface et risquaient de me submerger. Ma fratrie aussi a été entraînée dans ce tourbillon de souvenirs, et ma famille menaçait à nouveau de se diviser. Certains soutenaient mon projet avec beaucoup d'énergie, d'autres étaient indifférents ou l'ont rejeté pour des raisons personnelles ou religieuses.

Il m'a fallu l'accepter. Comment pouvais-je m'attendre à ce que les autres soient prêts à s'engager sur ce chemin dangereux qui aide à surmonter le passé, alors que j'avais trouvé le moyen d'y parvenir grâce à la sécurité trouvée dans ma famille allemande ?

La situation du Maroc n'est pas comparable à celle de l'Allemagne. Ma patrie se situe au seuil du passé et du présent. De plus en plus de femmes luttent pour leurs droits, mais je constate qu'un grand nombre d'entre elles ne sont pas prêtes ou en mesure de changer quelque chose à leur situation. La société marocaine semble se scinder. Dans certains endroits, en majorité dans les grandes villes, des structures sociales modernes ont vu le jour, et les femmes sont sur la voie de l'égalité des droits. Dans d'autres régions du pays, il n'y a pas eu de changement fondamental. Les femmes sont toujours opprimées, abusées, maltraitées. Et ce sont toujours les enfants qui souffrent de la situation, comme moi autrefois.

La vie des petites bonnes, dont j'ai aussi parlé dans ce livre, est accablante. Aujourd'hui encore, elles sont des milliers dans mon pays. C'est une forme d'esclavage moderne qui concerne des filles âgées de sept, huit ou neuf ans, issues de régions rurales où vivent aujourd'hui encore une majorité d'analphabètes. Je le sais par ma sœur Ouafa, qui participe en tant qu'enseignante à un projet de lutte contre l'illettrisme.

Les petites bonnes sont engagées dans les familles aisées comme domestiques. Il arrive qu'elles aient de la chance et que l'avenir s'ouvre à elles. Mais, souvent, elles jouent de malheur et ne sont qu'exploitées, maltraitées et violées par les hommes de la famille qui les emploie. Quand elles sont enceintes, elles sont chassées et mises au ban de la société islamique du Maroc. Après avoir écrit ce livre, j'ai décidé de lutter pour les droits de ces jeunes filles. Si vous souhaitez m'apporter votre soutien, vous trouverez des informations sur le site www. traenenmond. de.

Ce livre est fondé sur mes souvenirs et mes sentiments. Chaque fois que cela m'a été possible, je les ai vérifiés. Mes sœurs Rabiaa et Asia m'ont été d'une aide précieuse dans cette entreprise. La mémoire extraordinaire de Rabiaa et sa coopération m'ont apporté de nombreuses informations indispensables. Je m'en doutais, mais maintenant j'en suis certaine : c'est elle qui, par son autorité morale, m'a évité d'emprunter une mauvaise voie.

C'est grâce à l'ingéniosité et à l'obstination d'Asia que nous ont été remis les procès-verbaux dans lesquels mon père et d'autres témoins retracent le meurtre de ma mère.

Il ressort de ces documents que mes souvenirs sont exacts. Malgré tout, le risque que je me sois trompée sur certains détails ou que je fasse du tort à quelqu'un n'est pas exclu. Je suis seule responsable de ces erreurs.

Dans certains cas, j'ai modifié le nom de personnes qui n'appartiennent pas à la famille, car je ne voudrais pas les compromettre en les citant dans un livre qui peut susciter des controverses au Maroc. C'est pourquoi toutes les Fatima ne s'appellent pas Fatima dans la réalité, et tous les Mohammed ne se nomment pas Mohammed. Mais les noms de toutes les personnes importantes dans ma vie et les indications les concernant sont réels.

Si les proches parents de mon père ne s'en tirent pas à bon compte dans ce livre, c'est pour une raison simple : ils ont fait de notre enfance et de notre jeunesse, à ma fratrie et à moi, une lourde épreuve.

Je reconnais aujourd'hui, avec le recul et aussi avec une certaine indulgence, que ma tante et mon oncle – pour quelque raison que ce soit – se sont lancés dans la tâche quasi insurmontable de nous élever tous les sept en plus de leurs neuf enfants. Le fait qu'ils aient échoué était prévisible. Pour moi, ce n'est pas une consolation : trop de blessures et d'humiliations m'ont été infligées. Mais c'est tout de même une explication.

Remerciements

Je dédie ce livre à mes frère et sœurs, Mouna-Rachida, Rabiaa, Jamila, Jaber, Ouafa, Asia, qui m'ont accompagnée dans la traversée de cette vallée des larmes. Je le dédie aussi à mon fils Samuel, grâce à qui j'ai commencé à réfléchir au rôle de ma mère et de toutes les mères. Je le dédie à Beate von Stebut, une femme formidable qui ne m'a pas seulement aidée à prendre pied dans ce pays étranger qu'est l'Allemagne. Et je le dédie à mon mari, Michael Kneissler, qui m'a donné la force de plonger profondément dans mon passé, ce que je n'aurais jamais osé faire seule. En outre, en tant que co-auteur, il a contribué à ce que mon manuscrit soit rédigé en un allemand correct. Le Dr Rawdia Riad s'est chargée des traductions arabes. Elle a transcrit en langue allemande le rapport de police détaillé sur la mort de ma mère. Je n'en aurais pas eu le courage.

Table

Troisième partie
Agadir, Maroc, 1979-1993

Achevé d'imprimer
en octobre 2007
par Printer Industria Gráfica
pour le compte de France Loisirs, Paris

Numéro d'éditeur : 49874
Dépôt légal : novembre 2007

Imprimé en Espagne